그들은
어떻게
시대를 넘어 전설이 되었나

그들은 어떻게
시대를 넘어 전설이 되었나

초판 1쇄 인쇄 | 2014년 1월 3일
초판 1쇄 발행 | 2014년 1월 5일

지은이 | 이희진 · 은예린
펴낸이 | 김형호
펴낸곳 | 아름다운 날

주소 | (121-837) 서울시 마포구 서교동 351-10 동보빌딩 103호
전화 | 02)3142-8420
팩스 | 02)3143-4154
출판등록 | 1999년 11월 22일
전자우편 | arumbook@hanmail.net

ISBN 978-89-93876-45-1 (03320)

자신과
역사의
운명을 가른
12가지 선택

그들은 어떻게 시대를 넘어 전설이 되었나

이희진 · 은예린 지음

아름다운날

선택이 운명이다

　역사란 무엇인가에 대한 대답은 여러 가지가 있을 수 있지만, 역사라는 게 특별히 어려운 것은 아니다. 쉽게 생각하자면 그동안 각 분야의 사람들이 결정적인 순간에 어떤 선택을 하고 그 선택이 어떤 결과를 낳았느냐를 정리하는 학문이다. 여기에 기록에 남아 있는 사실들을 두고 평가하는 역할이 추가된다. 그러니 역사에 대한 이해라는 것도 결국 주요 인물들의 선택과 처세에 대한 이해일 것이고, 역사에 대한 평가가 인물에 대한 평가와 직결된다. 역사에 관심을 갖는 사람들이 역사의 중요한 인물들의 선택과 처세에 관심을 갖는 것도 그런 면에서 당연하다.

　사실 역사적으로 유명한 인물처럼 통치자가 되거나 그에 버금갈 만큼 출세를 하지는 못할지라도, 사회 속에서 살아가는 사람들이라면 과거의 사람들이 맞닥뜨렸던 것과 비슷한 상황을 겪게 마련이다. 그래서 선조들의 경험과 선택의 지혜를 알고 배워두는 것이 중요하다. 실제로 비슷한 상황에 처했을 때 대처하는 데 큰 도움이 되기 때문이다.

　이 책은 역사적 사건이나 선조들의 경험을 오늘에 되살려 나 자신에게 적용할 수 있게 하기 위해 기획되었다. 역사적 인물과 사건을 다룬 역사책이면서도 독자들의 삶에 실제적 도움이 되는 자기계발서의 역할까지 겸하게 하려는 것이다. 또한 책을 흥미롭게 읽어나갈 수 있게 하기 위해 역사적 인물 중 대비가 되는 인물을 골라 비교해보는 방법을 택했다. 이 경우에는 비슷한 시기에 활동했던 라이벌이 비교 대상으로 떠오르는 것이 보통이다. 하지만 꼭 거기에 집착할 필요가 없지 않으냐는 생각도 들었다. 살았던 시대와 처지가 달랐다 하더라도 어떤 측면에서는 훌륭한 비교 대상이 될 수 있다. 그래서 비슷한 상황에서 전혀 다른 선택을 한 인물들의 경우도 다루어보았다.

또 한 가지, 역사에서는 어떤 인물이 실제로 무엇을 했느냐도 중요하지만, 후세에서 그 인물의 행적을 어떻게 평가하고 있는지도 이에 못지않게 중요하다. 특정 인물을 심하게 평가절하하거나 반대로 별 업적도 없는 인물을 성인군자 반열에 돌려놓는 사례도 있고 실제와 다르게 부풀리고 화려하게 윤색해 놓는 경우도 있다. 이러한 현상이 일어나는 까닭과 과정을 아는 것도 현재를 살아가는 사람들에게 참고가 될 것이다.

결과의 성패가 대비되는 인물들을 주로 다루기는 했지만 승리한 쪽 내지 성공한 쪽의 선택이 일방적으로 옳았다고 할 생각은 없다. 사실 이런 식의 평가는 끼워 맞추기 식의 미화가 되기 쉽다. 역사에 대한 정확한 지식과 가치관이 없다면 이런 식의 행적 소개나 인물 평가가 책을 읽는 사람들에게 도움이 되지는 않을 것이다. 물론 비슷한 상황에서 과거 성공한 사람과 같은 선택을 한다고 반드시 같은 결과를 얻는다는 보장 같은 것은 없다. 시대와 주변 인물들에 따라 변수가 있기 때문이다. 또한 같은 행동도 어느 때, 어떤 사람이 했는가에 따라 그 결과가 달라지고, 같은 결과라도 평가가 엇갈리게 된다.

따라서 역사적으로 중요한 인물의 선택과 처세를 볼 때에도, 그들이 성공했느냐 아니냐 여부보다는 당시 어떤 요소 때문에 명암이 엇갈렸는지에 주목하는 편이 좋을 것이라 생각된다. 물론 어떤 요소에 주목할지에 대한 선택은 독자 여러분의 몫이다.

2013년 12월 12일　李熙眞

차 례

장희빈 vs 인현왕후

그녀들은 어떻게 시대를 넘어 전설이 되었나?

조선역사상 천민 출신으로 후궁이 되어 생존해 있는 왕후를 폐출시키고 그 자리를 차지한 최초의 인물인 장옥정. 그 모든 것을 단순히 미모의 여인이 혼자서 만들어낸 것처럼 드라마틱하게 이야기된다. 하지만 이 일은 그 배후에 남인세력의 공작과 조선 중기 중인 계급이 성장해가는 시점에서 장옥정이란 인물이 숙종에게 충분히 이용가치가 있는 여인이었기에 가능한 일이었다.

뮤지컬로도 영화로도 상영되어 오랜 시간 전 세계적으로 사랑받았던 〈맘마미아〉란 작품을 많은 사람들이 기억하고 있을 것이다. 이 작품이 흥미와 감동을 선사하며 친숙하게 다가왔던 이유로 배우들의 연기나 구성도 좋았지만, 무엇보다 그 속에 OST(영화음악)가 무척 기억에 남는다는 반응이 많았다. 이 OST 중 "The Winner Takes It All"(승자가 모든 걸 갖는다)이란 곡에 이런 가사가 있다. '냉정한 신께서 주사위를 던져 우리 중 누군가를 지게 만들죠……이긴 자가 모두 다 갖는거예요. 패자는 초라하게 남게 될 뿐.' 이 가사가 유독 우리 마음 깊이 각인되는 이유가 무엇 때문일까?

　우리가 역사를 다시 논할 때, '만약…'이라는 말을 종종하며 아쉬움과 분노를 토로할 때가 있다. 지나간 역사를 객관적인 시각에서 바라보기 위해 다양한 기록물을 검토하며 분석해보지만 역시 역사는 이 가

사처럼 승자의 기록이고 패자는 좋지 못한 이미지로 각인되는 것이 대부분이다.

우리나라 역사 드라마의 가장 흔한 소재이며 강력한 흥행을 보증하는 역사 속 주인공하면 아마도 '장희빈(張禧嬪)'을 떠올릴 것이다. 그녀에 대한 역사적인 기록과 객관적인 당시 시대적 배경 그리고 정치적인 시각 등을 떠나서 그녀를 주인공으로 하는 드라마와 영화는 잊을 만하면 다시 나오곤 한다. 또한 여배우들 사이에서 가장 해보고 싶은 역할로 꼽히는 동시에, 당대 인기 있고 인지도 높은 여자 배우가 주인공 후보에 오르며 방영 전부터 화제가 되어왔다.

'장희빈'은 그동안 대중문화 속에서도 역사를 연구하는 학자들 사이에서도 늘 관심의 대상이었고, 오래전부터 대중들의 시각에서 평가된 "장희빈은 악녀, 인현왕후는 성녀"란 이미지를 사실처럼 믿고 있다. 물론 이러한 이미지가 지금도 대중들에게 깊이 인식된 이유는 사람들이 쉽게 접할 수 있는 대중매체인 드라마, 영화, 또 고대소설『인현왕후전』의 영향이 크게 작용했기 때문이다. 그러나 이러한 평가는 역사적 사실에 부합된다고 할 수 없다. 그렇다면 진실은 어디에 있는가.

역사에서 숙명적인 라이벌이 될 수밖에 없었던 장희빈과 인현왕후. 당시 그들이 살았던 조선 중기 시대적 배경과 정치적인 상황을 살펴보며 오랜 세월 대조되는 이미지로 평가된 이 두 여인의 삶을 다시 조명해보자.

극과 극의 두 여인

장희빈의 이름은 장옥정(1659~1701)이지만 사실 그녀는 장희빈으로 유명해 그녀의 이름이 '희빈'이라 알고 있는 이들도 많다. 장옥정의 아버지는 중인 신분인 역관 장형(張炯)이었고, 어머니 윤씨는 조사석(趙師錫) 집안의 노비였다. 조선은 세종 때 신료들의 의견을 반영해 이전의 종부법 대신 종모법(從母法)을 택해 사회질서를 유지해왔다. 신분이 다른 두 남녀 사이에서 태어난 자식은 어머니의 신분을 따르는 종모법에 의해 그녀도 조선에서 가장 미천한 천인 계급을 갖게 된다. 고대나 근대 사회 노비는 사실상 '걸어 다니는 물건'과 같았다. 노비 한 명의 가격이 말 한 필 가격보다 낮았다는 기록이 있다. 이는 주인에게 상속·증여·매매되는 동물보다 낮은 재산에 지나지 않았다. 즉 의무만 있고 인간으로서 권리는 주어지지 않은 가장 낮은 신분이다. 특별한 이변이 일어나지 않는 이상 죽을 때까지 변할 수 없는 것이 신분제였다. 이렇게 정해진 신분을 받아들이고 살아가야 하는 일이 그녀에게 주어진 숙명이었다.

당시 철저한 신분제 안에서 엄격한 적서차별이 존재하던 시대에 장옥정이란 노비의 딸이 조선의 국모가 될 것이라고는 상상조차 하기 힘든 일이었다. 노비가 면천 받아 양인이 되는 것도 극히 어려웠던 시대에 여인으로서 가장 높은 자리인 왕후의 자리에 올랐고 임금의 어머니가 되었으니 대단한 여인임에는 틀림없다.

조선왕조실록의 기록을 통해 그녀의 아버지 집안에 대해 간략하게 살펴볼 수 있다. 당시 조선의 중인 신분은 양반이 아니어서 높은 벼슬에 오를 수는 없었고 선택할 수 있는 직업도 한정되어 있었다. 그중 지금의 외교관과 비교할 수 있는 역관(譯官, 통역관)은 시험도 어려웠지만 무역을 통해 큰 부를 획득할 수 있었기에 중인들이 많이 선호하는 직업이었다. 그녀의 숙부인 장현(張炫)은 수역(首譯, 역관의 우두머리)으로서 막대한 부를 축적하고 있었고, 당시 조정의 실권을 장악한 남인들의 정치자금을 조달해주는 등 사실상 정치적으로도 영향력을 행사했다. 숙종 6년(1680) 남인이 실각하고 서인이 조정을 장악하게 되는 경신환국 때 장현이 남인의 실각과 동시에 유배를 가는 것으로 보아도 남인 정치인들과 친분이 두터웠음을 알 수 있다. 따라서 장옥정이 남인 계열 사람이며, 남인들과 가까웠다는 걸 느낄 수 있다. 즉 훗날 정치적 무대를 장식한 서인들과는 적대적인 관계로 대립해야 하는 것이 피할 수 없는 그녀의 과제였다.

그렇다면 인현왕후(仁顯王后, 1667~1701) 집안은 어떠한가? 조선에서 송시열(宋時烈)과 더불어 노론을 이끌며 학자로서 존경받았던 대유학자 동춘당 송준길(宋浚吉)의 외손녀이며, 아버지도 노론의 유학자인 민유중(閔維重)이다. 당대 최고의 벼슬을 거쳐 후학들에게도 존경받는 외조부와 아버지가 모두 노론이었으니, 그녀는 노론 명문가에서 최고의 교육을 받은 교양과 덕행을 갖춘 전형적인 양반가의 규수였다.

사람들은 흔히 변화되어가는 조선 중기의 흐름과 숙종시대 정치적인 상황과 사건들을 뒤로 하고, 장희빈과 인현왕후의 일은 착한 아내와 나쁜 첩이 싸우는 여인들의 이야기이고, 숙종 임금은 유약하고 주관 없는 남자로 폄하한다. 또 이러한 사건이 마치 숙종시대 전반을 자리 잡은 사건이며, 사악한 첩 때문에 좋은 아내를 버렸다가 후회하고 다시 그 아내를 맞이하고 첩을 벌했으니, 착한 사람은 잘되고 나쁜 사람은 벌 받는다는 전형적인 권선징악 스토리로 받아들인다.

하지만 역사 속의 숙종은 조선시대 500년을 통틀어 가장 강력한 왕권을 행사한 카리스마 넘치는 임금이었다. 그 시대 숙종이 이룬 업적과 평가를 접어두더라도 40년 넘는 장기집권기 동안 여인들의 틈 속에서만 정신없이 생활한 방탕한 임금이 아니었다. 물론 기근으로 백성들이 죽어나가는 재난 가운데 후궁을 맞이하고, 막대한 재물을 내린 일을 두고 국가재정을 낭비했다고 비판한 기록이 자주 발견된다.

그럼 이제부터 두 여인의 이미지가 어떻게 형성되고 고정되었는지 파악하기 위해 숙종시대 정치적인 상황을 먼저 살펴보도록 하자.

여인들을 이용한 영리한 군주, 숙종의 맨얼굴

개국 200년 후 임진왜란을 겪고, 그 상처와 피해가 정리되지 않은 채 병자호란까지 겪은 조선 조정의 상황은 위태로웠고, 백성들의 생활은 참혹했다. 왕가의 계보 역시 순탄하게 이어지지 않았다. 방계 혈통의 선조와 광해군, 그리고 반정에 성공한 인조와 둘째아들이었던 효종. 그 후 현종으로 이어지는 후계구도 속에 숙종(1661~1720)이 즉위한다. 선조와 광해군, 인조처럼 후궁의 자식도 아니고, 효종처럼 갑자기 후계자가 바뀌어 예고 없는 행운을 얻은 특별한 경우도 아니었다. 대의명분을 내세우는 신하들과 맞설 이유가 없는 정통성을 갖춘 숙종이 열네 살 어린 나이로 19대 임금으로 등극한다.

당시 조선은 신하들의 권력이 강해지며 상대적으로 왕권이 위축된 군약신강(君弱臣强)의 나라였다. 또 소현세자, 효종, 현종이 차례로 의문의 죽음을 당하는 불안한 정치적 상황이기도 했다. 이런 때에 열네 살 어린 나이로 등극한 숙종은 노련하고 숙련된 정치가들 사이에서 어쩌면 독살될지 모르는 불안함과, 수렴청정으로 허수아비 임금이 될 수도 있는 고립함 속에 그 자리를 지켜나가야 했다.

　조선 역사상 20세 이전에 등극하고도 수렴청정을 하지 않고 정치에 뛰어든 임금은 숙종이 유일하다. 사실 이러한 배경에는 숙종의 어머니인 명성왕후(明聖王后)의 계략이 숨어 있었다. 우선 숙종의 아버지 현종(顯宗, 1641~1674)은 역사에 크게 알려질 만큼 대단한 업적을 남기지도, 특별한 사건을 만들지도 않았던 무난한 임금이었다. 또 승은상궁(특별상궁)은 있을 수 있었겠지만 『선원록(璿源錄)』에 기록된 공식적인 후궁이 단 한 명도 없었다. 명성왕후에게만 1남 3녀가 태어났는데 숙종이 단 하나뿐인 외아들이었다.

　당시 서인계열이었던 명성왕후는 숙종이 등극한 후 자신보다 서열로서 높은 장렬왕후가 수렴청정하는 것을 막고 싶었다. 장렬왕후는 남인계열이며 명성왕후와 사이가 불편했다. 수렴청정 후 남인계열 사람들의 권력이 강해지고 자신의 입장이 약해질 일을 두려워한 그녀는 사촌오빠 김석주(金錫胄)가 숙종을 보필하도록 협조하며 수렴청정 없이 어린 숙종이 정치무대에 나서게 된다.

　여기서 김석주란 인물에 주목해보면, 그는 서인계열 사람이면서 노론의 거두 송시열에 반대하는 입장을 취하고 있었다. 즉 서인이면서 서인세력의 권력 강화를 막는 데 주도적인 역할을 한 셈이다. 숙종 집권 초반에 당파의 이익을 옹호하는 입장이 아닌, 왕권 강화를 위해 숙종을 강력한 군주로 키운 가장 핵심적인 인물이었다.

숙종은 즉위 초기 혼란했던 정치 구도 속에서 김석주의 도움과 가르침을 받았지만, 사실 그 자신이 뛰어난 역량을 지닌 영민한 군주였다. 북한산성 수축, 군제 개편, 상평통보 발행, 암행어사 파견 등, 격한 당쟁의 소용돌이 속에서도 그는 국가와 백성을 위한 노력을 멈추지 않았던 모범적인 군주였다.

숙종 초기 남인이 정국을 주도하던 1680년 경신환국으로 남인에서 서인으로 정권이 교체된다. 이때 숙종 비 인경왕후가 승하하고 다음 왕후를 선택해야 했다. 전형적인 서인계열이었던 인경왕후와 지속적으로 정권을 장악하려는 서인들의 움직임 속에 다음 왕후도 서인 가문에서 배출되는 것은 당연한 수순이었다. 장희빈과 숙명적인 대결을 벌이게 될 서인 가문의 인현왕후가 바로 이때에 등장하는 것이다.

장희빈을 중심으로 여인들이 주류를 이루는 드라마에서는 숙종이 여인들 틈에서 정사를 우유부단하게 처리하는 무능한 군주처럼 묘사되고 있다. 하지만 이것은 흥미 위주로 각색한 이야기에 불과하다. 이는 무엇보다 당시 숙종의 정치 스타일을 살펴보면 알 수 있다. 숙종은 오랜 재위 기간 동안 몇 번의 정권교체를 단행한다. 경신환국 때 남인을 실각시키고 서인이 집권하게 했으며, 숙종 15년 기사환국 때는 서인이 실각하고 다시 남인이 조정을 장악하기에 이른다. 또 숙종 20년 갑술환국 때는 다시 남인이 실각하고 서인이 장악하는데, 이후 남인은 세력을 얻지 못한 채 서인의 노론과 소론이 활약하게 된다.

숙종은 이러한 환국을 단행하면서 학식과 노련미를 겸비한 신하들에게 숨 쉴 여유도 주지 않고 일사천리로 일을 진행하는 능숙함을 보여주었다. 정치적인 집권세력을 교체하며 혹독한 고문과 집단 전체를 사사하는 숙청을 가차 없이 집행하며 자신의 권력을 구축하고 왕권을 다지며 정치적 역량을 발휘해나갔다. 그리고 이러한 사건 가운데 문제의 여인들이 등장하게 된다.

인경왕후가 승하한 1680년 경신환국으로 조정을 장악한 서인에게 입지를 빼앗긴 남인들은 정치 무대에 복귀하기 위해 새로운 대책이 필요했다. 이를 위해 권력은 없었지만 당시 궁궐에서 서열상 가장 높은 지위에 있는 장렬왕후를 부추기는 일도 중요했다. 이때 남인들은 자신들의 정권 기반을 위해 새로운 제3의 인물을 발탁하니, 그녀가 바로 희대의 악녀로 기록된 장희빈, 장옥정이다.

실록에 미색으로 기록된 유일한 여인, 장옥정

장옥정이 입궁하는 배경은 대중매체마다 조금씩 다르게 묘사되고 있다. 어떤 드라마에서는 인경왕후가 승하하고, 남인들이 제거된 경신환국 이후 집안이 몰락하자 장옥정이 생계를 위해 궁녀가 되겠다며 동평군 이항을 찾아가는 것으로 나온다. 그러나 실록의 기록을 충실히 반영하여 장옥정의 입궁을 살펴보면 이 장면은 옳지 않다. 우선 인경왕후가 승하한 후 궁궐에 입궁한다면 1680년에 입궁했다는 뜻인데, 이때 장옥정의 나이 22세이다. 당시 조선 사회에서 22세면 현대 사회와 달리 이미 결혼을 했어야 할 나이이다. 조선에서는 20세 이전에 혼인하는 것이 당시 관례였다. 또 각 고을마다 늦도록 혼인하지 않았다면 보고하게 되어 있었고, 처벌까지 받는 일도 있었다. 만일 이 나이까지 혼인을 하지 않았다면 국가에서라도 억지로 결혼을 시켰을 것이다. 무엇보다도 궁궐에 들어갈 수 있는 궁녀의 나이는 10세 이전이므로 22세에 궁에 입궁하는 일은 처음부터 불가능해 보인다.

숙종이 장옥정을 왕후로 책봉할 때, "머리를 땋기 시작할 때부터 궁에 들어왔다."고 한 실록의 기록으로 짐작해보면, 장옥정은 10세 전후에 입궁한 것 같다. 그리고 장렬왕후 곁에서 시종으로 일하며 총애를 받았고, 남인계열이었던 장렬왕후의 친척 조사석이 입궁에 관여했음을 짐작할 수 있다. 그녀의 어머니 윤씨가 과거 조사석 집안의 노비였던 것으로 보아 조사석과 인연이 닿았을 것이다. 인경왕후가 승하한 후 숙종과 가까워졌지만, 아마 그 이전부터 장옥정을 숙종의 눈에 띄게 하려는 남인들의 공작이 시작되었던 것 같다.

1680년 남인계열 허적(許積)의 서자 허견(許堅)으로 인한 역모사건과 복선군 3형제 사건까지 겹치면서 남인세력의 정치자금을 조달한 장옥정의 친척인 장현이 유배를 가게 된다. 이 사건을 계기로 장옥정도 궁궐에서 폐출되는데, 사실 장옥정이 장현의 친척이지만 역모에 가담했다는 증거는 없었다. 또 이미 승은을 입은 궁녀를 궁 밖으로 출궁하는 것도 유례가 없는 일이었다. 그러나 여기에는 무엇보다 명성왕후의 강력한 요구가 있었다. 서인계열이었던 명성왕후는 자신과 당파가 다른 남인계열의 장옥정을 경계하고 있었기 때문이다.

어떤 드라마에서는 장옥정이 궁궐에서 쫓겨날 당시에 숙원(淑媛)이라는 신분으로 출궁당한 것으로 묘사했는데, 이 장면도 사실과 다르다. 실록에는 출궁당한 후 6년 뒤인 1686년 12월에 숙원이라는 종4품 첩지를 내렸고 정식 후궁이 되었다고 정확히 기록되어 있다. 그녀는 출궁당할 당시에 마땅한 첩지도 받지 못한 평범한 궁녀의 신분이었다. 돌아갈 수 있는 시간이 약속되지 않았으므로 어쩌면 궁궐 밖에서 평생을 보낼 수도 있었다. 경신환국으로 남인이 제거되고 서인의 천국이었던 세상에서 장옥정의 암울한 생활이 시작되었다.

그러나 하늘은 그녀에게 다시 기회를 주었던 것일까? 1683년 그녀를 출궁시켰던 명성왕후가 승하하고 숙종의 정치적 입지를 다져준 김석주도 세상을 뜬다. 장옥정에게는 다시 찾아온 기회였고, 남인에게도 기쁜 소식이었다. 아마 명성왕후가 오래 살았다면 장옥정은 궁궐 밖에서 평생 비구니처럼 지내며 역사에서 소리 없이 사라졌을 것이다.

1686년 장옥정은 드디어 다시 입궁하게 되지만 여전히 정권은 서인들이 장악하고 있었다. 숙종실록에는 당시 상황을 다음과 같이 적고 있다.

> 장씨를 책봉하여 숙원으로 삼았다. 전에 역관 장현은 국중의 거부로서 복창군 이정과 복선군 이남의 심복이 되었다가 경신년의 옥사에 형을 받고 멀리 유배되었는데, 장씨는 곧 장현의 종질녀이다. 나인으로 뽑혀 궁중에 들어왔는데 자못 얼굴이 아름다웠다. (숙종 12년(1686년) 12월 10일)

> 지금 왕자를 많이 두는 도리 때문에 이미 숙의(淑儀)의 선발이 있었는데, 또 반년이 지나지 않아 장씨의 책봉이 있었으니, 효종께서 궁인

한 사람을 가까이하여 옹주(翁主)를 낳기에 이르렀으나, 임어(臨御)하는 날에 끝내 봉작을 내리는 한 명을 아끼셨으므로, 성덕(成德)의 일이 지금까지 칭송되고 있습니다……신이 삼가 깊이 우려하는 것은, 장씨의 일은 전하께서 그 미색(美色) 때문이며, 전하가 장씨를 봉한 것은 그를 총애하기 때문이니…… (숙종12년(1686) 12월 14일)

1800권이 넘는 방대한 기록인 조선왕조실록. 당시 임금과 신하의 정치적인 행위, 문화, 역사, 국가적인 행사 등을 상세히 기록하고 후세에 올바른 역사를 전달할 목적으로 사관은 목숨을 걸고 실록을 집필했다. 임금의 사생활을 기록하는 일은 무척 조심스러웠다. 특히 임금의 여자들과 관련된 부분은 위험하고 다루기 힘든 부분이다. 조선왕조실록에서 여자의 미모에 대한 칭찬은 오직 장옥정뿐이다. 조선의 요부들로 알려진 연산군 때 장록수, 광해군 때 김개시 등에 대한 평가도 있지만, 이들의 미모에 대한 극찬은 없다. 조선시대 여러 왕비가 있었고 후궁은 약 100명 정도 있었지만 유일하게 장옥정만이 "자못 얼굴이 아름다웠다."고 평가하고 있다. 또 서인들의 상소문 곳곳에서 장옥정의 미색을 강조하며 염려하고 있다. 그녀를 극도로 싫어하고 최대한 폄하하려 했던 서인들도 어쩔 수 없이 이러한 기록을 남긴 것으로 보아 장옥정의 미모가 무척 아름다웠던 것만은 사실인 것 같다.

만약 서인계열의 인현왕후가 장옥정이 궁궐 밖에 있던 6년 동안 아들을 낳았다면 장옥정의 운명은 또 달라졌을 일이다. 하지만 인현왕후가 자식을 낳지 못했고, 숙종은 남인계열의 장옥정을 후궁으로 승격시켜 총애하고 있었으니, 인현왕후와 서인들의 불안감은 커질 수밖에 없었다. 실록에는 숙종이 장옥정을 총애하면서 서인과 충돌했던 사건이 기록되어 있다.

> "임금이 장씨를 위하여 별당을 지으면서 외부 사람으로 하여금 알지 못하게 했다." 하였다. 지금 전하께서 스스로의 잘못이라고 하교하시고는 안으로는 급하지 않은 역사(役事)를 일으키고, 밖으로는 신하의 말을 막아버리는 변명을 하시니, 이것은 스스로를 속이고 또 남을 속이는 일입니다. (숙종12년(1686) 9월 5일)

숙종이 장옥정을 위해 궁궐에 별당을 지으며 신하들을 속이고 있다는 비난을 받고 있고, 이러한 잘못을 지적받으면서도 숙종은 이 일을 부인하는 상황이다. 서인들은 이러한 숙종의 행위를 힐책하며 장옥정에 대한 공격을 멈추지 않았다.

심지어 1680년 숙종 6년의 기록에는 "혜성과 같은 흰 기운이 서쪽으로부터 중천에 뻗치고, 혜성이 두 달 동안 나타났다."라며 "당시 국상(國喪)은 혜성이 나타나기 전에 이미 났으므로, 이러한 이변의 출현 조짐이 어디에 있는지 알 수 없었다. 그 후에 장녀(張女)가 일개 폐희(嬖姬)로서 임금의 총애를 받아 필경에는 왕비의 지위를 빼앗아 왕후에 승진하기에 이르러 화란을 끼치고 큰 파란을 일으켰는데, 그녀가 임금의 총애를 받기 시작한 것이 바로 이 무렵이었으니, 이로써 하늘이 조짐을 보여주는 것이 우연이 아님을 알겠다."라며 모든 것을 장옥정에게 불리하게 기록하고 있다.

조선의 임금이 궁녀에게 승은을 내리는 것과 후궁을 두는 것은 새로운 일도 아니고, 금기사항도 아니었다. 그런데 유난히 숙종에게 신하들이 여러 차례 상소를 올리며 장옥정을 경계한 까닭이 무엇일까? 그들은 임금이 총애하는 여인의 미모가 너무 아름답고 그 행동이 교만하다는 표면적인 이유를 내세우고 있다. 하지만 사실은 장옥정이 남인계열 사람이고, 서인들은 자신의 입지를 다져가고 있는 상황에서 당파에 위협이 될 남인들을 완전히 뿌리 내리지 못하게 하려는 정치적인 의도에서 비롯된 계책이었다.

서인들은 후사가 없는 숙종을 걱정해 후궁 간택을 권하였고, 숙종 12년 3월 김창국(金昌國)의 딸을 숙의로 삼는다. 서인들과 인현왕후 입장에서는 같은 서인 계열 후궁으로 대를 이을 왕자를 얻고 싶어 했다. 그러나 "내전이 다스리기 어려운 것을 근심하여, 임금에게 권하여 따로 후궁을 선발하게 하니, 김창국의 딸이 뽑혀 궁으로 들어왔으나 또한 총애를 받지 못하였다."라는 숙종 12년의 기록에서 알 수 있듯이, 서인들은 장옥정을 경계하기 위해 새로운 여인을 등장시켰지만 숙종의 눈을 돌리려는 그들의 계획은 실패로 끝났다.

요부 장희빈은 어떻게 만들어졌나

장희빈과 인현왕후를 주인공으로 하는 드라마와 영화는 1960년대부터 2000년대에 이르기까지 꾸준히 제작되었다. 초기 영화와 드라마에서 보여주는 장희빈은 더 이상 설명이 필요 없는 천성이 나쁜 악독한 여인, 인현왕후는 부처와 같은 덕성스러운 여인의 상징으로 대조되는 고정된 이미지 그 자체였다. 장희빈은 오직 아름다운 미모와 요사스러운 재주로 숙종을 현혹하다 궁궐에서 쫓겨난 후 다시 입궁하여 후궁이 되고, 아들까지 낳은 후 교만하고 방자해져 죄 없는 인현왕후를 음해하여 폐출시키고 왕비가 되었다. 그리고 왕비가 된 후 숙빈 최씨를 투기하고 악독한 형벌로 다루다 마침내 숙종이 장희빈의 사악함을 알고 지난 일을 후회하며 다시 인현왕후를 복위시킨다. 그 후에도 장희빈은 반성 없이 인현왕후를 원망하고 괴롭히다가 무녀를 불러 저주한 일이 발각되어 사약을 받고 죽는다. 장희빈은 사약을 받는 순간까지 숙종에게 발악하며 포악을 떨고 심지어 아들인 경종을 성불구자로 만든 모질고 독한 여인이었다.

장희빈은 이 같은 대중매체의 묘사를 통해 희대에 없는 악한 인물로 각인되어 왔다. 반면에 인현왕후는 궁궐에서 쫓겨난 장희빈이 다시 입궁하도록 도와주는 착한 아내로 그려졌다. 장희빈으로부터 핍박과 저주를 받고 쫓겨난 폐비 시절에도 숙종과 장희빈을 원망하지 않고 인내하며 오직 모든 사건을 자신의 잘못으로 인정하는 부처와 같은 여인으로 추앙받았다. 심지어 어떤 드라마에서는 쫓겨난 후 다시 불러도 장희빈을 위해 입궁하지 않겠다고 사양하는 장면도 있었다. '어쩌면 인현왕후는 이렇게까지 답답할 정도로 착할 수 있는가.' 하고 대중들의 눈물을 자극하는 장면이 아닐 수 없지만, 역사적 진실과 상반되는 장면이다. 숙종 20년 3월에 인현왕후는 다시 왕후로 입궁하기 위해 서인들과 뜻을 모았다는 기록을 발견할 수 있다. "폐비 복위를 위해 폐비 민씨와 귀인 김씨, 숙안공주, 숙명공주 등 명문거족들은 막대한 정치자금을 제공했다."는 기록으로 이는 정당하게 붓을 잡았던 서인들의 당당한 기록이다. 그녀도 장희빈을 내쫓고 왕후의 자리를 다시 차지하기 위한 열정적인 노력을 멈추지 않았다는 증거이다.

또 『인현왕후전』에서는 궁궐로 다시 입궁한 후, 장희빈 아들인 경종(景宗)을 친어머니보다 더욱 아끼고 사랑하며 돈독하게 지내는 훌륭한 어머니의 모습도 보여주었다. 반면에 장희빈은 왕후의 자리에서 후궁으로 강등된 후, 분하고 악한 마음을 다스리지 못해 아들인 세자를 볼 때마다 구타했다고 묘사하고 있다. 이때 분노한 숙종이 세자와 장희빈을 궁궐에서 만나지 못하도록 단속한다. 정사 실록에 분명히 "세자의 문안인사는 계속하도록 하라."는 당부가 있는데도 소설에서는 이 부분을 무시한다.

심지어 『인현왕후전』에서 숙종이 장희빈을 "요망한 년"이라 표현하며 시체까지 궁 밖으로 버리고 장례식도 치르지 않았던 것처럼 서술하였다. 그러나 실록에 보면 정확히 세자 부부의 망곡례를 허락하고 묘를 왕후에 버금가게 화려하게 조성해주었다. 이처럼 숙종이 장희빈에게 당시 후궁으로서 전례가 없었던 장례 절차를 파격적으로 행했는데도 소설에서는 완전히 반대로 각색했던 것이다. 따라서 이 소설은 두 여인을 완전히 성녀와 악녀로 평가한 전형적인 모티프로, 제목이 의미하는 것처럼 인현왕후를 홍보하기 위한 픽션일 뿐이다.

영조 때 조성된 칠궁(왕을 낳은 후궁들을 모신 일곱 개의 사당)에서도 가장 큰 규모를 자랑하는 곳이 장희빈을 모신 대빈궁이다. 이 대빈궁은 유일하게 후궁이지만 왕후의 양식으로 조성되어 있다. 자신을 낳아준 어머니인 숙빈 최씨 사당보다 더욱 심혈을 기울여 화려하게 만들어 대접했던 것이다. 이는 당시 장희빈이 사사되었지만 사후에도 조선 사회에서 결코 가벼운 존재가 아니었고 그녀를 추존하는 세력들이 존재했다는 뜻이기도 하다.

로맨스로 포장된 당파싸움

사실 조선왕조실록은 객관적인 역사기록물이지만 그 자료가 워낙 방대하고, 번역이 이루어지지 않았던 과거에는 기록을 검토하는 일이 무척 번거롭고 힘든 작업이었다. 반면에 『인현왕후전』이란 소설 형식의 글은 적은 분량에 읽기도 편하고 접촉하기 쉬운 자료였다. 이 글은 정조 때 어떤 궁녀가 전해진 이야기를 통해 구상했다는 설과, 인형왕후를 곁에서 모시던 궁녀가 지난 일을 회상하며 기록했다는 설이 있지만, 확실한 건 작가가 분명하지 않고 인현왕후도 장희빈도 이미 세상을 떠난 후 남겨진 기록이란 것이다.

초창기 우리나라 드라마와 영화는 주로 당시 정치적인 배경과 당쟁 문제를 다루지 않고, 두 여인과 한 남자의 삼각관계와 로맨스에만 초점을 맞춰 장희빈이란 인물을 악하게 구성하는 데만 주력해왔다. 실록에는 인현왕후와 장희빈이 대립하는 장면을 다음과 같이 쓰고 있다.

장씨의 교만하고 방자함은 더욱 심해져서……이후로 내전이 시키는 모든 일에 대해 교만한 태도를 지으며 공손하지 않았으며, 심지어는 불러도 순응하지 않는 일까지 있었다. 어느 날 내전이 명하여 종아리를 때리게 하니 더욱 원한과 독을 품었다. (숙종 12년(1686) 12월 10일)

실록의 기록에서 보이듯 다시 입궁한 장옥정이 왕의 총애를 믿고 교만한 탓에 종아리로 다스린 일은 인현왕후도 한없이 자애롭지만은 않은 여인임을 드러내고 있다. 또한 숙종은 인현왕후를 폐출할 당시 다음과 같은 비망기를 내려 인현왕후의 행실을 탓하고 있다.

투기하는 것 외에도 별도로 간특한 계획을 꾸며, 스스로 선왕(先王)·선후(先后)의 하교를 지어내어서 공공연히 나에게 큰소리로 떠들기를, "숙원은 전생에 짐승의 몸이었는데, 주상께서 쏘아 죽이셨으므로, 묵은 원한을 갚고자 하여 이 세상에 태어났습니다. 그래서 경신년 역옥(逆獄) 후에 불령(不逞)한 무리와 서로 결탁하였던 것이며, 화(禍)는 장차 헤아리지 못할 것입니다. 또 팔자에 본디 아들이 없으니, 주상이 노고하셔도 공이 없을 것이며, 내전에는 자손이 많을 것이니, 장차 선묘 때와 다름이 없을 것입니다."라고 하였으니, 이는 비록 삼척동자라도 반드시 듣고 믿지 아니할 것이다. (숙종 15년 1689년 5월 2일)

숙종이 인현왕후가 과거에 했던 이야기를 세월이 흐른 후 다시 거론하며 투기했다는 이유로 폐출을 명하는 기록이다. 사실 오래전 다투던 일을 이유로 왕후를 폐출한다는 발언은 비열해 보인다. 하지만 인현왕후가 당시 숙원이었던 장희빈을 공격했던 표현으로 보아 장희빈에 대한 투기와 경계를 멈추지 않았음을 짐작 할 수 있다. 이러한 공격은 앞서 지적한 것처럼 서인들에게서 계속된다. 심지어 서인들은 장옥정의 입궁을 주선한 남인계열 조사석과 장옥정의 어머니가 과거 불륜관계였다는 상소까지 올리며 그녀의 입지를 곤란하게 만들기 위한 공작을 펼쳐나갔다.

그러나 숙종 14년 장옥정은 오랜 세월 기다리던 아들을 낳았다. 또 숙종 15년에는 석 달도 채 되지 않은 아들을 원자로 책봉하고 장옥정에게 빈의 첩지를 내렸다. 이 일은 서인들의 정권을 위협하는 일이었고, 인현왕후의 입지를 불안하게 하는 사건이었다. 이때 서인의 거두 송시열은 원자 책봉에 반대하는 다음과 같은 상소를 올렸다.

예전에 송나라 신종은 나이 28세에 처음으로 철종을 낳으니 그 어미는 후궁 주씨였습니다. 허나 전궁의 소생을 기다리다가 신종이 병든 뒤에야 비로소 태자로 책봉해 태자를 삼으니 그 때 철종의 나이 10세였습니다.

사실 서인 입장에서는 남인계열의 아이를 장차 왕으로 인정할 수 없다고 나선 왕권에 대한 도전이었고, 남인 입장에서는 이 점을 이용해 송시열을 비롯한 서인들을 공격해 제거하고 다시 정계에 복귀할 수 있는 절호의 기회였다. 숙종은 왕명을 거역한 송시열을 사사했고, 서인에 대한 거친 숙청 작업이 시작되었는데 바로 기사환국이다. 숙종 15년 비로소 다시 정권은 남인계열이 장악하게 되었으니 개인적으로는 인현왕후와 장희빈의 대결에서 장희빈의 승리였고, 정치적으로 남인의 승리였다.

숙종의 이런 결단이 대중매체에서는 단순히 숙종이 장희빈이란 미인에게 현혹되어 폭정을 행사하는 것처럼 묘사되는 경우가 많았다. 그러나 사실 이것은 당시 '군약신강'의 권력 구조에서 왕권을 강화하며 신하들의 입지를 약하게 하려는 숙종의 정치적인 의도에서 비롯된 전략이었다. 그즈음 숙종이 파악한 조정은 마치 서인의 거두 송시열의 나라처럼 느껴졌고, 이쯤에서 정권을 남인으로 교체하며 서인들의 입지를 누른 후 다시 대대적인 숙청작업을 펼칠 정치공작을 한 것이다. 남인들이 자리 잡은 정치무대에서 마지막 남은 서인의 작품인 인현왕후의 폐출은 너무나 당연한 결과였다. 그리고 인현왕후 폐출 후 불과 나흘 뒤 장희빈을 왕비로 삼겠다는 전지를 내린다.

조선역사상 천민 출신으로 후궁이 되어 생존해 있는 왕후를 폐출시키고 그 자리를 차지한 최초의 인물인 장옥정. 그 모든 것을 단순히 미모의 여인이 혼자서 만들어낸 것처럼 드라마틱하게 이야기된다. 하지만 이 일은 그 배후에 남인세력의 공작과 조선 중기 중인 계급이 성장해가는 시점에서 장옥정이란 인물이 숙종에게 충분히 이용가치가 있는 여인이었기에 가능한 일이었다.

조선은 성리학을 통치이념으로 내세우며 사대부 중심의 학자를 우대하는 사회였지만, 중기를 거치면서 청나라를 왕래하며 무역을 통해 부를 축적한 역관들의 재력과 이를 바탕으로 한 중인 세력 형성도 무시할 수 없는 상황이었다. 이렇게 남인세력과 중인계층의 지지를 받으며, 자신의 아들까지 장차 임금이 될 세자에 오른 장옥정의 승리는 결국 서인정권의 몰락을 안겨주었다. 하지만 그 승리는 영원하지 않았다.

숙종은 환국정치를 통해 당시 조선 사회 최고의 엘리트 정치 집단 전체를 숙청하는 작업을 진행했고, 한 당파가 세력을 얻어 힘을 얻을 때쯤 다른 당파로 한꺼번에 교체하여 신하들 간에 서로 견제하고 임금의 눈치를 살피며 충성을 유도하는 정치 공작을 과감하게 펼쳐나갔던 것이다.

당쟁과 야사의 합작품, 악녀 장희빈

숙종은 실록에 기록되어 있듯이 참을성이 부족하고 변덕이 심한 조급한 성격이었다. 이러한 성격이 인간관계에서도 드러났던 것일까? 인현왕후를 폐출시키고 기사환국으로 남인이 정권을 장악한 5년 후 새로운 여인이 등장한다. 조선에서 최고로 장수한 임금인 영조(英祖)를 낳은 숙빈 최씨의 등장이다. 실록에는 숙종 19년 4월에 숙원으로 책봉했다는 기록이 보인다. 사실 숙빈 최씨는 대중매체를 통해 무수리 출신이며 한밤중에 폐출된 인현왕후 생일상을 차리며 예를 올리는 모습에 숙종이 반해 승은을 입었다고 각인되어 왔다. 하지만 이것은 어디까지나 흥미를 위해 구성된 시나리오에 불과할 뿐 정확한 기록이 아니다. 그녀의 출생과 입궁 배경에 대해서는 몇 가지 이야기가 다르게 전해진다. 또한 영조가 지은 비망기나 당시 실록의 기록은 그녀가 일곱 살에 입궁한 침방나인이라고 적고 있다. 사실 이 기록도 영조가 미천한 어머니의 신분을 숨기기 위한 조작이라는 소문도 많았다.

당시 무수리는 궁녀들과 달리 출·퇴근이 자유롭고, 남편과 자식이 있는 유부녀들이 주로 종사했던 직업이다. 따라서 야사에 전해진 것처럼 궁궐에서 한밤중에 자신의 방에서 인현왕후의 생일상을 차려놓고 절을 올리는 일은 상식적으로 있을 수도 없는 일이다. 우선 궁녀들은 2인 1실로 거처하는 공간이 있었고, 궁녀로 입적되는 순간부터 평생 궁 안에서 의식주를 해결했으며 죽을 때야 궁 밖을 나갈 수 있었다. 반면 무수리의 경우는 수사간(水賜間)이란 곳에서 거처하긴 했지만, 혼자 독차지하는 공간이 궁궐에는 없었다. 현대 사회와 비교한다면 시간제로 가끔씩 궁궐을 드나들며 아르바이트하는 도우미 아줌마로 이해할 수 있다.

그녀의 출신과 인현왕후와의 인연에 관한 이야기가 각각 다르게 전해지는 것과 상관없이, 그녀가 장희빈과 당파가 다른 서인계열에 합류한 것만은 사실이다. 드라마나 영화에서 그녀는 장희빈에게 심한 학대를 받는 반면 인현왕후와는 돈독하게 지내며 사심 없이 충성하는 착한 여인으로 그려진다. 민진원(閔鎭遠)의 『단암만록』과 조선 후기 이문정(李聞政)이 쓴 『수문록』에는 숙빈 최씨가 장희빈에게 심한 고문과 핍박을 받았고, 인현왕후와는 깊은 인연으로 맺어졌다고 기록되어 있다. 그러나 이러한 개인 기록물들은 사실의 기록으로 보기 어렵다. 민진원은 인현왕후의 오빠이니 장희빈에 대해 긍정적인 시각에서 기록했을 가능성이 희박하다. 또 이문정도 노론쪽 시각으로 장희빈 이야기를 편향되게 전개해나갔다. 즉 장희빈과 반대 당파 사람들의 기록인 만큼 공정성이 부족하다는 판단이 든다. 사실상 조선왕조실록에는 장희빈이 당시 숙종의 총애를 받기 시작하는 숙원 최씨를 심하게 고문하거나 학대한 기록을 찾아볼 수 없기 때문이다.

하지만 훗날 영조 임금의 어머니가 되는 숙원 최씨가 장희빈과 숙명적인 새로운 라이벌로 등장하며 새로운 정계를 형성하는 데 일조한 일은 중요한 의미를 갖는다. 인현왕후의 재입궁과 동시에 남인 정권을 붕괴시키고 다시 서인 정권을 정치 무대에 부활시키는 숙종 20년 갑술환국의 숨은 주역은 바로 그녀였기 때문이다.

숙종 20년 4월 숙종은 인현왕후를 다시 입궁시키고, "장씨의 왕후 새수를 거두고, 옛 작호를 내려주게 하고, 왕후 옥보를 부수라고 명했다."는 기록이 있다. 장희빈에 대한 총애가 식을 무렵 서인들은 숙원 최씨를 이용하며 인현왕후 복위에 성공한다. 이는 6년 전과 달리 개인적으로 인현왕후의 승리였고, 서인정권이 다시 입지를 다지는 동시에 남인정권의 실각을 의미하는 일이었다.

궁녀에서 후궁이 되고 왕후의 자리까지 올라 다시 후궁으로 강등된 장옥정. 인현왕후의 재입궁 소식은 그녀의 몰락을 예고했다. 인현왕후가 다시 왕후가 된 숙종 20년부터 궁궐에서 장옥정의 입지는 소리 없이 사라져가고 있었다. 남인정권이 실각하고 서인정국인 조정에서 장옥정을 지켜줄 이는 아무도 없었기 때문이다.

하지만 숙종 27년 8월 14일 숙명적인 라이벌이던 인현왕후가 승하하면서 장옥정이 궁궐에 무녀를 불러 인현왕후를 저주한 사건이 발각된다. 이때 장옥정의 존재는 다시 부각되기 시작한다. 숙종 27년 9월 23일 기록에서 보이듯 숙종은 "인현왕후를 무고한 장희재를 처형하라."는 비망기를 내린다. 또 얼마 후 궁궐에 무녀를 불러 인현왕후를 저주하는 데 동참한 장옥정의 궁녀들도 함께 처형당하게 된다.

장옥정은 인현왕후 죽음과 동시에 다시 왕후의 자리를 꿈꾸었던 것일까? 숙종은 단순히 후궁이 무당을 불러 왕비를 저주한 행위에 분노하여 장옥정의 사악함에 염증을 느끼고 인현왕후에 대한 죄책감에 장옥정을 제거한 것일까?

숙종은 그녀가 세자의 어머니라는 명분으로 다시 남인과 힘을 합쳐 왕후 자리를 꿈꾸며 새로운 권력 구도가 형성될까 우려하고 있었다. 그리고 이즈음에 내명부 여인들의 조직도 엄격하게 개편해 누구도 군주에게 도전하지 못하게 하려는 특유의 총명한 계산이 다시 빛을 내기 시작한다. 바로 인현왕후가 승하한 것과 동시에 이 사건을 계기로 그녀를 제거하기로 결심한 것이다.

숙종 27년 9월 25일, 숙종은 장희빈을 사사하는 방법에 대해 공개적으로 대신들과 논의한다. 이때 서인의 소론과 노론은 대립하며 소론의 대신들은 세자를 위해 장희빈을 용서할 상소를 청하지만, 숙종은 끝까지 허락하지 않는다. 결국 같은 해 10월 8일 숙종은 "희빈 장씨를 내전을 질투하여 모해하려 한 죄로 자진하게 하라."는 비망기를 내린다. 실록에 숙종 27년 10월 8일 자진하게 하라는 비망기를 내린 후, 10월 10일 "장씨가 이미 자진(自盡)하였으니, 해조(該曹)로 하여금 상장(喪葬)의 제수(祭需)를 참작하여 거행하도록 하라."는 기록이 보인다.

그동안 드라마나 영화에는 장희빈이 비망기를 받은 후 사약을 받지 않겠다고 발악하는 장면이 반복 재현되었다. 죽는 순간까지 숙종에게 포악한 행동을 하자 억지로 사약을 먹이는 장면이 설정되기도 했다. 심지어 『수문록』에는 장희빈이 죽는 순간 세자인 경종을 성불구자로 만든 악독한 어머니로 추악하게 그려져 있다.

하지만 조선왕조실록에는 장희빈의 죽음에 관해 사약을 내렸다는 정확한 기록은 존재하지 않는다. 숙종이 신하들과 사사하는 방법에 관해 논의했던 일이 있고, 자진하게 하라는 하교가 있을 뿐 장희빈이 어떻게 죽었는지는 확실하지가 않다. 또한 장희빈이 죽는 순간 추한 모습으로 발악하며 숙종과 주변 사람들을 곤란하게 했다는 기록도 없으며, 그 장소에 숙종이 친히 참석했다는 기록도 존재하지 않는다.

다만 장희빈 죽음에 숨은 주역이 노론과 손을 잡은 숙빈 최씨인 것만은 실록을 통해 분명히 확인할 수 있다. 숙종 27년 9월 23일 기록에 "숙빈 최씨가 평상시에 왕비가 베푼 은혜를 추모하여, 통곡하는 마음을 이기지 못하고 임금에게 몰래 고하였다."는 기록이 있기 때문이다. 이때 훗날 엉소 임금이 되는 연잉군이 있었고, 장희빈처럼 빈의 지위에 있었던 그녀는 야사에 전해지는 것처럼 장희빈에게 늘 핍박받고 인내하는 어리숙한 여인이 아니었다. 처음 인현왕후와 맺게 되는 인연은 정확히 알 수 없지만 숙빈 최씨는 인현왕후와 가까운 사이였고, 인현왕후가 재입궁한 후 다시 입궁한 김창국의 딸 귀인 김씨(훗날 영빈 김씨)와도 손을 잡으며 노론의 정치노선을 잘 이용하는 등 무척 현명하고 영악한 여자였기 때문이다.

제3의 여인 숙빈 최씨의 숨겨진 얼굴

그저 조연급에 불과했던 숙빈 최씨? 야사나 드라마에서는 자신의 분수를 지키며 지고지순한 여린 여인으로 묘사되지만, 숙종시대 여인들 사이에서 그녀는 그저 가벼운 존재였을까? 인현왕후가 폐출된 후 인현왕후 복위에 나섰던 김춘택은 인경왕후의 조카이며 김만중의 증손자이다. 김춘택과도 친분이 두터웠다는 숙빈 최씨. 그녀가 숙종과 처음 인연을 맺게 되는 배경에 김춘택의 각본에 의한 의도적인 역할이 부여됐다는 조심스러운 이야기도 전해진다. 당시 김만중에게 『사씨남정기』를 짓게 했던 김춘택은 인현왕후 복위 운동과 서인정권 집권에 적극적이었고 여기에 숙빈 최씨를 이용하기도 했다. 또 실록에는 그녀가 훗날 연잉군과 궁궐 밖에서 생활할 때, 재산을 모으는 데 지나치게 집착해 주변 백성들에게 민폐를 끼쳐 비난 받았던 기록도 종종 보인다.

인현왕후는 왕후로 승하하지만 살아서 6년 간 폐비가 되는 수모를 겪었고, 장희빈도 궁녀시절 6년이란 세월을 궁궐 밖에서 지내는 정신적 고통에 시달려야 했다. 또 둘 다 같은 임금을 모신 왕비였고 같은 해 죽음을 맞이했다. 결국 이 두 여인은 각자 다른 배를 타고 바다를 항해하다가 함께 침몰하는 운명이었으니 이 둘 중 승자는 없었던 것 같다. 다만 장희빈은 노론에 의해 처음부터 끝까지 불리하게 기록되어 오랜 세월 희대의 악녀이자 요부로 전해졌을 뿐이다.

숙종 27년 8월 인현왕후가 승하한 후, 숙종은 두 달도 채 되지 않아 장희빈을 사사함으로써 조급한 성격과 모든 일을 한꺼번에 처리하는 그 특유의 기질을 다시 한 번 발휘하는 과단성을 보여준다.

장희빈과 인현왕후의 대결에 숙빈 최씨까지 합류해 세 여인 중 승자는 과연 누구였을까? 장희빈의 아들인 경종 승하 후, 후기 조선이 숙빈의 아들인 영조의 핏줄로 이어지는 걸 보면 세 여인들 사이에서의 승자는 결국 숙빈 최씨였다. 하지만 그것은 세 여인들 사이에서의 승리일 뿐이었다.

숙종은 기존 대중매체에서 묘사된 것과 달리 인현왕후와 장희빈이 죽은 후 비어 있는 왕후 자리를 숙빈 최씨에게 안겨줄 생각이 전혀 없었다. 장희빈을 사사하기 하루 전인 숙종 27년 10월 7일 "이제부터 나라의 법전을 명백하게 정하여 빈어(嬪御, 임금의 첩)가 후비의 자리에 오를 수가 없게 하라."는 하교를 한다. 이것으로 앞으로 후궁은 어떠한 일이 있어도 왕후가 될 수 없다는 뜻을 국법으로 확정함으로서 비어 있는 왕후의 자리를 새로운 인물로 뽑겠다는 의도를 공고한다. 혹시라도 숙빈 최씨가 품었을 왕후에 대한 희망을 완전히 꺾어버린 것이다. 그녀가 정권을 장악한 노론과 결탁하여 아들 연잉군을 이용해 권력을 남용할 일을 사전에 차단한 숙종의 숨은 결단이었다.

그리고 숙종 28년 인원왕후(仁元王后)라는 노론 쪽 여인을 세 번째 왕후로 등극시킨다. 훗날 영조의 막강한 후견자이며 영조를 친자식처럼 후원해준 여인이다. 여기서 멈추지 않고 세 명의 후궁인 숙의 유씨를 소의로, 귀인 박씨를 명빈으로, 귀인 김씨를 영빈으로 책봉하며 각자의 지위를 높여 승격시켜주었다. 또 숙빈 최씨를 궁궐을 떠나 연잉군과 함께 살도록 한다. 후궁이 모시던 임금이 생존하는데 궁궐을 떠나 아들과 사는 특별한 일을 단행한 것이다. 인현왕후처럼 폐비가 되지도, 장희빈처럼 사약을 받지도 않았지만 결과적으로 숙빈 최씨도 그녀들 죽음 후 궁궐에서 출궁당하며 그곳에서 승하하게 된다. 결국 그녀 역시 숙종의 정치적 이용 대상이었던 여인 중 하나라는 생각을 지울 수는 없다.

여기서 잠시 숙종시대 여인들 중 존재감이 없었던 명빈 박씨에 대해 주목해보고자 한다. 실록에 그녀의 출생과 배경에 관한 기록은 없지만, 숙종 24년 11월 4일 상궁 박씨에게 숙원의 첩지를 내린 것을 알 수 있다. "상궁 박씨가 빈어의 자리에 함께 있은 지 거의 10년이 되어

간다.”는 기록에서 느낄 수 있듯이 10년 전인 숙종 14년 승은을 입어 승은 상궁이 되었다는 뜻이다. 이때는 왕후의 자리에 있었던 인현왕후와 장옥정의 갈등으로 긴장감이 도는 시절이었고, 장옥정이 아들을 낳을 때쯤 궁녀 박씨가 숙종과 인연을 맺었음을 의미한다. 그렇다면 그 시절 숙종이 장옥정에게만 매혹되어 있지는 않았다는 뜻이고, 그녀가 숙빈 최씨보다 먼저 숙종의 총애를 받았다고 볼 수 있다. 명빈 박씨는 숙종 25년(1699년) 연령군을 낳았고, 4년 뒤인 숙종 29년(1703년)에 죽었다는 기록이 있다.

숙종은 장희빈의 아들을 세자로 삼았지만 장희빈이 죽고 남인이 사라진 정치 무대에서 세자를 교체하고 싶은 뜻을 노론 대신들에게 비치곤 했다. 당연히 숙빈 최씨의 아들인 연잉군과 명빈 박씨의 아들 연령군, 두 왕자 중 한 사람을 후계자로 마음에 두고 있었기 때문이다. 그런데 숙종 45년(1719년)에 연령군이 죽는다. 이때 숙종의 행위를 통해 추측해보면 아마도 세자를 연령군으로 교체할 숨은 의도가 있었던 것 같다. 이는 숙종이 연령군의 죽음을 지나치게 애통해 하여 주변 신하들이 만류할 정도였다는 기록을 통해서도 드러난다. 물론 당시 자손이 귀한 왕실에서 아들 셋 중 한 아들이 죽었으니 슬퍼하는 일은 아버지로서 당연한 부성애라 할 수도 있다. 하지만 장희빈 죽음 후 그녀의 아들인 세자에게는 가혹할 만큼 차가웠고, 자신의 여인들도 순식간에 제거하는 비정한 숙종의 또 다른 모습이 아닐 수 없다. 연령군이 오래 살았다면 숙종의 후계자가 연령군으로 교체되지 않았을까 하는 추측도 가능한 대목이다. 또 숙종의 여인들 중 가장 무난하면서도 어떤 정치 세력과도 연결되지 않았던 명빈 박씨가 숙종이 진심으로 사랑하고 아꼈던 여인이 아니었을까 추측하게도 한다.

그녀들은 모두 조연이었다

조선왕조 500년 동안 유독 숙종 시대만 여인들 간의 지위 이동과 교체가 잦았던 이유가 무엇일까? 그동안은 이러한 현상을 숙종의 변덕스럽고 주관 없는 성격과 희대의 악녀 장희빈 때문이라고 단순화시켜 버렸다. 하지만 실상은 '군약신강'으로 약해진 왕권을 회복하고 군주로서 자신의 위험을 살리려는 숙종의 영리한 시나리오 속에 펼쳐진 화려한 사건들이다. 혼란한 시절 당파 간 세력 다툼에 자신의 신하와 여인들까지 영악하게 조종하며 권력 강화를 도모한 숙종. 그는 자신의 여자들까지 정치에 희생시킨 무서운 군주였다.

이러한 냉혹한 전략으로 46년 동안 신하들을 불안에 떨게 하며 자신에게 충성하게 했다. 또한 신하들이 서로 결탁해 역모를 일으키지 못하도록 숙련된 계산과 정치적 감각으로 빠르게 과감한 환국을 진행하며 신하들 간의 충성을 유도하여 군왕의 위험을 지킨 조선 최고의 강력한 군주였다. 그 시대 숙종에 의해 탄생한 희생양인 장희빈과 인현왕후. 사실 처음부터 끝까지 진정한 승자는 숙종 자신뿐이고 오직 그 자신이 주인공인 무대였다.

그러나 300년이 지난 지금까지도 숙종시대 마지막 정권을 장악한 서인들에 의해 이 사건의 주인공은 장옥정처럼 그려져 있다. 그것도 역사상 가장 사악하고 나쁜 여인으로 말이다. 조선왕조실록의 숙종대

기록은 처음부터 끝까지 인현왕후와 당파가 같은 서인들의 입장에서 기술하고 있다. 만약 남인이 당시 실각하지 않고 서인이 다시 정권을 잡지 않았다면 인현왕후가 투기를 일삼아 쫓겨난 나쁜 여인으로 평가 절하되고, 장옥정은 궁녀에서 승은을 입어 임금을 극진히 섬기고 아들을 훌륭하게 훈육하여 왕후까지 된 훌륭한 여인으로 실록과 야사를 장식했을 수도 있다.

장희빈은 인현왕후보다 나이가 여덟 살이나 많고 출생과 신분부터 상당한 격차가 있다. 어쩌면 엄격한 신분제 사회에서는 처음부터 만날 수도 없는 처지였다. 사실 궁녀란 직업은 대중매체를 통해 잘못 인식된 경우가 많다. 마치 입궁만 하면 임금의 여자가 되어 신분 상승할 수 있는 절호의 기회를 얻을 수 있어 선호하는 직업처럼 그려졌다. 하지만 실상은 전혀 그렇지 않다. 궁녀는 내수사의 공노비로 충당하고 양인은 일체 거론하지 않으며 이 규범을 어기면 장 60대에 처하는 법이 『속대전』에 엄격하게 명시되어 있다. 숙종 실록에도 "궁중의 시녀들은 한 천인에 불과하나……"라는 기록에서 보이듯 천인들이 종사하던 직업이다. 궁녀는 평생 궁궐에서 거처하며 결혼을 할 수 없고, 엄격한 규범 속에서 일생을 보내야 하므로 일반인들이 기피하는 직업이었다. 넓은 궁궐에서 평생 동안 임금의 얼굴도 구경 못하는 것이 궁녀들의 현실이었다. 그중 임금을 가까이에서 모시는 상궁이나 궁녀를 제외하면, 일생 동안 넓은 궁궐에서 임금과 대면하기도 힘들었다. 그러므로 궁녀에서 왕후의 자리까지 차지한 장희빈이 오랜 세월이 흐른 지금까지도 역사에서 화제가 되고 있는 특별한 주인공일 수밖에 없는 것이다.

조선 역사상 유일하게 생존해 있는 왕후를 폐비하고 그 자리를 차지했다가 다시 후궁으로 강등되고 사약까지 받으며 상처와 환희, 축복과 모멸감 속에 실타래처럼 감긴 인생을 마감했던 장옥정. 만약 남인이 집권했을 때 당파 교체로 묻어 갈 수 없었다 해도 끝까지 인현왕후의 폐출을 막고 그저 후궁의 위치를 묵묵히 지키며 더 이상의 특혜를 거절했다면 그녀의 마지막이 편안히 끝났을까? 개인적 욕망을 자제하고 인현왕후, 귀인 김씨 등과 당파를 초월해 돈독한 관계를 맺었다면 그녀의 최후가 조금 달라지지 않았을까.

  하지만 이 모든 결과가 그녀의 미모와 요사스러운 계책으로 이루어진 사건이 아니었다. 남인이라는 서인과는 화합할 수 없는 당파에 운명을 맡긴 이상 서인의 공격에 맞서야 했다. 여기에 조선 중기 이후 성장해가는 중인 신분인 역관들의 재력이 있었기에 그녀가 탄생할 수 있었다. 그리고 무엇보다 숙종시대 격렬했던 당파싸움과 이를 이용해 철저하게 자신의 권력을 강화한 숙종의 계책이 만들어낸 여인이 바로 경국지색(傾國之色, 임금이 혹하여 나라가 기울어져도 모를 정도의 미인)의 요부 장희빈이었다.

무서운 전략가 숙종, 조선의 한비자로 처신하다

　분서갱유로 역사의 잔혹한 평판을 피할 수 없었던 진시황을 단번에 매혹시키며 냉혹한 제왕학의 기술을 일깨워 준 한비자. 동양의 마키아벨리인 한비자는 인간은 언제나 자신의 이익에 따라 움직이는 본질적인 특성을 지닌 동물이라 주장하였다. 가정에서도 친구 사이에서도 최고 통치자인 군주와 그를 보좌하는 신하의 관계도 적절한 처세를 필요로 하는 이해관계라 규정하고 있다. 한비자는 군주가 신하를 다룰 때 자신의 속마음을 드러내지 않고 신하를 조종하는 기술이 가장 핵심적인 전략이라 보았다.

　이러한 한비자의 이론에 가장 충실했던 조선의 군주는 숙종일 것이다. 자신의 여인들, 신하들, 심지어 아들까지도 오직 군주로서 자신의 권력을 지키기 위한 이해타산의 수단으로 삼아 마지막까지 그 속내를 숨기며 위엄을 지켜나갔다. 그가 오직 강력한 권력 획득을 위해 얼마나 총명하고 집요한 조종자로서 역할을 완벽하게 해냈는지 감탄스러울 따름이다.

　여인들과의 관계도 예외가 아니었다. 여러 번의 환국을 거칠 때마다 자신의 여인들도 정치적 희생양으로 이용하며 신하들과 동시에 숙청하곤 했다. 서인 조정을 남인으로 교체할 때, 왕후를 폐하여 빈어를 왕후 자리에 앉혔다. 이때 숙종은 인현왕후 탄신 문안을 받지 못하게 하고, 서인이 된 후 지급하기로 한 쌀을 정지시키고 가례 때 입었던 옷 등 모든 물건을 태워버리게 한다. 정말 피도 눈물도 없는 잔혹한 모습이다. 또한 이때 왕후 폐출을 반대하던 박태보를 역모죄를 저질렀을 때 하던 잔인한 고문으로 숨지게 한다. 6년 후 다시 서인을 등용하고 남인을 실각시킬 때, 장희빈에게 모멸감을 안겨주고 장희재를 비롯한 친정을 파산시키며 빈으로 강등한 장희빈을 푸대접하기에 이른다.

그리고 늘 숙종 특유의 정치적 연출을 한다. 제거되는 반대당파 신하들에게 잘못을 떠넘기며 그들을 간신으로 폄하하고, 다시 등용된 신하들에게는 예전에 사사되었던 신하들의 신원을 회복해 주어 서로 견제하며 충성경쟁을 하게 하는 전략을 썼다. 인현왕후를 복위시키는 과정에서 폐출을 반대하며 죽은 박태보의 충절을 기리며 신원을 회복해준 것이 대표적인 예다. 또 인현왕후에게 보내는 편지에서 "처음에 간신들에게 조롱당해 잘못 처분했다."고 한 것은 결국 남인과 장희빈을 매도하며 속마음을 숨기는 핑계에 불과하다.

장희빈을 왕후로 봉하며 그 아버지인 옥산부원군의 묘를 이장할 때, "이 역사(役事)는 굉장하고 사치하기를 극진하여 이렇게 비용이 많은 것은 전에 듣지 못했다."는 사관의 평을 보면 숙종은 조선 역사상 전례 없는 일을 진행했다. 또 숙종 24년 궁인 유씨를 숙원으로 책봉하고, 얼마 후 상궁 박씨를 숙원으로, 31년 김씨를 숙원으로 책봉할 때도 백성들이 굶주림에 허덕이고 국가재정이 바닥날 정도로 후궁들에게 많은 재물을 하사해 비판을 받았다. 하지만 숙종은 단순히 향락을 취하기 위해 후궁을 맞이하지 않았다. 당파가 다른 후궁들의 입장을 오가며 치밀한 계산을 하고 있었다. 숙종은 내명부 일까지도 단숨에 강력한 명령을 내리며 신하도 후궁도, 그 누구도 군주의 손에서 자유롭지 못하도록 빠른 속도로 사건을 매듭지었다.

두 번의 사화로 폭군으로 매도된 연산군에 비하면, 숙종은 환국 때 얼마나 많은 신하들을 사사하고 귀향 보냈던가? 역대 다른 군왕들과 달리 자식을 낳지 않았던 후궁들도 자주 품계를 승격시켰고, 후궁을 맞이하고 왕후를 교체할 때마다 국가 재정을 낭비했다. 세자의 어머니를 사사한 후, 법도를 어기며 승지와 사관을 물리치고 독대까지 하며 아들인 세자를 폐하려 신하와 모의하는 파격적인 행동도 했다. 어쩌면 이러한 모든 행동이 패륜이며 폭군으로 기록될 수 있는 모습이다.

하지만 숙종은 교묘하게도 자신의 여인들이나 신하들에게 악역을 맡게 하고 자신은 조선 최고의 카리스마 넘치는 군주로 자리 잡아 마지막까지 권력을 휘두르며 생을 마감했다.

인간은 자신의 성공적인 인생을 위해 내 인생에 이익을 안겨주는 사람과 교류하길 원하며, 그것은 낮은 지위의 인물이나 왕이나 마찬가지다. 다만 눈에 뻔히 보일 만큼 치졸한 아첨이나 어설픈 연기력으로 상황을 다루는 데 실패하면 그때부터 나쁜 유형의 인간으로 분류되는 것이다. 리더일수록 얼마만큼이나 속내를 숨기고 완벽한 연기를 하느냐에 따라 그 인생의 성패가 판가름된다.

연산군 vs 정조

불행한 가정사는 군주의 면죄부가 될 수 있는가

결국 어린 시절 겪은 비극적인 경험이 인간적인 이해의 조건이 될 수는 있지만 결코 군왕의 정치를 평가하는 기준이 될 수는 없다. 또한 같은 경험을 했다 하더라도 그것을 자신의 삶과 공무에 어떻게 적용할 것인가는 개인의 선택일 수밖에 없다. 자신의 악행이나 잘못으로 인한 결과 역시 자신의 책임으로 돌아갈 수밖에 없기 때문이다.

맹자는 인간은 모두 선한 본성을 타고나지만 어린 시절 습득한 지식
과 경험을 통해 달라질 수 있다는 성선설을 주창했다. 본래 누구나 선
한 심성을 지니고 태어나지만 성장 환경, 주변의 여건과 생활 속에서
만나게 되는 다양한 교류를 통해 변화되어간다는 뜻이다.

　조선시대 학자들은 옛 성인들의 가르침에서 훌륭한 교육 방안을 모
색했지만, 바람직한 인성 함양을 늘 교육의 최고 덕목으로 삼았다. 따
라서 조선 최고의 지위에 있는 국왕도 이러한 교육 목적에서 자유로울
수는 없었다.

　조선 국왕의 자리는 절대지존(絕代至尊)의 자리였다. 그러므로 이런
국왕이 되기 위해 차기 국왕은 어린 시절부터 최고의 스승을 모시고
풍족한 환경에서 모든 분야를 교육 받아야 했다. 오직 성군의 자질을
향해 숙련된 인품을 갈고 닦는 시간을 보내는 것이 세자의 운명이다.

유학에서 요구하는 덕(德)에 의해 정치를 하는 참다운 성군이 되기 위해 오직 참된 인성을 지녀야 하는 일이 교육의 목적이었다. 또한 최고의 지위에 머물러야 하는 군주가 선한 본성을 지켜 국가와 사회를 위해 아낌없이 어진 정치를 베풀게 하는 것이 국왕 교육의 의무였다.

맹자의 주장에 따른다면 선한 인성에 기본적인 주변 환경이 좋아야 성군의 자질을 가질 수 있다. 세자는 화려한 궁궐에서 온갖 풍족한 혜택을 누리며 성장할 것 같지만, 주변의 정치적인 역학관계로 대립 갈등하는 가운데 살얼음판 같은 불안과 개인적 불행을 겪으며 그 자리까지 도달한 국왕도 있었다. 어느 시대 누구에게나 어린 시절 부모 중 한 사람을 일찍 보내는 슬픔은 감당하기 힘든 충격이다. 아무리 형식적인 부모 역할을 대신해줄 주변 인물들이 존재하고, 물질적으로 풍요롭고 생활이 화려한 왕족이라 해도 그 내면에 충족되지 않는 고독함은 존재하기 때문이다.

조선왕실에서 어린 시절 부모 중 한 사람을 일찍 보내고 국왕의 자리에 오른 대표적인 두 임금으로 연산군(燕山君)과 정조(正祖)를 꼽을 수 있다. 물론 단종, 성종, 인종, 광해군, 경종도 부모 중 한 사람을 일찍 보낸 후 외로운 어린 시절을 거쳐 국왕의 자리에 올랐다. 하지만 단종(端宗)이나 인종(仁宗), 광해군(光海君)은 아기 때 어머니가 병으로 자연사한 경우라 주변의 정치적인 갈등이나 암투 속에 어머니를 잃은 것이 아니었다. 성종도 추존된 아버지 덕종(德宗)이 자연사한 경우라 아버지의 얼굴도 모르는 상황에서 성장했다. 저 유명한 장희빈의 아들인 경종도 어머니가 사사되고 정적들로부터 교체될 수 있는 힘든 세자시절을 거쳐 국왕이 되었지만, 그 재위기간이 너무 짧은 탓에 여기서는 연산군과 정조를 살펴보고자 한다.

조선의 국왕 중에서 사후에 받는 당연한 묘호(廟號)도 얻지 못하고, 자신의 의지와 상관없이 군(君)이란 호칭으로 강등되어 왕위를 내려놓아야 했던 두 임금 중 한 사람인 연산군. 다른 한 사람인 광해군은 대립되는 두 평가가 공존하는 가운데 그가 이룬 외교적 업적을 재평가하는 지지세력을 확보했지만, 연산군은 여전히 조선 역사에서 다시 돌아볼 가치도 없는 폭군, 패륜아란 가시 덩굴에 갇혀 광기의 역사를 세공한 임금으로 낙인되어 있다.

조선 10대 국왕인 연산군(1476~1506, 재위 1495~1506)은 드라마나 영화 등 대중매체를 통해 개인적 피의 보복을 단행한 광자(狂者)로 그려졌다. 또한 납득할 수 없는 비상식적이고 비정상적인 그 행위의 원인을 사약을 받고 죽은 어머니의 비운을 알게 된 순간 갑자기 발광한 것으로 인식시켜 왔다. 그리고 이러한 연산군의 행위에 늘 동반하는 사악한 여인 장녹수를 연산군 시대 몰락을 제공한 주인공으로 만들어 놓았다. 이렇게 하여 연산군은 오랜 집권기 동안 주색에 빠져 아무런 대책 없이 그저 모정을 그리워하며 정사를 어지럽힌 최악의 군주라 평가한다. 그러나 한편으로 어머니가 아버지에 의해 죽임을 당하고, 엄하고 차가웠던 할머니인 인수대비와 정적들 속에서 외롭게 성장한 연산군을 인간적으로 조금은 동정하는 대중들의 목소리도 있다. 이 동정의 목소리가 늘 흥미를 유발해 연산군의 이야기는 야사를 거쳐 오랜 시간이 지난 후에도 지속적으로 영화나 드라마를 통해 각색되곤 한다.

그리고 조선 22대 국왕인 정조(1752~1800, 재위 1777~1800)도 연산군만큼 불행하고 불안한 세자 시절을 거친 드라마틱한 인물로 알려져 있다. 두 임금 중 연산군은 어머니가 아버지에 의해 죽었고, 정조는 차기 국왕 자리에 있던 아버지가 할아버지에 의해 유례 없는 잔인한 죽음을 당하는 일을 목격하며 성장했다. 두 임금 모두 부모 중 한 사람을 당시 최고 통치권자의 명령으로 인위적인 죽음의 문으로 보내야 했다. 무엇보다 의지해야 할 부부관계에 정치적 파워 게임이 개입되어 성종은 폐비 윤씨와, 사도세자는 혜경궁 홍씨와 악연이 되는 가운데 태어난 왕자들의 운명은 불안정했다. 냉혹하게 인륜을 저버린 후 보복을 두려워한 거대한 정적들의 음모에 의해 당연히 보장된 차기 국왕자리까지 오르는 데 무척이나 불안한 시간과 투쟁하며 인내해야 했다.

무겁고도 지루했던 역사의 바퀴가 매 순간 비틀대고 때로는 험난하게 굴러갔지만, 그런 가운데서도 그들을 국왕이라는 운명으로 인도해주었다. 그러나 불행했던 어린 시절과 불안했던 지위를 견딘 두 임금의 최후는 전혀 달랐다. 300년이란 긴 시간 차이가 제공하는 시대상황과 주변 인물들이 달랐어도 특정 기득권 세력의 권력욕에 왕권이 위협받는 현실은 비슷했다. 다만 그에 대처하는 그들의 리더십과 처세가 확연히 달랐기에, 연산군은 500년 문치주의 국가에서 기억하고 싶지 않은 폭군으로 각인되었고, 정조는 세종과 두뇌를 맞대는 학자 군주이며 현군이라 칭송받으며 조선 후기 최고의 군왕으로 평가받고 있다. 또한 그의 의문의 죽음이 지금도 우리 역사에 많은 아쉬움을 남기는 동시에 미완의 개혁군주, 보수적인 성향의 진보한 인물 등 다양한 시각에서 그의 업적과 처세를 분석하고 있다.

연산군을 위한 역사는 없는가

조선이란 나라는 도대체 어떤 의도에서 당시 임금과 그 시대 정치적인 행위 등 모든 상황을 기록하도록 했을까? 왜 사관은 목숨을 잃는 위기를 감수하면서도 자신의 소신대로 붓대를 놓지 않는 위엄을 보였을까? 마치 금은 보화보다 소중하고 소금이나 물처럼 없어서는 안 되는 삶의 필수품인 것처럼 모든 정성을 쏟아 후대에 거름이 될 실록을 편찬했기에 지금 이 기록물 앞에 전 세계인도 경의를 표하는 것이리라.

이처럼 학문, 인품, 집안 배경 등 모든 면에서 완벽한 조건을 겸비한 인재를 엄격하게 가려 임금의 사후 재위 기간의 역사를 평가하게 했으니, 자연스레 조선의 국왕은 그 몸가짐과 행동을 조심할 수밖에 없었을 것이다. 하지만 모든 사실과 사건을 날짜별로 정확하게 기록하면서도 사관의 평을 함께 동반했던 만큼, 실록은 붓을 잡은 사관의 시각과 당시 기득권자의 목적이 동시에 반영된 작업이었다.

사관들은 당시 국가 이념이었던 유교적 명분론에 입각해 그 가르침을 충실히 정치에 반영한 임금을 최고의 군주로 치하한다. 그리고 기득권을 장악한 후 국왕을 교체한 신하들은 승자의 입장에서 패자가 된 임금을 더러운 수렁 속에 가두고, 절망의 고통에서 빠져나오지 못하도록 평가 절하한다.

특히 조선 최초로 반정세력에 의해 국왕의 자리를 내려놓아야 했던 연산군에 대한 기록은 사람들을 경악하게 했다. 경악의 이유는 무엇보다 패륜 행위이다. 효와 충을 어린 시절부터 지겨울 정도로 배우고 익히며 실행해야 했던 국왕이 희대의 패륜아가 되었다고 전한다. 과연 연산군이 만든 역사는 어디까지가 진실과 일치하는 것일까?

조카의 왕위를 찬탈한 후 조카를 죽이고 친동생 둘을 사사하고, 그 많은 인재들을 죽이고도 세조라는 묘호를 받았고, 심지어 아들을 특이한 방법으로 사사한 영조에게는 비정한 부정(父情)과 함께 르네상스를 이룩한 훌륭한 임금이었다는 평도 동반되고 있다. 그런데 왜 연산군은 그 시대에 받았던 평가에서 한 치도 벗어나지 못한 채 종지부를 찍었을까? 10년의 세월 동안 국왕으로서 그가 추구하고자 했던 목표는 무엇이었을까? 단순히 야사나 대중매체를 통해 잊을 만하면 재생되는, 비명에 간 어머니에 대한 복수였을까? 얼굴조차 기억 못하는 어머니를 위해 자신의 모든 지위를 포기할 만큼 모정에 사무쳤던가?

조선 왕실의 법도에 대해 어느 정도 식견을 갖추었다면 차기 국왕이 될 세자를 비롯해 왕실의 자식들이 일반 평민들과 다르게 성장한다는 사실을 알고 있을 것이다.

그들은 태어나는 순간부터 유모의 젖을 먹고 자라며 보모상궁에 의해 양육된다. 태어나 죽는 순간까지 어머니와는 멀리 떨어진 거처에서 생활한다. 평범한 가정처럼 어머니가 직접 젖을 먹이고 하루 24시간을 늘 옆에 두면서 세상 누구보다 친밀하고 어리광 부리는 따뜻한 모자의 모습이 아니다. 일생 동안 어머니와 함께 잠들고 식사하는 일은 무척 드문 경우이고, 특히 차기 국왕이 될 세자의 재목으로 정해진 아들은 늘 규칙적인 교육을 받아야 하므로 어머니가 자주 동궁을 방문할 수도 없었다.

또한 어려서부터 어머니가 아들에게 존댓말로 대화해야 하는 엄격한 법도가 있었다. 따라서 사실 세자를 비롯해 왕실의 자손들은 어린 시절부터 어머니와는 예의를 지켜야 하는 집안 어른 같은 관계였고, 오히려 직접 키워주는 상궁이나 내관들과 인간적인 정을 돈독하게 나누는 경우가 흔했다.

연산군은 태어나는 순간 원자라는 호칭으로 불렸다. 다음 국왕이 될 성종의 적장자였기 때문이다. 당연히 궁중의 법도대로 양육되어야 하는데, 병이 있다 하여 궁궐 밖 강희맹 집에서 훈육되던 중 네 살 때 어머니 폐비 윤씨가 사사되었다. 이런 상황에서 연산군은 어머니 얼굴도 기억 못하고 함께한 추억조차 없이 성장했다.

만약 폐비 윤씨가 폐출되지 않고 궁궐에서 그 지위를 보존하며 아들이 성장하는 과정을 함께했어도 사실상 어머니와 아들이 따뜻하게 보낼 긴 여가가 주어지는 환경이 아니었다. 그것은 연산군뿐만 아닌 모든 세자가 처한 공통된 입장이었다. 오히려 열한 살에 사도세자를 보낸 정조가 아버지와 유대가 깊고 아버지에 대한 기억이 남아 있을 나이였다. 따라서 그 당시 정적들을 뚜렷하게 기억할 수 있는 시기였다.

사화도 정치의 일부다

먼저 연산군이 만든 역사를 이해하기 위해서는 그 시대 정치적인 상황과 당시 일어났던 두 사화를 기억해야 한다. 거기서 그가 추구했던 왕권 강화의 이상과 목표를 알 수 있기 때문이다.

조선 전기 정계를 형성한 대표적인 두 세력은 훈구파와 사림파로 나눌 수 있다. 지방에서 조금씩 학문적 입지를 다지며 차츰 세력을 형성한 사림파가 성종에 의해 정계에 진출하기 시작했고, 이러한 세력이 발전하는 것을 훈구파들은 경계하고 있었다. 연산군이 통치하던 시절에 정계는 훈구파와 사림파가 공존하고 있었지만, 강력한 훈구 세력을 누르기 위한 방편으로 사림파를 등용한 성종에 의해 훈구파는 점차 약해지고 사림이 새롭게 부활하던 시점이었다. 왕조시대 임금은 절대 권력을 갖고 모든 일을 자신의 독단으로 처리한다고 오해하기 쉽지만, 사실상 조선은 이미 신하들의 의견을 다양하게 정치에 반영한 세련된 민주주의가 발달된 나라였다고 볼 수 있다. 그러나 연산군은 사실상 훈구파를 견제하기 위한 사림파들이 유교 정신에 입각해 국왕의 사소한 행동까지 간섭하는 행위를 못마땅하게 생각했다.

집권 초기 19세의 젊은 임금은 자신의 확고한 통치철학을 갖춰 나름대로 조정의 기강을 확립하고 왕권 강화의 목표를 향한 굳은 의지를 보여주었다. 이러한 의지는 4년 후 무오사화(戊午士禍)를 통해 확연히 드러나지만, 이때부터 연산군은 상황 판단을 잘못하여 자신의 몰락을 예고하는 탈선을 시작한다. 1498년에 일어난 최초의 사화는 사관 김일손(金馹孫)이 김종직(金宗直)의 세조의 단종 폐위를 왕위 찬탈이라 비판한 '조의제문(弔義帝文)'을 사초에 기록하면서 그 파란이 예고되었다. 과거 김종직에 수모를 당했던 아첨군의 대명사 유자광(柳子光)과 김일손에게 원한이 있었던 이극돈(李克墩)에 의해 그 사실이 연산군에게 전해지게 된다.

원래 사초는 왕이 볼 수 없는 것이 원칙이지만, '조의제문'이 조정의 기강을 무너지게 했다는 구실로 훈구파들은 이 일을 확대해나갔다.

사실 조정에서 그 세력을 형성하며 정계를 장악하고 있던 사림파를 제거하려는 훈구파의 계산과 당시 사림파에게 염증을 느끼고 왕권을 다지려던 연산군의 목적이 일치하면서 촉발된 사건이 무오사화이다.

여기서 더 나아가 연산군은 경연제도를 폐지한 데다 임금에게 상소를 올리지 못하게 하고, 사간원과 홍문관도 없애버렸다. 신하와 임금의 모든 의사소통 기관을 차단함으로써 앞으로 누구의 간섭이나 견제도 받지 않는 절대 권력을 가진 국왕이 되겠다는 강력한 의지의 표출이었다. 그리고 시간이 지나 사림파가 숙청된 정국에 훈구파들의 세력이 강해지자, 다시 왕권 강화를 시도하며 사화를 일으킨다. 그 잔인한 피의 숙청이 바로 과거 어머니 사건을 빌미로 일으킨 갑자사화(甲子士禍)이다.

갑자사화는 조선 역사상 가장 무섭고도 거대한 숙청작업으로, 200명 넘는 관료들을 각종 잔인한 방법으로 사사하여 더 이상 어떤 세력도 임금의 권위에 도전하지 못하게 하려는 마지막 승부였다. 늘 이런 상황에는 임금을 위시한 숨은 공로자가 등장하기 마련이다. 이 기회에 과거 윤씨 폐출에 연관된 대부분의 훈구세력들을 제거하고, 남아 있는 사림까지 제거하면서 세력을 형성한 부중파가 등장했다. 간신 임사홍 등의 부중파가 새로운 세력으로 기반을 다지기 위한 정치적 음모로 연산군을 부추긴 것이 갑자사화라는 엄청난 타격이었다. 물론 이 작품은 국왕으로서 연산군에 대한 최후의 평가와 반정과 오명이라는 선물도 함께 안겨준 결정적 사건이 되었다.

연산군에 관한 몇 가지 오해

중종반정을 주도한 세력들에 의해 그토록 갈망했던 왕권 강화는 허망한 물거품이 되고 말았다. 조정에는 다시 훈구파가 득세하게 되었고, 남겨진 사림파들은 실록과 야사를 통해 연산군의 행위를 과대하게 부풀리는 작업을 시행했고, 그 결과 연산군은 조선왕조 역사상 희대의 폭군으로 역사를 장식했다.

실록에서든 야사에서든 연산군의 행위는 정상적인 수준을 벗어난다. 성종의 두 후궁을 몽둥이로 때려 죽여 그 시체로 젓갈을 담았다는 기록, 큰어머니가 되는 월산군 부인을 임신시켜 그 충격으로 군부인이 자살하게 만든 일, 관료 부인들을 겁탈하고 술과 여자에 미쳐 정사를 돌보지 않고 궁궐을 연회장으로 만든 일, 무엇보다 최대의 패륜은 할머니인 인수대비에게 술상을 던져 그 충격으로 인수대비가 죽음에 이르는 원인을 제공한 일이다.

연산군하면 술과 여자를 지나치게 좋아해 흥청을 세웠다는 것과 반정의 명문을 제공한 박씨 부인의 비극이 늘 화제로 거론된다. 여기서 다른 소문을 접어두더라도 이 부분에 대한 오류를 지적하고자 한다. 우선 조선시대 흥청은 국가 소속의 전문 음악인들이 있던 곳이고 여자들보다 남자들이 많았다. 연산군이 다른 임금들에 비해 학문보다 예술을 더 사랑했던 건 사실이지만, 광기를 부리며 주색에만 빠져 흥청의 인원을 늘리고 국고를 탕진했다는 것은 무척 과장된 기술이다.

조선시대 사대부들이 천인이면서 국가 소속의 노비인 흥청의 여악들을 첩으로 들이거나 사적인 집안 행사에 부르는 일이 종종 있었는데, 연산군은 이러한 행위를 못하도록 법으로 금지해버렸다. 사실상 관료들은 지금껏 누리던 특혜에 타격을 입자 여기서 불만을 품고, 연산군이 음악과 시를 사랑하여 여악들과 즐기던 일을 과장해서 비판했던 것이다.

또 가장 음흉하게 지적되었던 박씨 부인과의 불륜을 보자. 부왕인 성종은 형이 아닌 자신이 임금이 된 후에 미안함 때문인지 형인 월산대군과 형수인 박씨 부인을 극진히 공경했고 인수대비 또한 자주 박씨 부인을 궁궐로 부르곤 했다. 인수대비나 성종의 입장을 고려해서라도 연산군이 큰어머니와 가깝게 지냈겠지만 소문은 추하게 났다. 그러나 그 소문은 진실과 거리가 있음을 다음을 통해 짐작할 수 있다.

"월산대군 이정의 처 승평부부인 박씨가 죽었다. 왕에게 총애를 받아 잉태하자 약을 먹고 죽었다고 사람들이 말했다." 연산군 12년 7월 20일의 기록이다. 월산대군(1454~1488)의 나이를 감안해 박씨의 나이를 가늠해본다면, 이 시절 박씨 부인의 나이가 50이 넘었다는 사실을 유추할 수 있다. 의술이 발달하고 인간 수명이 길어진 현대에도 50이 넘은 여자의 임신이 어려운데, 당시 50이면 지금의 70으로 간주할 수 있는 나이로 임신 자체가 불가능하다.

무엇보다 실제 있었던 정황을 정확하게 기록해야 하는 실록을 사관이 늘 애매하게 마무리하는 것이 연산군일기의 특징이다. 예를 들어 마지막 "사람들이 말했다."라는 것은 사실이 아닐 수 있다는 뜻이다. 그럼 확실하지 않은 소문을 듣고 무조건 기록했다는 것이다. 당시 무척이나 엄격하게 입단속을 시키며 궁궐 안의 일을 일반인들에게 발설할 수 없도록 감시했던 곳이 궁궐이다. 조금이라도 궁궐 일을 누설

하면 파리 목숨보다 가볍게 죽어나갔던 것이 궁궐의 내관과 궁녀들이다. 그럼 도대체 신료들도 모르는 일을 일반 사람들이 어떻게 알고 떠든단 말인가? "사람들이 말했다"는 모호한 기록은 반정 세력들이 거짓 소문을 만든 것이며, 그만큼 기록에 신빙성이 부족하다는 증거를 뒷받침해주는 일이기도 하다.

조선은 왕의 나라가 아니라, 군신의 나라였다

그러나 연산군에 대한 이러한 기록들은 당시 상황에서 과장된 부분도 고려해야 하지만, 무엇보다 그가 군주로서 시대 상황을 정확하게 판단하지 못한 것과 신중한 대책이 부족했던 결과이다. 작은 가정도 아니고 지방 호족도 아닌, 국왕의 자리는 인재와 심복 없이 그저 지킬 수 있는 편안한 자리가 아니다. 아무리 뛰어난 국왕도 자신을 믿고 지지해줄 유능한 인재를 양성하고 목숨 바쳐 충성할 수족 같은 신하와 함께 배를 타고 항해해야 목적지까지 원활하게 도달할 수 있다. 건실하고 거대한 배도 바다 한가운데서 풍파를 만나 뒤집히는 고비를 맞기도 하고, 때로는 거센 파도에 방향을 잃고 생사를 다투는 위험을 감수해야 한다.

당시 연산군은 조선이란 나라의 체계와 제도를 너무나 가볍게 판단했다. 조선이란 나라는 태종이 표준을 확립하고 세종이 신하와 임금이 소통할 수 있는 원활한 정치 구조를 구성해두었다. 물론 세조의 왕위 찬탈로 특정 공신들의 세력이 왕권을 능가하게 해 혼란을 가중시켰지만, 그럼에도 조선이란 나라는 열린 언론을 통해 신하가 국왕의 잘못을 지적하는 등 국왕의 지나친 독재와 횡포를 막기 위해 세련된 체제를 다듬은 나라이다. 연산군은 왕이라 해도 공정한 역사 기술을 위해 사관의 임무를 막을 수 없도록 한 제도와 성숙된 언론 삼사의 기능이 작동하는 체계를 통해 아무리 거슬려도 사림의 정치를 단숨에 제압하기는 불가능한 현실임을 간파해야 했다.

조선은 사대부 중심의 관료들이 중앙에서 활약하며 군약신강(君弱臣强)의 나라로 이미 단단히 터를 닦은 시점이었다. 이러한 정국에서 어떠한 세력 기반도 없이 불가능한 꿈을 몇몇 간신들과 더불어 잔인한 숙청을 통해서 단시간에 이루려 했으니, 이것은 모든 정황을 잘못 판단한 연산군의 자질 부족이었다.

훗날 숙종이 비슷한 상황에서 환국을 여러 차례 단행하며 조선에서 가장 카리스마 넘치는 국왕으로 군림한 것이 어떤 맥락에서는 연산군과 유사한 방법을 쓴 것처럼 느껴지기도 한다. 그러나 같은 방법이라도 그것을 유용하게 응용할 수 있는 시기를 판단하고 실행에 옮길 수 있는 확고한 통치철학을 세워 국왕의 악역을 막아줄 강력한 지지세력을 남겨두고 거사를 단행해야 한다. 어쩌면 숙종은 마땅한 정치세력도 양성하지 못하고 불가능한 꿈만 꾸며 그 실현에는 실패한 연산군을 통해 새로운 각본을 구성했던 것일까? 숙종은 한 당파를 제거하면 반드시 다른 당파를 구성한 후 신하들끼리 서로 견제하고 경쟁을 유도해 국왕에게 충성하게 하는 총명한 공작을 펼쳤다. 거친 정치작업은 닮은꼴이지만 다른 결과를 낳았던 것은 정치는 리더의 현명한 판단과 처세술에 좌우된다는 사실을 다시 느끼게 한다.

영조의 마지막 걸작, 정조

조선 역사에서 가장 어둡고 무거운 부자관계를 낳은 영조는 그 비운의 씨앗을 손자인 정조에게 유산으로 물려주었다. 특정 당파들과 결탁한 아버지에 의해 희생양이 될 수밖에 없었던 사도세자는 당시 노론 독재 정권의 손바닥 안에 놀면서 망국으로 달리던 조선 후기의 불행한 역사를 예고하는 신호탄이었다.

1752년 탄생한 정조는 막강한 노론 가문의 외가를 둔 어머니 혜경궁 홍씨와 소론을 지지하다 노론과 대립하던 아버지 사도세자 사이에서 외롭게 성장했다. 남편보다 친정의 당론인 노론을 선택해 남편인 사도세자를 죽이는 데 협조한 어머니와 노론을 배척했던 아버지의 갈등은 마침내 아들인 정조의 목숨마저 위태롭게 했다. 이 마지막 승부에서 노론의 집요한 음모공작에도 불구하고 어머니 혜경궁 홍씨와 외할아버지 홍봉한은 정조를 놓아주었다. 그러나 그 상황은 아직 정조에게 혹약재연(或躍在淵, 장차 크게 뛰려 하나 아직 연못에 있다)과 같은 입장이었다.

거듭되는 과거 낙방으로 명문이던 홍씨 가문이 한미해졌을 무렵, 딸이 세자빈에 간택되는 행운을 등에 업고 주변의 비난 속에서도 파격적인 출세 가도를 달리던 홍봉한은 사위인 사도세자의 죽음에 공을 세우며 노론세력 속에 더욱 위상을 높여갔다. 그러나 비록 가문과 노론을 위해 남편을 버린 혜경궁 홍씨지만, 아들을 지키려는 절실한 요구가 마지막 노론과 맞서게 된다. 그때도 여전히 숙부인 홍인한(洪麟漢)을 위시한 노론세력과 심지어 고모인 화완옹주와 그 양자 정후겸, 영조의 계비 정순왕후의 오라버니 김귀주(金龜柱) 등이 합류한, 정조를 제거하고자 하는 모함은 끊임없이 지속되고 있었다. 여기에 영조와 사도세자를 이간질하던 숙의 문씨까지 등장하여 세자 대리청정을 반대하고 나섰다. 훗날 사도세자의 죽음에 관련된 정치 보복을 두려워한 이들은 힘을 모아 영조로 하여금 정조를 폐하도록 끊임없이 모함했고, 심지어 정조를 사사할 계획까지 세워 정조를 불안하게 했다.

훗날 정조가 세손 시절을 회상하며, 늘 한밤중에 살해될 수 있다는 불안함에 옷을 입은 채로 밤새 책을 읽으며 보냈다고 한 기록에서 알 수 있듯이, 그 시절 노론의 비대해진 권력은 차기 국왕을 살해할 수도 있을 정도로 왕권을 초월했다는 것을 보여준다. 결국 이러한 상황을 당시 임금이던 영조도 방어할 수 없을 정도였다. 자신도 노론세력의 도움으로 왕이 되었기에 초반의 탕평책 실시에도 불구하고 최후에는 노론과 합류한 노론 임금이었던 것이다.

정조는 어린 시절 할아버지와 노론에 의한 아버지의 비극적인 죽음을 직접 목격했고, 성장기에는 신하와 친인척까지 모두 정적으로 둘러싸인 암울한 상황이었다. 주변에 자신을 지켜줄 아무런 세력 없이 불안한 세자 시절을 견뎌야 했다. 또한 변덕스럽고 의심 많던 할아버지 영조가 아들인 아버지를 사사한 만큼, 손자인 자신도 사사될 수 있는 가능성도 늘 존재하는 가운데 외롭고 무서운 후계자 자리를 홀로 지켜야 했다.

조선 역사상 52년이란 세월을 장기 집권하며 83세로 가장 장수한 임금인 영조. 여러 가지 출생설이 전해질 만큼 미천한 신분이었던 어머니 숙빈 최씨로 인한 신분 콤플렉스와 집권 초 경종 독살설과 관련된 여러 난을 진압하며 영조는 더욱 의구심이 강한 성격으로 변해갔다. 이것은 결국 다른 당파를 배척하며 자신의 입지를 다져준 노론을 강력한 정치 세력으로 성장시켜 아들까지 사사하는 비극적인 과오를 범하고, 초반 탕평정책을 무산시켜 외척 세력을 불러들이는 결과를 낳고 말았다. 이렇게 긴 역사만큼 사건도 많았던 영조가 마지막 집요한 모든 방해 공작과 다툼 속에서도 하나의 중요한 결실을 이루었으니, 그것은 당시 세자이던 정조를 폐하지 않고 다음 후계자로 끝까지 보존한 일이다. 영조 정치의 마지막 걸작은 조선 후기 최고의 성군인 정조를 놓치지 않고 백성들에게 내려준 것이다.

정조, 원수를 정치로 품다

조선 500년 동안 가장 뛰어난 성군 두 사람으로 세종과 정조를 지목하곤 한다. 조선 초기와 후기라는 긴 시간 차이에도 불구하고 두 군주는 당대 뛰어난 학자들을 능가할 총명한 학식을 겸비했으며 집요한 독서광이었다는 공통점이 있다. 다만 한 군주가 돌연사로 생을 마감하며 지금까지도 그 죽음이 의문사로 남아있다는 점이 다를 뿐이다.

군주가 당대 훌륭한 역사를 만들기 위해서는 리더로서 자질이 기본적인 조건이지만, 이러한 자질 못지않게 주변의 여건이 완벽하게 갖춰져야 올바른 업적을 펼칠 수 있다. 즉 본인의 자질을 뒷받침할 주변 인재들과 배우자의 인품도 어우러져야 완벽한 조화를 이룰 수 있다. 이 조건에서 정조는 한 가지 부족했기에 사사당하는 위협 속에서도 천운으로 즉위했지만, 결국 의문사하고 말았다. 정조는 세종만큼 뛰어난 자질과 인품을 겸비했고, 세종처럼 좋은 아내도 얻었다. 세종에게 고고한 인품으로 성군을 내조한 소헌왕후 심씨가 있었듯이 정조도 어질고 검소한 효의왕후 김씨가 현숙한 아내이자 정치적 동반자로 내조해주었다. 그러나 태종 같은 역할을 해줄 아버지가 없었던 그는 즉위 초부터 마지막까지 천적인 노론과 외척 정순왕후 세력들과의 힘겨운 줄다리기를 지속하며 자신의 역사를 만들어나가야 했다.

할아버지 영조가 남긴 노론 세력과 자신의 즉위를 방해하던 외척들의 정조 제거 의지는 집요해서 임금이 된 후에도 그들이 보낸 자객이 한밤중에 거처 지붕까지 올라와 살해하려는 역모 사건까지 발생했다. 이는 정조의 즉위 상황이 얼마나 불안했는지를 실감하게 해주는 역사적인 증거이다. 그 배후에 정조를 제거하고 노론 천국을 만들려 했던 사도세자 사건의 주범 중 하나였던 홍계희(洪啓禧)를 비롯해 정순왕후도 가담해 있었다.

정조는 즉위 초 사도세자를 죽게 하고 자신을 핍박하며 즉위를 반대했던 관련자 소수만 제거하고 정적인 노론을 그대로 포용했다. 서로 원수 같은 입장이지만 서열로 할머니였던 정순왕후를 끝까지 공손히 모시며 예의를 다해 대우해주었다. 또 비록 신분적 제한이 엄격했지만 우수한 능력을 갖춘 서출 지식인들이 자질을 발휘하도록 정계 등용을 허락해주었다. 이러한 리더의 역량도 세종과 유사한 듯하다. 세종은 양녕대군(讓寧大君)의 폐위를 반대하며 자신의 즉위를 반대했던 황희(黃喜)를 다시 불러 정승으로 임명했고, 자신에게 모멸감을 안겨준 유정현(柳廷顯)에게도 그대로 벼슬을 주었다. 무엇보다 역사에 눈부신 업적을 남긴 천민 출신 과학자 장영실(蔣英實)의 탄생도 신분보다 능력을 택한 세종의 작품이었다. 이처럼 정조도 성군 세종의 장점을 교훈 삼아 후기 조선의 르네상스를 이룩했다. 이 두 군주는 개인적 보복과 피의 되갚음이 아닌 화해와 용서가 참다운 역사를 이어가는 일이며, 군주는 하늘의 은혜로 백성을 어질게 다스려야 한다는 뜻을 펴 모범적인 정치를 실행한 하늘이 내린 군주였다.

다만 정세가 안정되어 있었던 세종과 달리 정적들에 둘러싸여 위태로운 자신의 안위와 기존 체제에 대한 모순이 드러나면서 혼란스런 조선 후기 현실을 함께 안고 가야 하는 처지가 정조가 처한 상황이었다. 무엇보다 노론의 독재를 방어하는 일은 자신의 정치적 보복보다 백성들과 변화되어가는 조선 사회를 위해 반드시 필요한 일이었다. 정조는 노론들의 저지를 딛고 남인 출신 채제공(蔡濟恭)을 재상으로 임명해 정치구조를 새롭게 개편했다. 또 백성들의 미래를 편안히 하고자 하는 소망이 그에게 절실했던 만큼 새로운 사업에 도전하게 된다. 마지막 승부를 던진 거대한 프로젝트, 백성들을 위한 계획 도시 건설, 바로 화성 신도시 사업을 역사에 담았다.

조선의 마지막 백년대계, 화성 신도시

정조의 화성 신도시 계획이 억울하게 죽은 아버지의 원한을 풀기 위한 개인의 정치적 목적이었다고 비꼬듯 지적하는 목소리도 있다. 어떤 사건을 바라보는 시각은 여러 각도가 존재하기 마련이다. 하지만 과연 어떤 목적이었나 하는 정조의 속마음은 접어두고 화성 공사 기간 동안 정조가 보여준 애민 정신과 개혁 군주로서 모습만 주목해서 살펴보자.

누구나 한 번쯤 신비한 눈으로 역사 건축물을 감상했던 경험이 있을 것이다. 그저 어린 시절 학교 선생님이나 부모님 손에 이끌려 이 거대한 역사 유적을 무심히 지나쳤을 수도 있고, 발달된 기계 없이도 위대하게 완성된 건축물의 웅장함에 감탄해 넋을 놓았던 순간도 있을 것이다. 그러나 대부분 궁궐을 비롯한 왕릉이나 역사 건축물의 아름다운 완성을 위해 흘린 백성들의 눈물의 흔적은 깊이 음미하지 못한다.

1997년 유네스코 세계문화유산으로 등재된 숭고한 건축물, 수원화성은 어떤 곳인가? 정조는 1794년에 화성 신도시 건설을 기획하고 10년 뒤인 1804년에 완공을 목표로 삼았다. 그러나 원래 계획보다 훨씬 앞선 3년 만에 이 도시를 완성하고 200여 년이 지난 후 유네스코 세계문화유산을 갖게 하는 영광을 후손에게 돌려주었다. 당대는 물론이고 후대에까지 국가의 이름을 빛나게 한 위대한 업적이다.

정당한 월급을 받고 일하는 오늘날의 건축 공사장에도 인부들을 구하기 힘들어 애를 먹는다. 그러나 고대나 근대사회는 선택권 없는 강제 노동에 시달려야 했다. 근대 사회 백성들에게 부역은 너무나 당연한 의무였다. 늘 화려한 문장으로 최고의 지식을 자랑하던 지배층들은 입으로 떠드는 형식 논리만 거창할 뿐, 진정 피지배층을 위한 실용적인 측면을 고려하지 않는다. 오랜 시간 백성들의 노동력을 착취하며 지배층의 특권만을 누린 데서 확연히 드러나듯이, 피지배층의 입장에서 공사에 대한 새로운 방안을 제시한 군주는 역사상 그 유례가 없었다.

근대 사회 백성들의 부역은 강제 이주와 더불어 아무런 보수 없이 혹독한 노동에 시달려야 했고, 심지어 공사에 필요한 자제들까지 백성들의 돈으로 충당해야 했다. 어디 이뿐인가? 화려한 궁궐은 군주와 그 가족들을 위한 공간일 뿐이다. 이 공간에 필요한 비용은 궁궐 마당에 한번 누워볼 수도 없는 가난한 백성의 세금이었고, 공사 중 다치거나 사망해도 아무런 보상금이 지급되지 않았다. 따라서 부역은 백성들의 뼈아픈 고통이자 부당한 노동이었다.

장대한 역사를 자랑하는 중국에서 가장 폭군으로 알려진 수나라 양제가 집권 기간 동안 멈추지 않고 무리한 공사를 진행해 무수한 백성들이 죽어가는 모습을 지켜보며 외쳤던 말이 무엇이던가? "우리 수나라의 인구가 너무 많으니 죽어도 괜찮아." 이때 공사비용에 드는 세금과 부역을 견디지 못한 백성들이 스스로 손과 발을 자르거나 자살할 정도였으니, 완성된 건축물에는 백성의 고혈을 짜낸 흔적이 쌓였을 뿐이다. 훗날 흥선 대원군 또한 원납전을 거두고 당백전까지 발행해 무리한 경복궁을 중건해 얼마나 많은 백성들에게 고통을 안겨주었던가?

그러나 정조는 특별한 원칙 아래 화성 신도시를 건설했다. 백성들에게 세금을 거두지 않고 백성들의 노동력을 무상으로 사용하지 않겠다는 원칙이었다. 정조는 이미 오래전부터 자신의 내탕금을 아껴 저축하고 임금의 경호부대인 금위군을 축소해 융통성 있게 경영하고 이렇게 마련한 자금을 공사비용에 합리적으로 사용했다. 여기서 한 걸음 더 나아가 화성 공사를 통해 백성들에게 새로운 일자리를 마련해 실업자를 줄이는 방책도 세웠다. 공사에 참여한 기간 동안 백성들에게 월급을 주었고, 식비와 의복은 물론 부상자들에게 무상 치료 서비스도 제공해주었다. 가뭄이나 너무 추위가 심한 날씨에는 백성들을 쉬게 했고, 보약과 당시 귀족들이나 착용했던 귀한 털모자까지 선물하며 노동에 시달리는 백성들에게 고마운 마음을 전달했다. 또한 다재다능한 정약용이 설계한 거중기를 만들어 공사비용을 절약하고 공사의 효율성을 높여 빠른 시간에 멋진 도시를 완성할 수 있게 했다.

주로 농업이 생산기반이었고 지금처럼 다양한 직업이 없었던 시절, 상업이 발전할 수 있도록 금난전권(禁難廛權)을 철폐해 상공업의 발전을 꾀했다. 정조와 채제공의 발상은 빛을 발해 화성 공사 때 각 지역에서 인부들과 장사꾼들이 몰려들었고 농업뿐만 아니라 상공업도 번창할 수 있는 토대를 마련하는 계기가 되었다.

대규모 공사를 처음 계획보다 앞서 완공하면서도 부실 공사로 마무리하지 않았고, 비용을 절감해 백성들에게 피해를 끼치지 않고 혜택을 주었던 참다운 애민 군주이자 건축에 과학 기술을 도입한 개명 군주 정조. 그 시절 백성은 축복받은 이들이었지만, 하늘은 그 축복을 오래 지속시켜주지 않았다. 새로운 꿈을 안고 조선의 새로운 사회 변화를 이끌어내려 했던 정조는 재위 24년 의문의 죽음을 맞는다. 그의 갑작스런 죽음은 독살설을 불러왔고 유일하게 정조의 마지막을 지켰던 정순왕후는 강력한 독살 주범으로 의심받고 있다. 정순왕후를 위시한 외척 세력과 노론의 독재 체제는 정조의 죽음 이후 다시 날개를 폈고, 이제 더는 돌이킬 수 없는 조선의 몰락을 백성들이 짊어지고 가야 했다.

특정 지배층의 세도정치가 문을 열며 사실상 조선은 망국으로 달릴 준비를 하고 있었다. 수렴청정을 통해 노론들의 천국을 만들어주고 백성들에게 고통을 안겨준 실질적인 주인공이었던 정순왕후. 그녀는 개인적인 보복과 가문의 부귀영화를 위해 사실상 우리 역사가 식민지 국가로 전락하는 데 틈을 열어준, 조선 역사에 무거운 죄를 지은 왕후이다.

폭군과 성군은 무엇이 결정하는가

연산군은 세자 시절 어렴풋이 어머니 존재를 알고 있었지만 집권 초반에야 어머니 사건을 상세히 알게 되었다. 그는 정현왕후와 사이가 돈독했다. 흔히 사람들은 연산군이 어머니에 대한 기억과 비참한 죽음의 진상을 알고 그 사건에 집착해 폭군이 되었다고 생각하지만 그것은 사실과 다르다. 정현왕후가 친자식처럼 연산군을 보살펴주었고, 사심이 없었기에 문정왕후처럼 친아들을 왕위에 세우려는 사악한 행동도 하지 않았다. 오히려 그 시절 기록을 통해 유추해보면 성종이나 인수대비는 진성대군으로 세자를 교체하고 싶은 의도가 있었고, 정현왕후가 욕망을 가졌다면 무리수를 두어서라도 아들을 왕위에 올리기 위한 골육상쟁을 연출할 수 있었다. 하지만 그녀는 조용히 순리를 따랐다. 결국 연산군이 반정에 의해 쫓겨나고 아들인 진성대군이 임금이 되는 것을 지켜볼 때도 마지막까지 반정세력들이 연산군을 사사하지 못하도록 지켜주었다.

성종은 이미 왕권을 초월해버린 훈구 공신들의 세력을 완전히 제압하지 못한 상황에서 새로운 사림의 요구까지 함께 안고 가야 하는 힘겨운 상황을 연산군에게 물려주었다. 그러한 정국에서 왕권 강화를 이루려 했던 연산군의 야망은 실패로 끝났다.

연산군이 사화를 일으킨 현실적인 이유는 당시 국가재정이 바닥난 상태였기 때문이다. 연산군이 집권할 초반 세조가 남발한 공신들의 특권으로 인해 훈구세력들의 재산은 증가하고 국가 재산은 줄어든데다, 사림세력이 지방에서 건립한 서원의 증가로 세금과 군대 면죄를 받는 등 현실적인 사회 기반이 무너져가고 있는 실정이었다. 더구나 성종시절 퇴폐 사치 풍조는 연산군 초반에 그 절정에 도달해 있었다.

사실 성종을 세종대왕에 버금가는 조선 초기 성군으로 미화한 것은 사림들의 작품이었다. 소외되었던 사림세력을 등용해준 성종을 마치 모든 문물을 완성하며 제도의 기틀을 확립한 성군으로 추앙하고 있지만, 실상 성종은 운이 좋은 임금이었고, 반면에 연산군은 모든 실정을 떠맡은 가장 불행한 임금 중 하나였다. 성종은 잦은 연회를 즐겨 늦은 시간에 기상해 정무를 보는 경우가 많았고, 당시 창경궁 공사를 비롯해 28명이나 되는 자식들의 혼인비용 등 왕실 재산의 지출이 도를 넘었다. 재정이 넉넉하지 못한 어려운 시기에 정권을 이어받은 연산군은 국가 재정을 확보하는 일이 시급했다. 각종 특권을 누리며 군왕의 숨통을 조르는 신하들을 누르기 위한 대안으로 먼저 사림을 제거한 후, 호화로운 특혜 속에 많은 토지를 소유한 훈구세력의 재산을 거둬들이려는 방법을 찾고 있었다. 그래서 과거 어머니 사건을 이유로 훈구세력을 제거하고 왕권 강화를 이루려 결심했던 것이다.

연산군이 왕권 강화를 위해 던진 마지막 승부수가 어머니 사건을 빌미로 신하들의 발목을 잡고 권력을 강화하려는 각본이었다. 그는 어머니 죽음에 대한 충격으로 광기를 부리며 신하들을 충동적으로 사사한 폭군이 아니었다. 나름대로 두 세력을 제압해 신하들의 입지를 누르고 왕권을 회복하는 수단으로 어머니 존재를 이용했을 뿐이다. 그러나 너무나 성급했다. 자신의 사익을 앞세운 임사홍 세력이 주도한 갑자사화(甲子士禍)를 잔인하게 단행하고 말았다.

리더에게는 사소한 일도 상대를 정확히 통찰하고 그 시점을 제대로 파악해 대항하는 능력이 필요하다. 당랑거철(螳螂拒轍, 사마귀가 앞발을 들고 수레를 멈추려 함)이란 말이 세삼 떠오른다. 연산군은 자신의 역량을 생각하지 않은 채 강한 상대에게 무조건 대항하는 어리석은 행동을 저지르고 말았다. 이 시절 비대해진 훈구세력과 지방과 중앙으로 진출한 사림의 힘은 국왕인 자신보다 무서운 존재였다. 무엇보다 잔인하고 거친 숙청과 보복보다 이성적인 포용을 통한 밝은 정치를 이룩하는 일이 진정 성공하고 승리하는 길임을 잊지 말아야 했다. 개인적 사건을 지나치게 연결하지 않고, 사심 없이 인재를 길러 백성을 위한 정치를 펼치며 후기 조선 최고의 성군이 된 정조와 같은 합리적인 처신이 연산군에게도 필요했다.

주어진 환경을 탓하지 않고 군왕이 된 후에도 왜곡된 권력 남용을 하지 않았던 정조. 국가와 백성의 미래를 위해 선정할 수 있었던 지혜의 차이였는지 비슷한 불행을 겪은 그들의 마지막은 폭군과 성군으로 확연히 나뉘었다.

인간적 이해가 역사의 평가를 넘을 순 없다

2007년 노벨 의학상과 생리학상의 공동수상 영광을 안은 인물은 미국 유타대학 교수 마리오 카페키(Mario Renato Capecchi, 1937~) 박사다. 그는 노숙자나 다름없는 어린 시절을 보내면서도 체념하지 않고 성공적인 업적을 이룬 입지전적인 인물이다. 그는 이탈리아에서 태어나 세 살 때 아버지가 전사하고 나치에 반대하던 어머니가 경찰에 수용되면서 이웃집에 맡겨졌지만, 그 집에서 버림받고 고아가 되어 불량한 아이들과 어울려 다니게 되었다. 배고픔에 쓰레기통을 뒤지기도 하고 먹을 것을 훔치던 생활이 어린 시절의 전부였다. 아홉 살 때 독일이 패전하자 수용소에서 풀려난 어머니가 영양실조로 병원에서 죽어가는 아들을 찾아내 외삼촌이 있는 미국으로 가게 되었지만, 당시 영어를 알지도 못했고 공부를 전혀 하지 못한 상태에서 미국생활이 순탄하지만은 않았다. 하지만 과학자였던 외삼촌 옆에서 과학에 관심을 갖고 열정적으로 노력했다. 1980년 그가 제시한 연구 주제는 전혀 성공할 가능성도 가치도 없는 주제로 평가되어 국립보건원에서 매도당했지만, 이러한 시련에도 불구하고 시간이 지난 후 노벨의학상을 받는 유명한 학자가 되었다.

과연 우리는 물질적으로든 정신적으로든 불우했던 어린 시절을 성인이 된 후 자신의 처세에 반영해야 옳은가? 당시 부랑아들과 어울리며 노숙자로 살던 소년들 중 어떤 이는 그 생활에 종지부를 찍지 못하고 교도소에서 인생을 마감했을 것이다. 그러나 이런 위기를 기회로 삼아 세계적으로 유명한 학자가 된 마리오 카페키 박사 같은 인물도 있다. 힘든 환경을 자신의 의지와 끈질긴 집념으로 극복하는 일은 자신의 몫이기 때문이다. 하물며 내 가슴에 많은 백성의 노고를 함께 담아야 하는 군주는 더욱 그러하다.

내면의 상처와 원수 같은 정적들 속에서도 정조는 위기 상황을 슬기롭게 극복했다. 그들이 자신을 사사하고 폐출하려 자객을 보내는 위협을 새벽 늦게까지 독서 습관을 기르는 것으로 대처했다. 그 결과 세계 기록유산에 등재된 국왕의 일기인『일성록』을 비롯해『홍재전서』100책 등 전 세계에서 국왕으로서 유례없는 방대한 저서를 저술한 학자 군주가 되었다. 어린 시절 유난히 역사와 고전을 싫어하며 학문에 싫증을 내고 심지어 야단치는 스승에게 모멸감을 안겨주던 연산군과 대조되는 처신이다.

내 인생을 이미 지난 과거의 아픈 상처로 파멸하는 것만큼 어리석은 일은 없을 것이다. "가장 시원한 복수는 용서"라는 말이 있듯이, 할머니에게 무례하고 후궁을 사사한다고 죽었던 어머니가 살아오는 것도 아닌데, 연산군의 성급하고 사사로운 행동들은 제일 중요한 자신의 인생은 물론이고 그 시대의 이름까지도 더럽히고 말았다.

결국 어린 시절 겪은 비극적인 경험이 인간적인 이해의 조건이 될 수는 있지만 결코 군왕의 정치를 평가하는 기준이 될 수는 없다. 또한 같은 경험을 했다 하더라도 그것을 자신의 삶과 공무에 어떻게 적용할 것인가는 개인의 선택일 수밖에 없다. 자신의 악행이나 잘못으로 인한 결과 역시 자신의 책임으로 돌아갈 수밖에 없기 때문이다.

선덕여왕 vs 의자왕

마음을
얻을 것인가
소신을
펼칠 것인가

한마디로 끝이 좋으면 다른 모든 것들도 여기에 짜 맞추고, 끝이 나쁘면 이전의 모든 치적과 공적이 묻혀버리고 개인의 인격까지 철저하게 짓밟히는 것이다. 모든 문제를 바로 보고 제대로 평가하기 위해서는, 역사가 승자의 기록이라는 점을 잊지 말아야 한다.

몇 년 전 선덕여왕을 주인공으로 한 드라마가, 방송 역사의 한 획을 긋는 시청률을 기록했다. 드라마가 재미있게 제작되었기 때문이겠지만, 선덕여왕이라는 인물이 그만큼 사람들의 눈길을 끄는 캐릭터라는 덕도 제법 보았을 것이다. 최초의 여왕인데다, 훌륭한 정치를 폈던 인물로 알려져 있으니 극적인 요소를 갖추고 있는 셈이다.

　선덕여왕에 대한 평가는 좋은 편이다. 선덕여왕이 주인공으로 나오는 것은 물론, 조연으로만 나와도 무능하거나 나쁜 여왕으로 묘사하는 드라마나 영화는 거의 없다. 사실 원 사료라 할 수 있는 『삼국사기』 등 이 시대를 다룬 사료부터 선덕여왕에 대해서는 후한 평가를 해주는 경향이 있다. '성품이 너그럽고 어질며, 총명하고 민첩하였다'는 것이 『삼국사기』에 남아 있는 선덕여왕에 대한 평가이다. 당에서 가져온 '모란꽃 그림과 꽃씨'를 보고 향기가 없는 꽃임을 미리 알아본 식견도 칭송하는 투로 남아 있다.

그렇지만 실제로 선덕여왕이 어떻게 처신하며 통치했는지에 대해 관심 갖는 사람은 거의 없다. 통치자의 처신은 중요한 고비에서 하는 결단과 이루어낸 업적에 나타나기 마련이다. 그런데 그렇게 칭송받는 선덕여왕의 처신은 어디에서 나타날까?

이에 반해 백제의 마지막 왕인 의자왕은 삼천궁녀와 놀아나면서 정사를 돌보지 않아 나라를 망친 왕으로 지탄받고 있다. 그래서 의자왕의 경우 대부분 무능한 캐릭터로 설정된다.

의자왕의 캐릭터가 이렇게 굳어진 이유는 비교적 분명하다. 이유야 어떻든 동아시아의 강국 지위를 유지하고 있던 백제라는 나라가 그가 통치하던 중에 멸망했다. 그로 인해 의자왕은 일반적으로 이해가 가지 않을 만큼 변덕을 부리는 인물로 묘사되기 일쑤다.

이에 비해 선덕여왕이 대단한 성군이었던 것처럼 추앙받는 이유는 그다지 분명하지 않다. 그런데도 훌륭한 통치자라는 인상과 평가는 확실하게 굳어져 있다. 왜 그렇게 되었는가, 이런 평가는 과연 납득할 만한 기준으로 이루어졌는가를 한번쯤 따져볼 필요가 있다. 보통 사람에게도 마찬가지지만, 통치자들은 실제로 했던 처신과 남의 눈에 비친 모습이 완전히 다르게 보이기 쉽다. 그래서 소신껏 정치를 한다는 것이 더 어려워진다. 조그마한 조직이라도 운영해본 경험이 있다면, 충분히 공감할 수 있는 이야기일 것이다. 통치자의 실제 행적과 남의 눈에 비친 모습이 얼마나 달라질 수 있는지를 비교해보는 데 선덕여왕과 의자왕만한 조합도 별로 없을 것 같다.

시대에 따라 달라지는 군주의 평가

선덕여왕의 실제 행적에 대해 살펴보기 전에 먼저 알아두어야 할 점이 있다. 지금까지 이들의 행적을 제대로 이해하지 못하게 만든 중요한 이유 중 하나가 바로 그들에 대한 왜곡된 평가와 선입견이다. 두 왕을 긍정적으로, 또는 부정적으로 평가해놓은 선입견에 맞추다보니 그들이 하지도 않은 일을 했던 것처럼 몰아가는 경우까지 생기게 되었고, 자연스럽게 두 왕의 실제 처신을 왜곡시킬 수밖에 없었다. 따라서 이들에 대한 평가가 어떻게 만들어졌는지부터 이해해야 할 필요가 있다. 먼저 선덕여왕에 대한 평가가 만들어진 과정부터 살펴보자.

선덕여왕에 대한 평가가 나쁘지 않음에도 불구하고, 최근에는 이런 평가조차 평가절하되어 있다는 불만의 목소리가 나오기도 한다. 재미있는 점은 선덕여왕을 평가절하한 경향 대부분이 전근대에 몰려 있다는 점이다. 그러한 당사자로 도마 위에 오른 사람이 『삼국사기』 편찬자인 김부식이다.

『삼국사기』에 사관의 견해를 밝힌 사론(史論)의 형태로 아래와 같이 평가한 내용이 나오기 때문에, '상처 입은 봉황'에 비유하며 김부식이 선덕여왕을 평가절하했다고 보는 것이다. 그런데 이렇게만 보면 김부식에게 조금 억울한 측면이 생길 것 같다.

사론 : 신이 듣기에 옛날에 여와씨(女媧氏)가 있었는데, 이는 바로 천자(天子)가 아니라 복희(伏羲)를 도와 9주(九州)를 다스렸을 뿐이다. 여치(呂雉)와 무조(武曌) 같은 이에 이르러서는 어리고 나약한 임금을

만나 조정에 임하여 천자처럼 정치를 행하였으나, 역사서에서는 공공연하게 왕이라 일컫지 않고 단지 고황후(高皇后) 여씨(呂氏)나 측천황후(則天皇后) 무씨(武氏)라고 썼다. 하늘의 이치로 말하면 양(陽)은 굳세고 음(陰)은 부드러우며, 사람으로 말하면 남자는 존귀하고 여자는 비천하거늘 어찌 늙은 할멈이 안방에서 나와 나라의 정사를 처리할 수 있겠는가? 신라는 여자를 세워 왕위에 있게 하였으니, 진실로 어지러운 세상의 일이다. 나라가 망하지 않은 것이 다행이라 하겠다. 서경(書經)에 말하기를 '암탉이 새벽을 알린다' 하였고, 역경(易經)에 '파리한 돼지가 껑충껑충 뛰려한다'고 하였으니, 그것은 경계할 일이 아니겠는가!

엄밀하게 말하자면, 김부식의 비판은 적어도 선덕여왕 개인에 대한 것은 아니다. 그보다는 여자가 왕이 되었다는 사실과 그것이 가능했던 정치적 풍조에 대한 것일 뿐이다.

사실 선덕여왕과 관련된 『삼국사기』의 내용을 보면 여왕 개인에 대한 평가는 매우 후하다. 즉위 초의 기사에 "성품이 너그럽고 어질며 명민하였다."고 되어 있으며, 백합의 그림만 보고서 그 의미를 알아냈다던가, 개구리의 울음소리만으로 백제군의 침입을 알아냈다고 하는 등 특별한 능력을 가지고 있었던 것처럼 묘사하고 있다. 뿐만 아니라 여왕의 재위기간에 있었던 비담(毗曇)과 염종(廉宗)의 반란에 대해서도 전혀 정당성을 인정하고 있지 않다.

그럼에도 여자가 왕이 되었다는 사실에 어느 정도 반감을 가지고 있었던 건 사실이다. 하지만 여기서 감안해야 할 점이 있다. 남존여비(男

尊女卑) 사상이 투철하게 뿌리 박힌 유학자들에게 여왕의 등극이 어떻게 받아들여졌겠는가의 문제이다.

유학자가 여자가 왕이 되었다는 사실을 어떻게 받아들일지는, 정말 살벌하게 그것을 비난한 내용을 참조하면 이해가 될 것이다. 그런 내용이 바로 『동국통감(東國通鑑)』이나 『삼국사절요(三國史節要)』 등에 인용된 권근(權近)의 사론이다.

권근이 말하기를, "천도(天道)는 양(陽)이 강하고 음(陰)이 유하며, 인도(人道)는 남자가 높고 여자가 낮은 것이니, 남자는 밖에서 지위를 바르게 하고 여자는 안에서 지위를 바르게 하는 것이 천지의 떳떳한 이치이다. 그러므로 임금이 후사가 없으면 종실의 어진 이를 구하여 태자의 지위를 물려주어야 하는 것이 고금의 통의(通義)이다. 신라 진평왕은 아들이 없자 그 딸 덕만(德曼)을 매우 사랑하여 후계자로 삼으려 하였으며, 그가 즉위하는 데에도 여러 신하들이 대의로써 종실의 어진 이를 가려 세우지 못하고 선군(先君)의 나쁜 뜻을 살펴 그 딸을 임금으로 세웠으니, 감상(綱常)을 어지럽힘이 심하다. 진실로 현명한 천자가 위에 있다면 마땅히 그 명분을 바로 세워 사신을 보내어 나무라고 어진 임금을 가려 세움이 옳을 것이요, 만약 먼 나라이기 때문에 중국과 같지 않다고 여겨지면 도외시하는 것도 가할 것이다. 돌아보건대, 당 태종의 영명함으로서도 명분을 바로 세워 음양과 남녀의 구분을 정하지 못하고 이에 사신을 보내어 석명(錫命)하고 여인을 책봉하여 낙랑군공(樂浪郡公) 신라왕을 삼았다. 대저 公과 王은 모두 나라의 주인이 되고 백성의 임금이 되는 칭호인데, 이를 외람되이 여인의 몸에 가했으니, 이는 높고 낮은 분별과 강상의 소중함을 당 태종이 스스로 버린 것이다. 그 후 얼마 되지 않아 드디어 무씨(武氏)의 참절지화(僭竊之禍)를 초래하여 천리를 혼란시켰고 당나라의 종실이 거의 다 섬멸되다시피 되었으니, 그 참혹한 해독이 실로 당 태종의 이 거착(擧措)에서 비롯되었다고 할 것이다." 하였다. (『三國史節要』권8 善德王 4年)

위에 나타난 바와 같이 권근의 사론에서는 선덕여왕에게 왕위를 물려준 진평왕과 이를 저지하지 못한 당시의 신료들은 물론 이러한 왕위 계승을 인정한 당태종까지 모두 비난의 대상이 되고 있다. 특히 당태종에 대해서는 무씨로 인해서 참담한 사태를 초래한 해독이 여기에서 비롯되었다고까지 극단적인 비난을 하고 있다.

『동사강목(東史綱目)』에 나타난 안정복의 사론도 권근의 것과 비슷한 논조다. 안정복도 종실의 어진 이가 아닌 여자를 등극시켰던 사실을 비난하면서, 당대의 존경을 받았던 김유신 같은 인물이 여왕을 섬기면서 부끄러워하지 않았다는 점까지 비판적인 논조로 적었다. 여왕의 즉위를 보는 유학자들의 정서는 사실 여기에 가깝다.

김부식은 이런 사론의 내용과 비교하면 오히려 온건한 편이다. 그러니 선덕여왕을 평가절하한다고 하려면 김부식보다 권근의 사론을 이용하는 편이 타당하다. 그런데 선덕여왕의 즉위에 대해 이 같은 내용도 있다는 사실을 아는 사람이 많지 않다. 선덕여왕을 비롯한 고대 인물에 대한 가장 기본적인 기록이 바로 김부식이 편찬한 『삼국사기』이기 때문에 일어나는 현상인 셈이다. 그러다 보니 선덕여왕 개인의 인품이나 능력에 대한 김부식의 후한 평가는 그대로 지나쳐버리는 것이다.

 여왕의 등극을 좋지 않게 보는 시각도 김부식 개인의 생각인 것처럼 여기는 경우가 많다. 그렇지만 알고보면 전근대 유학자들은 여왕의 등극에 대해 좋게 여길 성향들이 아니다. 여성의 지위를 인정할 수 없었던 전근대 사회의 정책적 필요 때문이다. 선덕여왕의 등극에 대해 좋지 않게 보는 시각도 사실 이 연장선상에서 나오는 것이다. 그리고 이러한 성향은 전근대 유학자들에게 국한될 뿐, 그 이외에는 선덕여왕에 대한 비판이 크지 않다.

 이는 의미심장한 시사를 준다. 별로 과격하지도 않은 김부식의 비판 아닌 비판까지 선덕여왕에게 상처를 입힌 것처럼 여기는 풍조를 뒤집어보면 그만큼 선덕여왕에 대한 우리 사회의 평가가 후하다는 얘기가 될 수 있다. 현대에 들어와서 선덕여왕에 대한 평가가 180도 달라지게 된 이유도 반대 방향의 정치적 필요가 작용했다고 할 수 있다.

 이 점은 현대 사회의 이른바 '여권(女權)' 운동과 밀접한 관련이 있다. 근대에 들어서면서부터 전근대 사회에서 남성에 비해 많은 차별을 받던 여성들은 이에 대한 시정에 나섰다. 이를 위해서는 '여성도 남성만큼 사회활동을 잘 할 수 있다'는 명분이 필요했다.

 잘 알려져 있다시피 선덕여왕은 우리 역사 '최초의 여왕'이다. 그러니 여성 통치자도 남성 못지않은 능력을 보였다고 하는 편이 이른바 '페미니즘'의 논리를 정당화시키는 데에 중요한 명분이 될 수 있었다. 물론 '최초'가 아닌 여성 통치자라고 이런 이미지가 필요 없지는 않겠지만, 아무래도 '최초'가 가지는 의미와 인상은 강렬할 수밖에 없다. 그렇기 때문에 선덕여왕의 업적을 최대한 포장하려는 성향이 나타나게 되었다.

이렇게 보면 지금까지 선덕여왕에 대한 평가는 그 사회에 팽배해 있던 이념에 좌우되어 왔다고 할 수 있다. 따라서 이러한 시각에 기대어서는 선덕여왕의 통치나 처신도 냉정하게 살펴보기가 어렵다.

개인적 에피소드와 혼동되는 선덕여왕의 업적

사실 통치자에 대한 평가는 업적으로 따져야 한다. 선덕여왕은 나쁘지 않은 평가를 받는다. 어떤 사람들은 선덕여왕에 대해 '어느 왕 못지않게 탁월한 정치력과 포용의 리더쉽을 갖추고 있었다'라고 칭송한다. 그녀의 치세 기간은 16년이다. 이렇게 길다고도 짧다고도 할 수 없는 제위기간 동안 선덕여왕에게 그와 같은 평가를 받을 만큼 두드러진 업적이 있을까?

선덕여왕을 높이 평가하는 사람들이 내세우는 업적을 크게 나누어 보면 두 가지다. 그 하나는 구휼 활동이다. 즉위하면서 어려운 백성들을 돌아보고 도와준 점을 높이 평가하는 것이다. 그리고 다른 하나는 불교진흥정책을 위주로 한 각종 문화정책, 즉 분황사를 짓고 황룡사에 9층 목탑을 새로 세우는 등 불사(佛事)를 크게 일으켰다는 점이다.

이 중에서 먼저 어려운 백성을 보살펴주었다는 정책부터 살펴보자. 어떤 사람은 이를 '1400년 전의 복지정책'이라고까지 찬양하기도 한다. 이러한 사실이 선덕여왕 즉위 초기에 집중적으로 나타나는 것으로 보아 이전과는 다른 정치가 시작되었다고 볼 수 있다는 것이다. 그래서 백성들의 고달픈 삶을 이해하고 어루만지려 했던 여왕이라고 추켜세운다. 선덕여왕은 민중반란이나 봉기, 그리고 전쟁 없이, 그 누구보다 안정적으로 정국을 운영하였다고까지 덧붙인다.

선덕여왕이 사찰과 불탑 건립에 열을 올렸던 점을 두고도 신라 불교는 단순한 종교가 아니라 공동체의 구심점 역할을 하고 있었다는 점을 내세워 좋게 해석한다. 또 사찰이 세워진 곳에는 사람이 모여 시장이 활성화된다고 해서 경제 활성화를 위한 조치로 해석해준다. 뿐만 아니라 절을 세우면 이곳의 스님들을 유사시 승병으로 활용할 수 있었다고 본다. 심지어 고구려왕이 신라를 치려 하다가 신라 삼보(三寶, 진흥왕 때의 황룡사장륙상, 진평왕의 천사옥대, 선덕여왕 때의 황룡사 구층탑)의 이야기를 듣고 계획을 포기했다는 설화를 근거로, '문화적 건축물을 통해 적으로 하여금 지레 겁을 먹게 만드는 전술을 알고 있었다'고까지 해석하는 경우도 있다.

그렇다면 선덕여왕이 추구했던 정책 방향은 한마디로, '마음을 얻는 정책'이라고 할 수 있다. 어려운 백성들을 도와주거나, 만백성이 믿는 불교 사원을 지어주고 불사를 챙기는데 대놓고 싫은 소리할 사람은 없다.

하지만 이는 좋게 보아주는 한쪽 시각에서 하는 얘기다. 세상이라는 게 항상 동전의 앞뒷면처럼 밝은 부분이 있으면 어두운 구석도 있는 법이다. 이런 정책을 다른 각도에서 보면 눈앞의 인기에 집착하는 측면도 있는 것이다. 당장은 칭송받을 수 있지만, 여기에만 집착하면 통치자로서 욕을 먹어가면서라도 해내야 할 일을 못하기 십상이다.

이처럼 시각을 달리 해서 보면 앞서 좋게 해주었던 평가에도 달리

볼 측면이 생긴다. 우선 사실과 다른 이야기를 만들면서까지 무리하게 띄워 올린 칭송이 많다. 선덕여왕 때에 큰 전쟁이 없었던 것처럼 몰아가는 경우가 많지만, 실제로는 전쟁이 없지 않았다. 『삼국사기』「신라본기」만 봐도 선덕여왕 2년, 5년, 7년, 11년, 13년, 14년에 전쟁이 일어났다. 그리고 이 전쟁 중 선덕여왕 13년 9월의 전쟁만 김유신이 백제를 치며 일어난 전쟁일 뿐, 나머지는 침략을 당한 전쟁이다. 게다가 김유신이 백제를 공격한 다음 해인 14년에는 백제에게 세 차례나 침공을 당했다. 이와 같은 백제의 침공에 별다른 대안이 없어, 김유신 혼자 집에도 들르지 못할 만큼 고군분투했다고 기록되어 있다.

특히 신라는 642년에 의자왕의 침공을 받아 서쪽 변경에 있는 40여 성을 빼앗겼으며, 신라의 한강 방면 거점인 당항성(黨項城, 지금의 남양)도 고구려·백제의 침공을 받았다. 또한 백제 장군 윤충(允忠)의 침공으로 낙동강 방면의 거점인 대야성(大耶城)이 함락되었다.

이와 같은 국가적 위기에 직면한 선덕여왕은 김유신을 압량주(押梁州) 군주로 임명하는 한편, 643년에는 당나라에 사신을 파견해 구원을 요청하였다.

즉 선덕여왕은 전쟁 없이 정국은 운영한 것도 아니고, 주로 침략을 당하는 입장에서 통치기간을 보냈다. 선덕여왕이 당에 구원을 요청한 것도 백제와 고구려의 침략에 그럴 만큼의 위협을 느꼈기 때문이다. 그렇다면 적어도 선덕여왕이 '전쟁 없이 안정적으로 정국을 운영하였다'는 표현은 사실이 아니다.

'최초'라는 수식어에 가려진 것들

여기서 선덕여왕이 펼친 정책의 문제점이 부각될 수도 있다. 선덕여왕이 이렇게 전쟁에서 수세에 몰린 것이 우연일까? 통치자가 갖추어야 할 덕목 중 하나는 실질적으로 국가와 백성의 생존에 필요한 정책을 펴야 한다는 측면에서 보면 더욱 분명해질 것이다.

정복국가 시대의 전쟁 준비는 그 대표적인 예다. 전쟁 준비를 위해 백성들의 희생을 요구하는 게 환영받을 일은 아니다. 그렇다고 이를 소홀히 하면 더 큰 희생을 치러야 한다. 이렇게 일정한 저항을 감수하고라도 해야 할 일을 무리 없이 해내는 게 통치자의 능력이다. 무능한 통치자일수록 인기 끄는 일로 생색만 내다가 정작 반드시 해내야 할 일을 소홀히 여기기 십상이다.

사실 너무나 당연한 원칙이지만 그것이 말처럼 쉽지 않다. 국가 생존을 위해 반드시 해야 하는 정책일수록 많은 시간과 노력이 필요하게 마련이고, 이를 위해서는 상당한 희생을 치러야 한다. 그렇다면 이러한 상황에서 여왕이 어려운 사람들을 돌보아가며 덕을 보이는 데 치중한 점을 높이 사야만 할까?

불사에 집착했던 점도 마찬가지다. 고구려왕이 황룡사 9층탑 같은 '문화적 건축물' 때문에 쳐들어오지 못했다고 믿는 것은 상식적으로 납득할 수 없는 논리다. 이뿐 아니라 사실 선덕여왕 때에 불사를 일으켜 나라를 부흥시키려 했다는 발상은 그 자체가 무리다. 불교를 통치 이념으로 이용한 것은 선덕여왕 때만이 아니라 법흥왕이 불교를 도입할 때부터였다. 고구려와 백제는 신라보다 먼저 불교를 도입해서 통치에 활용했다. 그러니 굳이 선덕여왕 때에 많은 사찰과 불탑을 지은 것이 새삼스럽게 의미를 가질 상황은 아니다.

사찰의 스님들을 유사시 승병으로 활용할 수 있었다는 논리도 비약으로 보인다. 적어도 당시 기록에는 그렇게 키워냈다는 신라의 승병이 국가의 전란에 활약했다는 기록이 거의 보이지 않는다.

사찰을 세워 시장을 활성화시켰다는 논리도 마찬가지다. 선덕여왕이 분황사를 세우기 이전에도 신라의 수도 경주에는 황룡사 같은 대규모 사찰이 이미 세워져 있었다. 그런데도 선덕여왕은 634년에 분황사, 635년에는 영묘사를 세웠다. 이름이 남아 있는 사찰만 해도 이와 같이 적지 않은데, 경주를 발굴해보면 지금도 이름도 없이 남아 있는 거대한 사찰의 터가 많이 발견된다.

사찰을 세우는 게 시장 활성화에 어느 정도 도움이 되는지는 몰라도 '사찰=시장'이라는 등식이 성립하는 것도 아니다. 더욱이 이미 대규모 사찰이 근처에 많이 존재하는데도 계속 지어대는 것이 시장 활성화에 도움이 될 리도 없다. 무엇보다 험악한 정복국가시대에 통치자에게 가장 시급하게 요구되는 것이 불사를 일으키는 일이었을 것 같지는 않다.

그렇기 때문에 오히려 이런 정책은 경계해야 할 일이다. 지금도 별 필요가 없거나, 이미 지어진 다른 시설로도 충분히 그 역할을 감당할 수 있는데도 쓸데없는 공사를 벌이는 일이 많다. 자신을 과시하고 싶어 벌이는 이른바 '전시행정'이다.

이렇게 보면 선덕여왕의 치적과 처신에는 문제가 될 만한 측면도 있었다고 해야 할 듯하다. 적어도 남아 있는 기록만으로는 포퓰리즘과 전시행정에 치우쳐 있다고 해도 지나친 말은 아닐 것이다. 그렇다면 선덕여왕이 '불교에 의지하여 통치하려 한 것이 여왕으로서의 나약함을 드러낸 것'이라는 해석이 더 타당성을 가질 수 있다.

의자왕을 재는 단 하나의 잣대, 마지막 왕

선덕여왕에 비해 비슷한 시기 백제의 왕이었던 의자왕은 폭군의 상징처럼 여겨지고 있다. 그런데 재미있는 점은, 당대의 기록에는 의자왕에 대한 평판이 나쁘지 않았다는 사실이다. 당시 중국에서는 의자왕을 해동증자(海東曾子)라고 평가했다. 부여융묘지명(夫餘隆墓誌銘)에도 과단성 있고 침착하다는 명성이 자자했으며, 성품이 고고했다고 적혀 있다. 물론 이것은 의자왕 아들의 묘지명이니 당연히 나쁜 말을 쓰지 않았을 거라고 생각할 수 있지만, 다른 기록에서도 평가는 비슷하다. 『삼국사기』에는 '웅걸차고 용감하였으며 담력과 결단력이 있었다. 어버이를 효성으로 섬기고 형제와는 우애가 있어서 당시에 해동증자(海東曾子)라고 불렀다'고 되어 있다.

『구당서(舊唐書)』「백제전(百濟傳)」역시 마찬가지다. '의자(義慈)는 효행으로 부모를 섬겨 이름이 알려졌고, 형제와도 우애가 깊어 당시 사람들이 해동의 증(曾)·민(閔, 증삼(曾參)과 민손(閔損) 중국 춘추시대(春秋時代)의 대표적 효자)이라 불렀다.'고 전한다.

이 기록들은 백제를 멸망시킨 신라와 당의 기록을 위주로 만든 역사서에 나타나는 내용들이다. 백제라는 나라가 망할 수밖에 없음을 힘주어 강조하던 태도에 비해 의자왕 개인에 대한 평가는 이해가 가지 않을 만큼 후한 것이다.

이와 같이 당시에는 후하던 의자왕에 대한 평가가 왜 오늘날에는 그렇게 추락해버렸을까? 의자왕에 대한 평가에 반전이 생긴 것은 『삼국사기』를 쓴 사관들의 태도 때문이라 할 수 있다. 『삼국사기』에는 의자왕 15년 이후로 불길한 징조를 보여주는 기록이 나타난다. 백제가 망하기 전에 이러한 징조가 나타났다는 이야기를 보면, 대부분의 사람들은 '의자왕이 망할 만한 짓을 하고 있었으며 이런 징조가 있었는데도 정신을 못 차렸으니 망할 수밖에 없었'고 생각하게 된다.

의자왕의 행실 역시 좋게 보기기 어려운 일들이 나타나기 시작한다. 본격적으로 의자왕 통치의 문제점을 드러내는 기록은 서력으로 656년에 해당하는 의자왕 16년의 것이다.

여기에 '왕은 궁녀와 더불어 주색에 빠지고 마음껏 즐기며 술 마시기를 그치지 아니하였다.'는 말이 나오니, 삼천궁녀를 떠올리기 십상이다. 비슷하게 이용되는 기록은 또 있다.

태자궁(太子宮)을 극히 사치스럽고 화려하게 수리하였다. 왕궁 남쪽에 망해정(望海亭)을 세웠다.

이런 기록들 때문에 의자왕이 향락에 빠져 정사(政事)를 돌보지 않았다고 보게 되는 것이다. 백제 멸망을 보는 사관의 평가 역시 좋지 않다.

백제의 말기에 이르러서는 행하는 일이 도(道)에 어긋남이 많았으며, 또 대대로 신라와 원수가 되고 고구려와는 계속 화호하여 [신라를] 침략하고, 이익을 따르고 편의에 좇아 신라의 중요한 성과 큰 진(鎭)을 빼앗아 가기를 마지않았으니, 이른바 '어진 사람과 친하고 이웃과 잘 지내는 것이 국가의 보배'라는 말과는 틀린다. 이에 당나라의 천자가 두 번이나 조서를 내려서 그 원한을 풀도록 하였으나 겉으로는 따르는 척하면서 속으로는 명령을 어기어 대국에 죄를 얻었으니 그 망하는 것이 또한 당연하도다.

이런 내용을 주로 접하는 현대인들의 입장에서는 의자왕에 대해서 좋지 않은 인상을 가지게 되는 게 당연하다. 그래서 당시 사람들의 평가와 달리 의자왕에 대해 '나쁜 왕'이라는 인식을 가지게 된 것이다.

그런데 정말 이런 인식을 따라가도 되는지는 의문이다. 애초부터 의자왕의 이미지를 망가뜨리는 데 결정적인 역할을 한 백제 멸망의 징조들부터 살펴보자. 이 내용들만 보면 정말 백제가 망할 때가 되어서 이런 징조들이 나타났다고 생각하기 쉽다. 그러나 꼭 그렇게만 볼 문제는 아니다.

상식적으로 이해하기 어려울 만큼 괴이한 일은 지금도 흔히 일어나지만, 그렇다고 실제로 나라가 망하는 일은 흔하지 않다. 당시라고 다를 것이 없다. 당장 백제를 멸망시킨 신라만 하더라도 괴이한 일은 많이 기록되어 있다. 이런 일이 일어난다고 나라가 망한다면, 신라는 어떻게 무사했느냐는 말부터 나와야 할 판이다. 의자왕과 같은 시기의 신라에 일어났던 괴이한 사건의 사례를 들어보자.

신라에서는 선덕여왕 때인 633년 신궁에 제사를 드린 바로 다음 달 서라벌에 지진이 나고, 그해 8월에는 백제가 서쪽 변경을 침략하였다. 분황사를 완성한 634년 3월에는 알밤만 한 우박이 내렸다. 639년 7월에도 동해가 붉게 변하고 물고기와 자라가 죽었다. 이런 징조가 나타났으니 신라가 망할 것이라고 믿어야 했을까?

그냥 불길한 징조만 나타났던 것이 아니다. 국가적 분열에 관한 한, 오히려 신라가 더 심각한 상황을 보이고 있었다. 그 대표적인 사례가 비담과 염종의 난이다. 이 반란은 왕성에서 반란군과 관군이 격돌했을 정도로 충격을 준 것이었다. 이에 비해 기록에 나타나는 한, 의자왕 때 백제에서는 이보다 작은 규모의 반란조차 없었다.

또 대야성 함락과 관련된 사태도 당시 신라의 기강이 엉망이었다고 볼 여지가 있다. 잘 알려져 있다시피, 신라의 주요 거점이었던 대야성은 김춘추의 사위이자 성주였던 품석이 부하의 아내를 빼앗았다가 불만을 품은 부하가 적과 내통하여 성이 함락되었다.

신라 사회의 갈등이 단순히 개인적인 차원이 아니라 사회 구조적 문제였음을 시사하는 내용도 있다. 『삼국사기』 '설계두(薛罽頭) 열전'에는, 신분의 장벽에 막혀 희망 없는 신라를 떠나버리는 내용도 나타난다. 그렇게 떠난 설계두는 당을 위해 맹활약을 하다 전사했다.

의자왕이 사치에 빠져 있었던 것처럼 몰아가는 것도 마찬가지다. '태자궁(太子宮)을 극히 사치스럽고 화려하게 수리하였다'고 하는 구절만 가지고 사치를 통해 나라를 망치기 시작했다는 뜻으로 받아들인다면, 대외적으로 어려운 와중에도 황룡사를 비롯하여 많은 사찰을 지은 선덕여왕 때에는 신라가 망했어야 했다고 할 판이기 때문이다.

이와 같이 의자왕 때와 같은 시기에 일어났던 사례만 하더라도 신라에서는 백제와 비교도 안 될 정도로 심한 문제가 나타난다. 그럼에도 불구하고 신라에서 일어났던 사태에 대해서는 언급조차 하려 하지 않으면서, 백제에서 나타난 문제에만 집착하고 있다. 따라서 의자왕이 정치를 잘못해서 불길한 징조들이 나타난 것이라고 단순하게만 생각할 수만은 없는 것이다.

소신과 폭정은 종이 한 장 차이

그렇다면 의자왕은 정말 사치와 향락에 빠져 정치를 잘못한 것일까? 의자왕이 잘못된 정치를 했다는 근거는 독선에 빠져 충신들을 쫓아내거나 죽인 일, 사치와 향락에 빠진 일, 천자의 뜻을 거역하고 이웃나라와 평화롭게 지내지 못한 일 등이다. 이런 일을 벌였으니 나라를 망하게 할 수밖에 없었다는 것이 현재 항간에 알려진 의자왕의 죄이다.

그런데 이런 지적도 하나하나 뜯어보면 의구심이 든다. 실제로 의자왕이 '술과 향락'에 빠져 성격이 변했다는 사실이 그렇게 분명하게 나타나지 않는다. 막상 당대의 기록에는 의자왕이 술과 관련된 문제가 있었다는 말은 없다. 왕비를 중심으로 한 외척들이 백제의 정치를 망쳤다는 식으로 몰아가는 것도 마찬가지다. 이 역시 소정방이 일방적으로 써놓은 정림사탑에 비문에 그렇게 쓰여 있을 뿐이지, 당대의 기록에 외척의 만행이 구체적으로 나타나 있지는 않다.

이렇게 보면 의자왕이 독선적인 정치를 했다고 몰아가는 풍조를 맹

신할 필요는 없어 보인다. 오히려 이러한 내용을 다른 시각에서 생각해볼 필요가 있다. 특히 즉위 초기 많은 왕족들을 귀양 보냈다는 내용이 주목된다. 이를 통해 의자왕의 통치 스타일을 엿볼 수도 있기 때문이다.

이 말은 의자왕이 즉위한 직후, 많은 왕족들을 숙청했다는 얘기가 된다. 그러고 보면 의자왕 초기에 이런 대규모 숙청을 거친 후, 백제는 10년이 넘도록 순항했다. 의자왕의 숙청이 단순히 사리사욕을 위한 것일 뿐이었다면, 이후 백제의 정국이 안정되고 대외적으로도 순항하는 결과가 나타나기 어려웠을 것이다. 그렇다면 이 숙청은 즉위 초반부터 정국을 주도하기 위해 자신의 정책에 저항하는 세력을 과감하게 제거한 조치로 보아야 한다. 그럴 만큼 즉위 직후의 의자왕은 무리 없이 통치했다.

사면(赦免)을 여러 번 해서 인심을 얻었다는 점도 선덕여왕과 별 차이가 없다. 오히려 이렇게 인심을 얻으면서도, 신라에 대한 공세를 성공적으로 수행했다는 점이 수세에 몰렸던 선덕여왕과의 차이였다.

의자왕의 통치에 문제가 생겼다는 말은 말년의 정치를 두고 나온 것이다. '전투에 잇따라 승리한 의자왕은 어느덧 자만심에 빠져 독재적인 통치 스타일로 기울어졌다'는 평가가 나온 것도 뒤집어 말하면 즉위 초의 정치가 별로 나무랄 데 없었다는 뜻이 된다. 즉위 초의 의자왕이 자신에게 권력을 집중시키는 조치를 취할 수 있을 만큼 권력 기반에 자신을 가지고 있었다고 말이다. 사실 권력을 지키는 데 자신감이 없다면, 이렇게 자신에게 권력을 집중시키는 조치를 취하기는 어렵다. 이렇게 결과가 좋았다면 이는 '독선적인'이라는 표현보다 '결단성 있는'이라는 표현이 더 적절하다.

말년에 가서 '충신을 핍박하고 아첨을 좋아했다'는 말도 의심스럽다. 이 말은 백강과 탄현을 지켜야 한다는 성충과 흥수의 충고를 무시했다는 기록을 중심으로 나온 것이지만, 이는 이후 전개된 사실과 다르다. 백제 귀족들이 백강과 탄현을 막을 필요 없다고 한 적도 없고, 실제로도 백제군은 백강 입구에서 상륙해 오는 나당연합군과 전투를 벌이기도 했다. 탄현을 막지 않았다고 하지만, 바닷길과 달리 육로에서는 신라군이 어디로 올지 모르는 상황에서 한 곳만 지키고 있을 수 없었다. 즉 전략 수립에 문제가 있었던 것도 아니고, 병력 동원 규모를 보아서도 내부 문제가 있었던 것도 아니다.

그러고 보면 의자왕의 통치를 굳이 '독선적'이라고 몰 필요가 없을 것이다. 오히려 심지 굳은 스타일의 통치를 하며 나라를 이끌어 가고 있었다고 보아도 무리가 없다. 의자왕의 통치가 나름대로 탄탄했었다는 점은, 의자왕이 항복하고 나서도 나타났다. 사비성이 함락되고 통치의 핵심 역할을 하고 있던 백제 왕족과 귀족들이 당으로 끌려가고 난 다음에도, 부흥운동을 일으킨 백제인들은 영토 대부분을 금방 회복했다. 당 조정에서는 사비성에 고립된 군대의 철수를 심각하게 고려했을 정도였다. 의자왕이 통치를 잘못해서 나라가 붕괴 직전에 몰려 외부의 침략을 불러왔다면 일어나기 어려운 현상이다. 이 부흥운동이 비록 일본에서 귀환해 왕위에 올랐던 부여풍과 백제 국내에서 부흥운동을 주도했던 복신의 내분으로 허탈하게 좌절되기는 했지만, 이 사실이 백제라는 나라에 구조적인 문제가 있었다는 점을 보여주는 것은 아니다.

누가 국익을 지키기 위한 외교를 했는가

의자왕의 잘못 중 하나로 지적되는 또 한 가지가 외교의 실책이다. 『삼국사기』 편찬자로부터 천자의 뜻을 거역하고 이웃나라와 평화롭게 지내지 못했다는 비난을 받았다. 따지고 보면 이 죄목들은 당시 백제의 외교에 대한 평가라고 할 수 있다.

현대의 역사가들도 비슷한 비판을 한다. 신라를 지나치게 압박하여 당의 침략을 불러왔으면서도 그 변화를 제대로 인식하지 못할 만큼 안이했다는 것이다. 신라와의 관계가 악화되어 결국 당의 침략까지 받게 된 것을 백제 탓으로 돌리는 것이다.

그렇지만 조금만 더 생각해보면 이것을 굳이 '백제 탓'이라고 할 만한 상황은 아니다. 본질적으로 백제와 신라의 관계가 악화된 근본적인 원인은 성왕 때에 신라가 백제를 배신하고 지금의 한강유역을 탈취해 간 데에 있었다. 이런 상황에서 아무 조건 없이 당이 요구한다고 신라와의 관계를 개선시킬 수 있었을까? 의자왕이 정말 그렇게 하려고 했다면, 대국의 힘에 눌려 자기 영토까지 포기하는 굴욕적인 외교라는 평가를 받았을 수도 있다.

사실 의자왕의 외교가 그렇게 경직되어 있었던 것만도 아니었다. 의자왕 3년의 기록을 보면 당의 요구에 따라 군대를 철수시킨 사례가 나타난다. 사태가 심각하다고 느끼면, 상당한 투자를 하고 감행했던 침공을 중단하기도 했다는 뜻이다. 즉 의자왕은 나름대로 상황 판단을 하고 당의 요구를 수용할지 말지를 결정한 것이지, 아무 생각없이 오기로 대국의 요구를 거부한 것은 아니다. 백제의 입장에서 생각해

보면 당의 요구를 묵살했던 게 그렇게 무리라고 하기도 어려울 것 같다. 당시 당의 목표는 한반도 지역의 평화정착 같은 것이 아니었다. 이 지역 국가들의 분쟁을 자신에게 유리하게 이용하려는 의도였으며, 더 나아가 애초부터 신라까지 병합하려는 속내까지 보였다.

이렇게 보면 의자왕이, 그동안 신라에게 잃었던 지역을 되찾겠다는 정책에 간섭하는 당의 참견을 끝까지 참아야 했다는 발상이 오히려 무리다. 의자왕의 입장에서는 당의 요구를 들어주는 척하면서 실제로는 백제의 숙원사업을 추진해나갔을 뿐이다. 물론 그러다가 결국 당의 응징을 받았기는 하지만, 이건 결과론일 뿐, 그런 상황에 처한 국가 지도자 중 이렇게 상황에 따라 유리하다고 판단되는 쪽을 선택하지 않는 사람이 오히려 드물다.

그런 측면에서 선덕여왕의 외교가 오히려 문제일 수 있다. 선덕여왕 때의 외교에서는 백제의 압박을 극복한다는 핵심 과제에서도 당에게 특별히 확답을 얻은 바 없다. 그러면서도 모욕에 위협까지 느낄 수 있는 말까지 들었다.

그대 나라는 여자를 임금으로 삼고 있으므로 이웃 나라의 업신여김을 받게 되고, 임금의 도리를 잃어 도둑을 불러들이게 되어 해마다 편안할 때가 없다. 내가 왕족 중의 한 사람을 보내 그대 나라의 왕으로 삼되, 자신이 혼자서는 왕 노릇을 할 수 없으니 마땅히 군사를 보내 호위케 하고, 그대 나라가 안정되기를 기다려 그대들 스스로 지키는 일을 맡기려 한다.

그리고 당의 군사적 원조를 얻는 데에만 전력을 다하느라고, 백제와 고구려를 멸망시키고 난 다음 당과도 싸워야 하는 곤욕을 치르기도 했다.

그렇다면 적어도 의자왕의 백제가 선덕여왕 때만 비교해서는 외교전에서 밀리고 있었다고 할 근거는 없다. 마지막에 나타난 결과 때문에 매도되었을 뿐이지, 이것만 의식하지 않는다면 남의 싸움에 밀려들지 않고 그동안 신라에게 잃었던 영토를 착실히 되찾아오는 실리정책을 폈다고 좋게 평가해줄 수도 있다.

그런데도 의자왕의 외교가 비난을 사는 근거는 무엇일까? 그 뿌리는 '당나라의 천자가 두 번이나 조서를 내려서 그 원한을 풀도록 하였으나 겉으로는 따르는 척하면서 속으로는 명령을 어기어 대국에 죄를 얻었으니 그 망하는 것이 또한 당연하도다.'라는 『삼국사기』의 구절이다. 이를 한마디로 줄이면 '천자의 뜻을 거역했으니 나라가 망하는 게 당연하다'는 말이 된다. 이런 태도는 마치 백제가 당 황제의 명령을 당연히 따라야 하는 것처럼 여기는 것이다. 사대(事大)를 당연한 예법으로 여겼던 전근대 사가들은 이런 인식을 할 수 있겠다.

그런데 현대 고대사학자들의 주장을 가만히 들여다보면 현대 백제사 전문가들의 주장과 별 차이가 없다. 즉 『삼국사기』의 이른바 '사론(史論)'이 담고 있는 내용을 아무 생각 없이 거의 그대로 옮겨 놓고 있다는 얘기이다.

이러한 『삼국사기』 편찬자의 편견에서 벗어나 사실부터 챙겨보면, 의자왕의 외교도 다른 평가를 받을 수 있다. 즉위 초, 의자왕은 그런대로 자주 조공을 가는 등, 당과의 관계를 다져나갔다. 당의 요구 때문에 애써 감행한 신라 침공을 포기하고 철수하기도 했다. 그러던 의자왕이 말년에 당의 요구를 묵살하고 신라에 대한 강경책을 밀어붙였을 때에는 그만큼 자신이 있었다는 뜻이다. 이런 점을 보아 의자왕은 당 같은 대제국의 압력에 굴하지 않고 소신껏 대외정책을 추진했다고 할 수 있다.

어떤 이들은 백제가 무리하게 전쟁을 일으켜, 일방적으로 국력을 소모하며 멸망의 길로 접어든 것처럼 몰아가기도 한다. 그러나 그것이 의자왕에게 해당되는 일은 아니다. 이렇게 무리하게 강행하는 일은 극히 예외적인 일이고 무리를 했다면 내부의 저항을 받아 오래 지속되기 어렵다. 그러니 의자왕의 백제가 무모한 전쟁을 일으킨 경우에 해당한다고 할 수는 없다. 의자왕의 공세는 15년 동안 지속되어왔고 내부의 저항도 나타나지 않는다. 나름대로 탄탄한 기초를 가지고 신라에 대한 공세를 이어갔다는 뜻이다. 그만큼 반대 세력을 제거하고 틀어쥔 권력을 잘 활용했다는 얘기도 된다. 따라서 백제가 약자의 입장에서 외교정책을 펴야 했다는 발상은 편견이라 할 수 있다.

백제가 외교적으로 고립되어 있었다는 주장도 어폐가 있다. 정확하게 말하자면 당과의 관계가 협력관계에서 대결관계로 바뀐 것뿐이다. 그리고 이는 백제와 신라를 두고 저울질한 당의 선택인 것이지, 백제의 실책이라고 몰아가는 건 무리다. '백제의 멸망은 외교적 주도권을 빼앗긴 고립무원의 결과였다'는 등의 주장은 납득할 만한 것이 아니다.

이러한 여러 가지를 찬찬히 따져보면 선덕여왕에 대한 평가는 '최초'라는 수식어와 개인의 덕성에 의해 부풀려진 경향이 있고, 의자왕에 대한 평가는 백제의 마지막 왕이라는 오명에 갇혀 지나치게 평가절하된 측면이 있다. 결국 선덕여왕과 의자왕의 평가는 평생의 업적보다 마지막 모습에 좌우되었다고 보는 것이 타당하다.

과정도 평가해야 진실이 보인다

선덕여왕의 치적은 주로 어려운 백성을 도와주고, 불사를 일으켜 마음을 달래주는 것이었다. 그 외에는 눈에 띄는 업적이 드러나지 않는다. 그러면 선덕여왕은 어떤 정치를 해왔다는 뜻이 될까? 좋게 말해서 '마음을 얻는 정치'를 했다고 할 수 있을 것이다.

그렇지만 세상은 얻는 게 있으면 잃는 것도 있는 법이다. 물론 이런 정책을 펴면서도 다른 나라와의 경쟁에서 뒤처지지 않았다면 문제가 되지 않을 것이다. 그러나 선덕여왕의 즉위 후 신라는 이전 시기에 비해 백제 같은 주변 국가의 침략을 빈번하게 받았다. 십여 년에 걸쳐 나타난 일관성 있는 사건들이 우연일 수는 없다. 더욱이 이런 침략을 극복하기 위해 나중에 당할 위협까지 감수하면서 당에 접근한 외교 역시 선덕여왕 때에는 큰 성과를 거두지 못했다. 그러니 이는 선덕여왕의 정책이 주변국가와의 경쟁에 악영향을 주었다고 보아야 할 것이다.

이에 비해 의자왕은 즉위하면서 자신의 통치에 방해가 되는 왕족 등, 정적들을 제거해나가는 과감한 정책을 폈다. 이렇게 친족들의 피를 보는 정책 자체가 환영을 받았을 리는 없다. 그렇지만 이후 의자왕이 통치하는 백제는 15년이 넘게 순항했다. 비록 그의 제위 말년에 백제가 망하기는 했지만, 이는 의자왕의 통치 자체에 문제가 생겼다기보다 몇 가지 사소한 실책이 겹치면서 상승작용을 한 결과라고 보아야 한다.

선덕여왕 vs 의자왕

나라가 망하지만 않았어도 의자왕은 그런대로 치적을 내세울 만한 왕으로 평가받았을 것이다. 그만큼 의자왕의 잘못으로 지적되고 있는 많은 일들이 사실과는 달랐다. 그러고 보면 의자왕은 소신껏 나라를 이끌어가며 나름대로 성과를 거두고 있었다고 할 수 있다.

그에 비해 선덕여왕에 대한 평가는 이른바 '페미니즘'적 필요에 의해 과대포장되는 경향이 있다. '여성의 권리'를 찾는 거야 나무랄 수 없지만, 그렇다고 없는 역사를 만들어내거나 왜곡시키면서까지 여성 통치자의 위상을 높이려 하는 것까지 정당화하는 것은 곤란하다.

반대로 의자왕에 대한 평가는 아직도 유교적 세계관에 젖어 있던 전근대 사관들의 영향을 크게 받고 있다. 유교적인 역사의식에 길들여진 사람들은 나라가 망한 원인을 일차적으로 지배층의 도덕적 타락에 있다고 생각한다. 그래서 망한 나라의 마지막 통치자에 대해 좋게 평가해줄 수 없는 것이다. 그것이 의자왕이 당대와 달리 후대에 '나쁜 왕'으로 몰리게 된 근본적인 이유라 할 수 있다.

한마디로 끝이 좋으면 다른 모든 것들도 여기에 짜 맞추고, 끝이 나쁘면 이전의 모든 치적과 공적이 묻혀버리고 개인의 인격까지 철저하게 짓밟히는 것이다. 모든 문제를 바로 보고 제대로 평가하기 위해서는, 역사가 승자의 기록이라는 점을 잊지 말아야 한다.

태종 vs 세조

악역은
언제
필요한가

어느 시대나 그 상황과 백성이 요구하는 리더십이 있게 마련이다. 작은 국토와 적은 인구를 가진 나라이기에 독재라는 비난 속에서도 깨끗하고 단정한 도시국가를 추구하는 싱가폴의 이광요 수상의 정책이 환영받을 수 있었다. 최대 인구 보유국 중국이 싱가폴과 같은 정책을 수용할 수 없고, 우리 시대가 예전에 군사 독재시절로 돌아갈 수 없는 것과 같은 이치이다.

초등학교 수학 시간에 도형에 대해 배우는 과정이 있다. 여러 도형 중 '각뿔'이란 도형의 특징을 보면 밑면의 모양에 따라 이름이 달라지고, 각뿔 전체의 꼭짓점은 하나라는 사실을 알게 된다. 여러 점들이 모여 선이 되고, 그 선이 모여 면을 이루고나면 밑면에도 꼭짓점이 있지만, 최종적으로 그 각뿔의 형상을 구성한 제일 높은 위치에서 존재하는 각뿔의 꼭짓점은 결국 하나이지 둘, 셋이 될 수 없는 것이 정해진 이치이다.

　어쩌면 우리 인간이 살아가는 세상의 모든 조직도 이와 마찬가지로 최종 정점을 향해 무수한 사람들이 달려가지만 결국 함께 이루어 모이는 꼭짓점은 하나일 수밖에 없다. 그 꼭짓점을 중심으로 무엇보다 그 도형이 무너지지 않고 아름다운 모습을 잘 보존하기 위해 각각의 기능을 정해진 이치대로 잘 발휘해야 제대로 완성된 멋진 도형이 된다. 즉 우리 인간 조직도 도형처럼 각자의 위치에서 내 역할을 충실히 이행해야만 그 구조를 반듯한 위치로 보존할 수 있다.

왕조 국가에서는 이 각뿔의 구조처럼 최고의 꼭짓점과 중간지점 그리고 마지막 밑면을 형성하는 지배구조가 온당한 모형인 사회였고, 이 구조 안에 역할과 삶이 제한되어 있었다. 다만 현대 사회는 이 최종 꼭짓점에 누구나 도달할 수 있는 가능성을 원론적으로 열어두었고, 태생적 신분으로 정해진 지배계층이 목적지를 향해 가느라 무조건 피지배층을 공격할 수 없다는 차이점이 존재할 뿐이다. 엄격한 신분 질서 속에 역모는 3족까지 멸할 만큼 살벌했다. 감히 누구도 최고 꼭짓점에 앉아 있는 왕을 밑면으로 끌어내리지 못하도록 철저한 충의 사상을 피지배층에 세뇌시켰다. 하지만 역사는 평행선을 향해 달리지만은 않았다.

대의명분을 외치며 천명(天命)을 거스를 수 없다는 거창한 정당성을 내세워, 때로는 정상적인 궤도가 아닌 붉은 피로 물든 골육상전을 계획한 인물에게 승자라는 부당한 선물을 선사할 때도 있었다. 그러나 역사는 천운으로 성공한 승자도 그 이후 최고의 꼭짓점 자리에서 아래 구성원들을 어떻게 다루었느냐에 따라 오랜 시간이 지난 후에도 끊임없이 냉혹한 심판을 집행했다.

주변 다른 국가가 30년 심지어 15년 만에 멸망하는 경우도 있었지만, 조선은 적장자가 계승되는 원칙이 지켜지지 않았음에도 500년이란 장엄한 시간을 견뎌왔다. 조선조에서 가장 대단한 골육상전을 꼽으라면 단연 태종이 최초로 일으킨 왕자의 난과 세조의 계유정난을 들 수 있다. 할아버지와 손자의 관계인 두 왕은 이러한 난을 계기로 최고 지위에 집권하는 토대를 닦았다. 형제가 형제를 죽이고, 숙부가 조카를 죽이는, 설명이 필요 없는 패륜 쿠데타는 그들 나름대로 뜻을 모은 동지들과 힘을 합쳐 왕권강화라는 목표를 내세웠다. 하지만 태종은 이 목표를 완벽하게 실현해 조선의 체계를 확립해 최고의 성군인 세종을 탄생시켰고, 세조는 자신이 외쳤던 목표를 입으로만 이루었을 뿐 오히려 왕권약화라는 모순된 결과를 몸소 보여주며 조선왕조에 일차적인 혼란을 제공하고 말았다.

이방원의 죄와 태종의 치적 사이

태종 이방원하면 어떤 이미지가 떠오르는가? 어린 시절 배웠던 정몽주를 회유하기 위한 그 유명한 시조가 귓가에 맴돌 것이며 충신 정몽주를 모살한 인물로, 개국공신 정도전의 날개를 부러뜨린 라이벌로, 무엇보다 조선 최초로 살벌한 골육상전을 벌인 냉혹한 이미지를 벗어날 수 없다. 정치에는 영원한 동지도 적도 없다는 논리를 명확하게 입증해준 인물이며, 조선 역사 최초로 강렬한 피의 역사를 쓰고도 500년 왕조의 기초를 확립했다는 찬사를 동반한 카리스마의 원조가 이방원이다.

마치 정관의 치를 이룩한 당 태종 이세민이 골육상전을 벌이고도 중국 역사상 가장 훌륭한 군주로 평가받는 것처럼, 과정이 잔혹해도 결과가 깔끔하면 역사의 관대한 평가를 받을 수 있다는 것을 입증해준 인물은 조선 역사상 이방원이 유일하다.

고려 때 무장으로 자부심도 대단했지만 한편으로 문관들에 대한 열등감이 숨어 있었던 이성계. 그는 늘 집안에 학자로서 성공할 인물이 한 명쯤 배출되길 소망하고 있었다. 이러한 소망을 유일하게 이루어준 아들이 다섯째 방원이었다. 가문에서 최초로 문과 급제자가 된 이방원은 아버지를 닮아 용맹한 무관의 자질에 학문적 식견과 지혜도 두루 겸비한 총명하고 듬직한 아들이었다. 이비지를 비롯한 집안 식구들에게 신망을 받으며 성장한 그는 훗날 모두가 인정하는 조선 개국 공신의 으뜸이 된다. 이성계가 조선을 창업하도록 갖은 지략을 동원해 주변 인물들을 포섭했으며, 위기 상황에서 직접 목숨을 걸고 조선이란 나라를 탄생시킨 차기 국왕 재목이었다.

그러나 어제까지 조선 개국을 위해 함께 운명을 걸었던 정도전과 다시 화합할 수 없는 적대적인 라이벌이 되고 새어머니인 신덕왕후와의 악연이 이어지면서 순탄하게 후계자 자리에 도착할 수 없는 것이 이방원의 운명이었다. 이방원은 기대했던 세자 자리를 빼앗기고 그저 체념과 한숨으로 숨죽이며 이복동생이 차기 국왕이 되도록 순응하기에는 어려운 인물이었다. 그가 갖춘 자질과 포부가 내면에서부터 본능적인 야심을 자극하고 있었기 때문이다.

신덕왕후와 지저분하게 엉킨 매듭이 그녀의 죽음으로 정리되면서, 그동안 인내했던 야망을 1차 왕자의 난으로 현실화했지만, 다시 한 번 더 왕자의 난을 평정해야 옥좌의 길로 들어설 수 있는 힘겨운 무대가 펼쳐졌다.

조선 왕조 최초의 세자이며 숨막히게 증오했던 계모의 아들이자 같은 아버지의 피를 받은 이복동생 이방석을 제거하는 작업을 마친 후,

같은 동복형인 이방간이 옥좌를 노리며 벌인 한판 승부에도 천운은 이방원에게 있었다. 자신이 갖춘 영리한 두뇌와 강인한 체력 그리고 그를 위해 공신들과 처남까지 목숨을 걸고 동조한 결과 모든 사건이 평정되면서, 정종(定宗)에 이어 그리던 옥좌에 앉게 된다.

1차 왕자의 난 이후 백성들의 민심을 수습하고 유교 명분의 정당성을 확립하는 일이 필요했다. 이방원은 왕위 계승 순위에 적합한 승계 원칙을 지키기 위해 쿠데타를 일으켰음을 홍보하기 위한 전략적인 의도로 허수아비 임금인 형 이방과를 2년 간 집권하도록 계획한 후 그 사이 염원했던 바를 한 단계씩 실현해나갔다.

즉위 후 일어난 조사의(趙思義)의 반란까지 평정한 후, 그동안 숨겨 왔던 왕권강화라는 목표를 달성하기 위해 움직인다. 목숨 걸고 거사에 동참했던 공신들의 사병 혁파를 주장하며 공신들의 수족을 절단하는 작업에 모든 지략을 동원한다. 사실 공신들이 보유했던 그 많은 사병들이 피 흘리며 싸워준 대가로 자신이 왕위에 올랐지만, 바로 이러한 위세로 인한 왕권 약화를 두려워한 태종의 1차적인 왕권 방어책이었다. 왕실이 아닌 개인에게 병권이 집중되면 언젠가 다시 반란이 일어나 왕권이 위협받을 수 있다는 우려 때문이었다. 이방원은 가장 많은 사병을 거느린 이거이(李居易) 부자를 먼저 제거한 후, 남은 공신들과 처남들 그리고 장차 외척 세력의 힘을 누르기 위해 며느리 가문의 세력까지 모두 제거해버린다.

태종은 무지한데다 사사로운 잘못은 잦았지만 충성스러웠던 조영무(趙英茂)와 제갈량의 지혜로 책사 역할을 맡았던 하륜(河崙)을 제외하고 모든 공신들을 영악하고 집요하게 숙청해버렸다. 공신들을 비롯해 뜻을 모았던 동지들 입장에서는 토사구팽(兎死狗烹)을 완벽하게 당한 셈이었다. 공신이라는 명목을 내세워 왕권을 위협하고 자신의 공을 내세워 권력을 휘두를 만한 위험한 인물들을 당대에 완전히 정리하려는 의도였다. 그리고 왕권 강화를 위해 육조에서 직접 왕에게 보고하도록 육조직계제로 바꾸고 유향소(留鄕所)를 폐지해버렸다. 또 말년에는 조선에 침략해 노략질을 밥 먹듯이 행하던 대마도를 정벌해 주변 민생을 안정시켰다.

명분을 앞세워 실리를 챙긴 대명외교

또한 명과 실리 외교를 통해 조선의 안전 확보와 발전된 문화를 받아들이는 외교의 기초도 이방원의 외교에서 시작된 일이다. 식민지 사관에 기초해 조선이 마치 명의 속국이며 무슨 일이든지 명의 승인을 받아야 집행할 수 있었던 나약하고 굴욕적인 외교를 했다고 인식하는 경우가 많지만, 그 이면에는 사실상 조선이 더욱 유리한 방향에서 이익을 취하기 위한 방편으로 전략적인 사대관계를 취한 면이 있다. 명에는 공식적으로 황제의 생일, 황태자의 생일, 동짓날, 설에 방문하는 원칙이었으나 조선은 그 밖에 국가행사에 승인을 얻기 위해 찾아가곤 했다. 그런데 세자 책봉, 왕의 혼례 등 비공식적으로 명나라 황제에게 예를 다해 허락을 받으러 가는 모습을 두고 조선이 사사로운 일까지 의지대로 할 수 없었던 민족처럼 폄하하는 것은, 일본 점령기 일본인들이 자신들의 입장에서 교묘하게 유포한 왜곡된 의식이다.

무엇보다 조선은 중국의 속국이 아닌 당당한 자주 독립국의 위상을 갖추고 있었다.

당시 중국은 우수한 선진국이며 세계 중심이었고 서양이 미개한 국가였다. 그리고 이러한 중국과 가까이에서 교류할 수 있었던 조선과 달리 일본은 교류하려 해도 할 수 없는 입장이었다. 물론 명의 요구에 따른 공녀와 환관까지 보내야 했던 일은 가슴 아픈 일이다. 그러나 예를 들어 명에서 요구한 말[馬]이나 물건 등은 우리가 적절한 가격으로 흥정해 판매하여 이익을 취했고, 우리도 필요한 물품을 요구해 서로 거래하는 무역업을 시행했다. 조선에서 명나라를 방문할 때는 관료들을 포함해 장사꾼들도 함께 수행해 그곳에서 장사하여 이윤을 얻었고, 우리 사신이 명나라에 머무는 동안 모든 숙식비용도 명에서 제공해주었다.

또한 조선이 공식적인 행사 때 명 황제에게 선물할 경우에 그쪽에서는 훨씬 많은 양의 답례품을 우리에게 하사했다. 그 시절 중국을 방문해 우수한 문물을 수입하고 기술을 습득하기 위해 조선처럼 중국과 사대관계를 맺길 원했던 국가들이 세계적으로 많았다. 조선이 비공식적인 일까지 승인받으려 방문했던 것은 예(禮)를 다한다는 명분 아래 방문할 때마다 그들에게 주는 것보다 더 많은 이익을 취하고 돌아왔기 때문이다. '황제가 기르던 개가 죽어도 올 것인가' 하며 비꼬듯 내던진 명의 푸념에는 조선 사신을 대접할 비용과 하사할 선물이 오히려 부담스러웠던 명의 속마음이 담겨 있다. 이방원이 마치 국가 외교정책을 집행하는 데 명에 납작 엎드려 숨죽인 나약한 국왕처럼 평가한 것은 잘못된 지적이다. 실록을 살펴보면 오히려 사신에게 위엄 있게 요구하고 지혜롭게 실리 외교를 펼치는 모습을 발견할 수 있다.

성군 세종의 길을 닦은 전략가 태종

나라의 주인만 변했을 뿐 고려시대 관습 아래 생존한 백성들이 이끌어갔던 조선은 사실상 여성의 지위가 높았던 국가였다. 고려와 다른 혼례 제도를 채택하고 『경국대전(經國大典)』에 과부 재가를 금지했어도 이러한 제도는 200년이나 시간이 지난 후 정착되기 시작했다. 여성이 혼인 후 사망하면 가져온 재산을 모두 친정에 돌려주어야 했고, 아들과 딸이 공평하게 재산 상속을 받고 함께 제사에 참석하는 등, 그 시대에 전 세계에서 여성이 가장 평등한 인권을 누린 국가가 조선이었다.

그러나 아무리 호방한 기상과 미래를 넓게 바라보며 국가의 기반을 확립했던 이방원도 결국 인간은 감성적인 동물일 수밖에 없음을 인정하게 하는 실책을 저지른다. 훗날 조선의 불공평한 인재 등용의 관례를 만든 서얼금고법이 그 대표적인 예이다.

이방원이 표면적으로는 적장자 중심의 안정된 유교 사회 정착을 내세웠어도 이것은 500년 조선왕조에서 모순된 악법이었다. 이방원은 조선의 왕 중에서 가장 많은 후궁과 자식을 거느린 임금이다. 그 여파로 정실부인 외에 첩을 두는 일을 제도화하면서 그 자식에게 관직 진출 기회를 원천 봉쇄해버리고 호부호형(呼父呼兄)을 못하도록 하는 비참한 법을 정착시키고 말았다. 이전에도 없었고 중국에도 없는 특이한 서얼금고법이 사실 계모인 신덕왕후와의 불화로 인해 이복동생에게 세자 자리를 빼앗긴 원한에 찬 내면의 복수였던 것이다. 이성계 사후 신덕왕후의 능을 묘로 낮추어 정릉으로 이장한 것도 모자라, 전에 사용했던 묘석을 광교로 만들어 모든 사람들이 밟고 다니도록 했다. 또 후궁으로 격하시켜 종묘에 제사 지내지 못하도록 한다. 이로써 신덕왕후는 후궁이며 그의 소생인 이방식과 정실 소생인 자신은 적서로 차별되어야 한다는 성리학적 종법의 정통성을 표방하며 개인적 복수를 국가 정책으로 확정하게 된다. 이것은 이방원이 신덕왕후를 얼마나 증오했는지 극명하게 보여주는 행위이다.

그럼에도 불구하고 태종은 과실보다 공이 많은 임금이다. 무엇보다 리더로서 도량과 추진력으로 권력을 남용할 공신들을 모두 정리한 후 여타의 복잡한 작업을 끝내고 안정된 체제를 아들에게 선물한 공로가 크다. 그 다음은 한 단계 앞서 유능한 인재를 선발하고 키우는 탁월한 안목으로 성실한 인재를 양성해 다음 세대가 정치적 목표를 실현하는 데 평탄한 도로를 닦아준 업적이다. 또한 상왕으로 물러나 4년 동안 아들 세종이 입지를 다져가는 모습을 지켜보면서 악역은 모두 자신이 맡았다. 대부분 군왕은 단 하루도 권력을 놓기 싫어 마지막까지 추하게 매달려 차기 국왕과 주변 인물을 곤경에 빠뜨리는 경우가 많았지만, 이방원은 자신의 역할을 마무리한 후 깔끔하게 돌아서는 아름다운 모습까지 남긴 조선 역사상 최초이자 최후의 국왕이었다.

이방원만큼 냉혹한 정치가이며 때로는 너그럽고, 공정한 원칙의 잣대로 살육을 벌이면서도 자유롭고 방탕한 영웅호걸의 면모를 보이며 비장함으로 일관한 군주가 또 있을까? 그의 일생은 혼란과 격동의 연속이었다. 그 속에서 시련과 상처를 딛고 좌절과 영광을 동시에 누리며 유혈정변을 감내하며 조선의 기초를 닦아 나아가야 했다. 단 한순간도 평화로운 숨을 쉬며 온화한 미소로 치장할 여유 없이 신생 국가의 기초를 다지는 과업을 마치고 성군의 자리는 아들에게 기약한 뒤 눈을 감아야 했다. 조선 최초의 세자를 죽이고, 자신의 저장자를 폐위시키며 친인척을 제거하는 악역을 맡으면서 그가 만든 최고의 성과가 성군 세종이 이끌 태평성대를 위해 백성들에게 평화를 남긴 일이었다.

성공했으나 인정받지 못한 세조

인간은 사회라는 조직 속에 몸담게 되면서부터 대부분 우두머리가 되고 싶어 한다. 하지만 우두머리에게 요구되는 조건은 욕망의 여부가 아니라 그 자리를 감당할 만한 자질과 역량이다. 어떤 집단에서든 리더는 그가 누릴 권력만큼 막강한 책임을 수반하기 때문이다. 자리가 사람을 이끌기도 하지만 처음부터 왜곡된 가치관과 사욕이 앞선 권력관을 지닌 리더는 구성원들을 파멸로 이끌기 때문이다. 작은 조직도 리더의 자질이 중요한데 하물며 최고 통치자의 리더십은 몇백 년후 국가 운명을 바꿀 만큼 중요하다. 더군다나 전제 왕조 국가에서 리더는 일정한 기간 정해진 임기를 마치고 퇴임할 수 없고, 수명이 다할 때까지 국가의 존망(存亡)을 안고가야 하는 자리였기에 그 책임은 더욱 가혹했다.

주자학의 가르침을 국가 지배의 목표로 지향했던 조선 사회에서 지위 고하를 가리지 않고 인간을 평가했던 필수적인 잣대는 효와 충의 사상이었다. 이러한 효와 충이 뿌리부터 흔들리며 그 형상이 쓰러질 때, 왕조 국가의 정통성이 근본에서부터 무너지며 백성과 국가의 위기를 제공하게 된다.

형인 문종(文宗)의 안타까운 죽음과 이미 세상을 뜬 소헌왕후와 현덕왕후가 없는 상황에서 수렴청정을 할 대비도 중전도 없는 어린 단종(端宗)의 상황은 근심스러웠지만, 한편으로 외척의 발호가 없는 다행스런 입장이기도 했다. 문종은 아무런 섭정의 고명도 없이 김종서와 황보인, 단종을 길러준 혜빈 양씨를 믿고 숨을 거두었다. 태어난 직후 어머니를 잃고 열두 살에 고아 임금이 된 단종. 계유정난을 거쳐 삼촌에게 왕위를 찬탈당한 후 열입곱 살에 자살한 그의 운명은 조선 역사상 가장 가슴 시린 비극임에 틀림없다. 사실 단종의 죽음은 공신들이 꾸민 실록을 통해 자살이라 전해질 뿐이다. 어쩌면 세조가 더욱 잔혹하게 죽였을지도 모른다고 추측한다면 너무 편파적인 시각에서 세조를 평가한 것일까?

세조에 대한 역사의 심판은 시소 양쪽의 무게가 팽팽하게 대립되는 형세이다. 유교 국가에서 조카의 왕위를 빼앗고 무수한 패륜을 저지른 인간 백정인가? 혼란스러운 왕실의 입지를 다시 확립해준 유능한 군주인가? 누구나 자신이 갖춘 역사적 지식과 가치관에 따라 지나간 그의 행적과 공로를 평가하겠지만, 세조의 쿠데타를 어떻게 평가할 것인가에 따라 시소는 한쪽으로 기울 것이다.

때로는 야사가 입과 입을 거쳐 가며 선인을 악인이란 덩굴에 뼈를

묻게 하지만, 어처구니없는 행운으로 악인이 영웅으로 칭송받는 경우도 일어난다. 자질 부족과 사치와 향락으로 조선을 일본에게 하사하는 데 일조한 고종과 명성황후가 영웅으로 오도된 평가를 받는 것처럼, 진실과 이별하고 거짓과 손잡은 역사가 주인공에게 행운을 제공했을 때, 그들은 훗날 후손들에게 또 다시 한심한 역사를 안겨주는 죄인이 될 것이다.

모든 야사를 침묵시키고 정사인 실록에 초점을 두어 세조의 쿠데타를 객관적인 시각에서 바라볼 때, 그가 왕권강화를 이룬 유능한 군주란 평가는 날조된 것이자 그 시대 현실을 제대로 통찰하지 못한 무지의 결과이며, 당시 백성들의 눈물을 외면한 파렴치한 발언이다. 또한 단종을 위해 최후까지 억울하게 칼을 맞아야 했던 김종서를 비롯한 당시 충신들에게 모멸감을 안기는 주장이다.

공신들을 위한, 공신들의 쿠데타

조선이 개국된 지 60년이 지난 후, 하늘은 야속하게 세종의 문치주의를 이어갈 두 군주를 일찍 데려가시고 조선의 영락제를 탄생시키는 비극을 주셨으니, 이는 그 시절 백성들이 세종 같은 성군 아래 축복을 누릴 인연이 다했기 때문일까?

세조의 공신들에 의해 과대하게 가감된 기록은 김종서를 백성들에게 원망받던 간신으로, 단종을 무능한 군주로 위조하며 당시 왕실이 무력하고 나약했다고 적고 있다. 하지만 이것은 정상적인 국가 질서를 벗어나 옥좌를 향한 야망의 씨앗을 뿌리 내리려는 의도이자, 종친은 정사에 관여할 수 없다는 원칙을 무너뜨린 수양대군 자신을 위한 포장된 변명일 뿐이다. 자신은 거부했지만 단종이 원해서 어쩔 수 없이 이끌려 옥좌에 오르는 모습은 분명 그 시대를 거쳤던 백성과 후손들을 속일 수 있다는 어리석은 판단 때문이었다. 하지만 당대도 후대에도 검게 색칠된 뿌리부터 잘못된 쿠데타를 평가하는 데는 오랜 시간이 소모되지 않았다.

우선 수양대군은 그 시절 안착된 관료 체계 안에서 선택된 신하들과 유교 이념으로 무장된 백성들의 의식 변화를 제대로 판단하지 못했다. 김종서와 황보인은 외척 세력이 없는 조정에서 단종을 친아들처럼 양육해준 혜빈 양씨와 더불어 성년이 될 때까지 단종을 지켜줄 수 있는 유일한 버팀목이었다. 물론 수양대군 자신이 먼저 안평대군이나 김종서 측으로부터 제거될 수 있다는 위기감을 이유로 동정심을 얻으려 노력했지만 그가 주도한 계유정난으로 조정에 혼란만 더욱 가중시켰을 뿐이다. 할아버지 태종이 정도전을 제거할 때처럼 자신도 정적을 제거한 후 왕권을 강화하고 명분과 입장을 정당화하여 백성들의 신망을 얻을 수 있다는 생각은 무척이나 오도된 계산이었다.

무엇보다 용서받지 못할 일은 새로운 특권층을 형성해 백성과 국가에 불행을 자초함으로써 조선역사를 바뀌게 한 것이다. 중국에 비해 무척 작은 국가였고, 초근목피(草根木皮)로 생계를 이으면서도 방대한 역사를 이끌었던 찬란한 나라가 조선이다. 양반 사회의 모순된 제도와 계급에 따른 차별 등을 조선 멸망의 원인으로 규정하지만, 이러한 제도 체계는 모든 전근대 국가가 유지했던 보편적인 현상이었지 조선의 예외적 특징이 아니었다. 조선이 불안한 위기 상황에서도 500년을 유지하며 세련된 문치주의 국가를 이룩할 수 있었던 이유는 특별히 뛰어난 임금의 공도 아니며, 주자학에 통달한 관리들이 모두 수재였고, 백성들이 이의 없이 순응했기에 가능했던 일도 아니었다.

이론만 거창할 뿐 실천성이 결여된 주자학 탓에 관리들의 무능으로 조선이 망국이 되었다고 탓하기도 하지만, 이것은 고종 때 명성황후가 매관매직을 일삼으며 관직을 무분별하게 남용하면서 관리 수가 급격히 증가했기 때문이지 조선이 초기부터 그렇게 악법으로 구성된 국가는 아니었다. 죄인이라도 최대한 사형을 시키지 않고 생명을 존중했으며 작은 형벌 하나까지 인권을 철저히 보호했고, 굶주림 속에서도 유교적 명분에 따른 정신을 지켜가며 지배층의 횡포를 막으려는 노력을 기울였기에 전 세계에서 보기 드문 다양한 문화유산을 보물로 남길 수 있었다.

조선 후기 병인양요를 일으킨 프랑스 해군 장교 쥬베르가 『조선원정기』에서 "조선은 참으로 초라하고 나약한 나라이다. 하지만 이곳에서 감탄하면서 볼 수밖에 없고 우리의 자존심을 상하게 하는 것은 아무리 가난한 집이라도 어디든지 책이 있다는 사실이다."라고 회고한 것은 당시 선진국이라 자부했던 프랑스도 책을 사랑하고 정신적으로 높은 수준의 문화를 이룩한 우리 민족의 역량에 감탄하며 부끄러웠다는 뜻이다. 일본이 침략과 지배를 정당화시키기 위해 조선을 미개한 은자의 나라라 날조한 것과 달리, 그 시절 문화대국이라 자부하던 프랑스가 우리의 문화에 감탄해 조선의 의궤를 약탈해가지 않았던가?

가끔 대중매체에서 특정한 지배층이 아무런 의무 없이 횡포만을 일삼은 것처럼 묘사하기도 하지만, 경연을 통해 임금의 학문적 소양을 넓히게 하고 사관을 통해 사소한 행위까지 철저히 기록하면서 임금의 잘못을 지적한 나라가 조선이었다. 또 초기에는 수령고소 금지법이 있었지만 사헌부와 암행어사 제도 아래 관리들을 철저하게 통제하면서 백성들을 핍박하고 착취하는 폐단을 막으려 노력한 것도 엄연한 사실이다. 그러나 이 같은 모든 제도의 기틀을 잡아가던 시설, 그 뿌리까지 잘라버린 임금이 세조였다. 사육신의 쿠데타 이후 경연 제도를 폐지하고 부왕 세종대왕의 업적인 인재의 배출처 집현전을 파괴했으며 관리들의 잘못을 탄핵하던 사헌부 기능도 쓰레기로 만들어버렸다.

약점 잡힌 군주의 어리석은 처세

아무리 피하고 싶어도 잘못된 쿠데타의 여파로 거듭 일어나는 반란과 차가운 민심, 유능한 인재들의 경멸에 찬 시선 속에 자신을 지켜줄 세력을 확보해야 했던 세조. 옥좌를 유지하기 위해 오히려 공신들을 끌어안고 매달릴 수밖에 없었던 불안한 입장에서 급기야는 백성들에게 고통을 안기는 특별법을 만들어 공신들에게 기대고 말았다.

세조는 공신들의 잘못을 알고 있었고 그들의 안하무인한 횡포를 목격하고도 이러한 폐단으로 인한 백성들의 고통을 애써 외면해야 했다. 그것은 자신이 만든 불편한 옥좌를 유지하며 살아남는 방법이 공신들과의 결속뿐이었기 때문이다. 그로 인해 세조는 부당하고 모순된 특별법을 만들어 철저히 자신의 울타리를 만들어나갔다.

세조는 공신들을 위로하고 노고를 칭찬하기 위한 연회를 자주 베풀며 군주와 신하 간의 의리를 다져갔다. 그런데 다른 임금과 달리 유독 세조는 이런 연회에서 신하들과 어울리며 왕조 국가에서 상상할 수 없는 사건들이 발행하곤 했다. 공신 중에 학자로서 존경받았으나 사육신과 등 돌린 세조의 사돈 정인지가 세조에게 '그대'라 칭하며 큰 소리로 하대했던 사건, 신숙주가 장난을 치며 세조의 팔을 심하게 비틀어댄 사건 등은 당시 엄격한 군신관계에서 있을 수도 없는, 역모에 버금가는 사건이었다. 이후 신하들이 정인지의 죄는 성삼문이 고문받으며 세조를 '나리'라 부른 것과 동일하다며 파면을 요구하지만 공신이란 이유로 벌을 주지 못하였다.

또한 공신의 한 사람인 홍윤성은 양가 규수를 겁탈하고, 정처를 두 사람이나 두면서 훗날 두 부인의 재산 다툼이 일어나게 했다. 죄 없는 백성과 심지어 자신의 숙부까지 살인하는 등 홍윤성의 오만과 독선에 찬 잔인한 행동들도 세조는 공신이란 이유로 처벌하지 않았다. 조카를 죽인 임금이 숙부를 죽인 신하의 행위를 탓한다는 자체가 웃음만 나올 뿐이지만.

임금이 가끔 백성들의 동요를 살피기 위해 한밤중에 신분을 숨기고 미행을 즐기는 일이 있었는데, 세조도 가끔 야밤에 미복 차림으로 궁궐을 벗어나 공신들의 집을 방문했다. 하지만 이것은 백성들의 힘든 생활을 살피고 선정을 펴기 위한 목적이 아니라 공신과 함께 술을 마시며 즐기기 위해서였다. 이러고도 무슨 선한 정치가 이루어지겠는가? 가난한 백성에게 세금을 대신 지급해 주고 몇 배의 이자를 받는 대납과 공신의 후손들은 과거를 거치지 않고 관직에 진출할 수 있는 특권까지 제공해주었다. 나중에는 원상제까지 실시해 원로 공신들의 권한을 더욱 강화시켜 정사를 처리하게 했으니, 왕권이 점점 위축되는 건 자연스런 결과였다.

　자신의 왕권을 인정하고 충성만 하면 모든 악행을 용서해줄 만큼 철저한 내 편 만들기 전략 중 하나이던 공신 특혜가 증가하면서 백성들의 울음소리는 높아만 갔다. 이미 부정과 비리로 얼룩진 세소시대, 공신들을 제거하고 경쟁할 수 있는 상대는 바닥난 상황이었다. 엘리트 충신들은 모두 사사되고 인재들은 초야에 묻혀버렸고 사헌부 기능마저 사라진 상황에서 오직 공신만이 행복한 정치무대였다. 게다가 세조는 자신의 혈육과 관련된 종친의 간섭과 외척세력의 입지를 강화해 관직 진출을 허용하면서 또 다른 정치세력을 구축해나갔다.

　세종대왕의 두 형님이며 세조의 숙부였던 양녕대군과 효령대군을 연회에 자주 참석시켰고, 대납과 분경까지 인정해주었다. 또한 양녕대군은 사냥 나갈 때마다 백 명이 넘는 사람들을 동원해 그곳 백성들에게 민폐를 끼치는 일이 잦았지만 세조는 묵인했다. 이 두 종친이 단종을 사사하라고 세조에게 강력하게 요구했던 원인도 여기에 있었던 것이다. 또 정희왕후와 며느리인 인수대비의 친인척까지 합류하여 그야말로 사사로운 정치무대를 화려하게 장악하기에 이른다.

　통치 말년에는 구성군 이준과 훗날 모함으로 애석하고 억울하게 죽은 남이, 시류에 따라 배신과 아첨을 물마시던 반복했던 한명회 닮은 꼴 간신 유자광 등 젊은 관료들을 등장시킨다. 자신을 옥좌에 앉혀주었으나 부정과 부패로 왕권 약화를 초래한 훈구공신들을 태종처럼 제거하고 싶었지만, 이미 때는 늦어 황혼의 군주로 전락한 시점이었다.

마지막 방편으로 이이제이(以夷制夷, 한 세력을 이용하여 다른 세력을 제어함) 정책을 통해 젊은 신진 세력으로 정권을 교체하고 훈구공신들을 배척하려는 계산을 하였으나 그것이 오히려 이중적인 정치 시스템 안에 갇혀 더욱 혼란만 가중시키는 결과만 가져왔다.

동정도 존경도 받지 못한 군주의 운명

　세조는 통치 말년에 피부병과 악몽에 시달리며 판단력이 미숙해져 갔고, 정신적인 고뇌까지 겪으며 천벌을 받았다는 민심의 비난에 괴로워했다. 이러한 업보에서 벗어나고 싶었던 세조는 신하들의 반대와 질책을 무시한 채 원각사를 짓고 불교를 숭상하며 절을 순례하기 시작했다. 세조는 구천을 떠도는 영혼을 위로하고 불교 진흥을 위한 것이라고 주장했지만 이는 유교국가의 이념에 어긋난 독단적인 행동일 뿐이었다. 더군다나 공신들의 재물 축적과 횡포로 백성들의 생활은 힘겨운데, 절까지 짓는 공사를 벌인 일은 백성들을 더욱 고단하게 하는 민폐였다. 공사비용에 드는 세금과 노동력이 모두 백성들의 피와 땀이 아니던가.

　그런 세조가 죽음을 앞두고 남긴 유언은 백성들에 대한 마지막 배려였을까. "내가 죽으면 속히 썩어야 하니 석실과 석곽을 사용하지 말 것이며, 병풍석을 세우지 말라." 세조의 이 유언은 임금이나 왕후의 죽음 후 공사에 드는 비용과 부역에 동원되는 인원을 줄이는 계기가 되었고, 훗날 다른 임금들에게도 모범이 되었다. 보통 왕릉 공사 때 1만

명의 백성이 동원되어 100명 가까운 백성이 공사 중 죽어갔으니 어찌 가슴 아픈 일이 아니겠는가!

하지만 마지막 이 유언 하나로 재위 기간 동안의 실책이 용서될 수는 없었다. 백성들이 풍요로운 생활을 누리도록 바른 정치를 펼쳐야 할 관리를 공정하게 선발하고 엄하게 처벌하는 일이 곧 정사를 돌보는 임금의 천명이다. 따라서 관리의 편의를 위해 백성의 고혈을 짜는 제도를 만들고, 백성을 억압하고 살인하는 행위를 방치한 임금은 어느 시대든 그 죄값을 피해갈 수 없다.

세조 사후 거대한 장막이었던 훈구세력과의 충돌로 불거진 예종의 독살설, 조선 최초 수렴청정의 실행자이면서 아들의 죽음에는 책임을 회피하고 권력을 휘두른 정희왕후의 행동, 성종 시대 인수대비의 정사 관여 등은 모두 세조가 비틀어놓은 정치 구조 속에 빚어진 결과였다. 권력자들을 위한 악법을 제거하고 백성들의 천국을 계획하던 예종, 제어불가능할 만큼 막강한 훈구세력을 견제하려 사림시대 문을 열었던 성종, 훈구와 사림 두 세력을 다 버거워하며 대안도 없이 숙청을 감행하다 쫓겨난 연산군까지 모두 세조가 어지럽혀놓은 구조의 악순환을 감당해야 했던 후손들이었다. 그뿐이 아니었다. 조선 초기를 지나 중기와 후기로 갈수록 신하들의 세력이 국왕을 초월해 급기야 임금을 독살하게 되고 특정 세력 간에 당파를 만들어 서로 배척하고 대립하는 당쟁의 시작이 이미 세조가 방치한 공신 천국의 뿌리에서 돋아나고 있었던 것이다.

태종과 세조, 무엇이 달랐나

왕권강화를 위해 태종은 정도전 세력을 제거하고 세조는 김종서 세력을 제거했다. 태종은 집권 초기 조사의 난, 세조는 집권 초기 이징옥, 후기 이시애의 난 등을 수습한 쿠데타 후유증까지 닮은꼴이라 할 수 있다. 이래서 역사는 과거와 미래가 끊임없이 도전과 응징을 반복하며 공존하게 하는 것일까. 옥좌에 머물렀던 기간도 태종이 18년, 세조가 14년이며 두 임금 모두 50대 초반에 승하한 일까지 유사하다. 태종은 많은 후궁을 거느렸지만 세조는 폐출된 후궁을 포함해 두 명의 후궁과 자식도 적어 공신들이 이 부분을 가끔 칭찬하지만 이것도 모순된 억지 주장이다. 열네 살 어린 나이에 기방에 출입해 주변을 곤란하게 했던 사건, 며느리를 범할 뻔했다는 소문 등을 통해서도 모순을 느낄 수 있다. 패륜을 저지른 세조가 얼마나 업적이 부족하면 정희왕후와 돈독하고, 신하들이 권해도 후궁을 들이지 않은 성리학 추종자의 모습을 가장해 홍보하려 했겠는가. 혈육을 잔인하게 살육하고 왕좌에 오른 유사한 경우지만, 두 임금의 말년은 뚜렷하게 달랐다. 그것은 본래 목적을 향해 정치적인 고비를 넘기는 주도면밀한 지혜와 국가의 미래를 분석한 리더의 안목에서 결과가 극명하게 판가름 났기 때문이다.

태종은 세조처럼 말년에 정신적 고통에 시달리기보다는 모든 걸 내려놓은 듯 유쾌해 보였고, 죄값을 논하는 민심의 동요도 강하지 않았다. 그러나 세조는 아들 의경세자가 요절한 후, 한명회의 딸인 첫 며느리의 요절과 손자 인성대군까지 죽음을 당하는 불행을 감당해야 했다. 또 조카를 죽이고 충신을 죽인 업보로 천벌을 받았다는 조롱과 괴상한 소문과 일화 등으로 말년에는 질병과 악몽에 시달리며 고통을 당했다.

두 임금의 말년이 왜 이처럼 달랐을까? 태종의 시대는 개국 초 승자의 입장에서 일정 부분 고려의 역사를 왜곡시키며 유교적 이념으로 철저한 준비를 했고, 당시 상황을 백성에게 납득시킬 수 있는 왕조국가 초기 단계였기 때문이다. 아무런 공로도 없고 종법에도 어긋난 막내 이방석의 세자 책봉은 누가 보아도 원칙 없는 책봉이었기에 여론의 도전을 어느 정도 무마시킬 수 있었다. 그러나 세조는 야심에 찬 역심으로 잘 지켜지고 있는 종법을 어기며 이전에 없었던 왕실의 근심과 문제점을 제공했으며, 백성들의 생활을 윤택하게 하지도 못했다.

할아버지 태종처럼 골육상전을 벌인 세조에게도 공신들에 대한 보상과 견제가 요구되었다. 하지만 세조는 태종처럼 악역을 자처하며 현명하고 능숙하게 공신들을 토사구팽시키고, 훗날 아들이 밝은 정치를 하는 데 걸림돌이 없도록 깔끔한 정권을 유산으로 남기지도 못했다. 태종은 세종이 성군의 역할을 수행하도록 성실한 인재들만 남겨두고 그 자리를 깨끗이 물러났다. 사실 세종대왕이 최고의 성군이 될 수 있었던 것도 태종이 모든 기반을 마련해둔 비옥한 토양에 거름을 주는 역할을 충실히 해냈기에 가능했다.

단종의 불행한 죽음과 사육신의 비극을 거치면서 간혹 세종대왕의 마지막 후계 선정을 탓하는 사람들이 있다. 처음부터 병약한 문종이 아닌 수양대군에게 왕위를 물려주었다면 이런 비극을 초래하지 않았을 것이라고 말이다. 하지만 이것은 태종이 내린 결단과 다른 경우이다. 태종은 당시 유교국가의 기틀을 잡아가는 초창기였으므로 무엇보다 가장 자질이 우수하다고 판단되는 셋째아들을 선택한 것이다. 또한 차기 왕위 계승자인 양녕대군이 세자로서 품위를 훼손하는 사건을 일으키는 등 폐세자의 원인을 제공했기에 왕실과 국가를 위해 불가피한 선택이기도 했다. 조선의 기틀을 확립한 태종은 그 후 조선 사회가 안정된 기반 위에 유교국가의 명분을 지켜가길 원했고, 피로 얼룩진 역사를 자신의 대에서 끝내고자 했던 것이다.

따라서 세종 이후는 유교국가의 기틀을 확립한 상황에서 정상적인 적장자 원칙을 지키는 일은 너무나 당연했고, 문종은 자질이 우수한 세자였다. 몸이 약했지만 수명을 누구도 예측할 수 없는 상황에서 폐세자 논의는 거의 역적죄나 다름없었다. 숙종의 경우도 어린 시절부터 잦은 병력으로 몸이 약했고, 임금이 된 후 20대에 천연두로 고생했을 때는 생존 가능성이 없다고 판단했다. 지금처럼 노령인구가 많은 현대 사회에서 60세는 오래 살았다고 할 수 없지만, 당시 60세는 비교적 장수했다고 볼 수 있는 나이였다. 숙종이 60세까지 살며 조선 역사상 가장 강력한 왕권을 행사하리라고는 누구도 예상하지 못했었다. 문종이 병약했지만 당시 왕실에서 그만한 잔병치레는 흔한 일이었다.

시대와 상황에 따라 요구되는 리더십도 다르다

정사인지 야사인지 모르지만, 고려 말부터 조선 초기의 학자이자 태종의 스승이었던 원천석(元天錫, 1330년~?)이 태종과 그의 손자들을 대면한 일이 있었다고 전해진다. 이때 태종이 손자들의 관상을 살펴줄 것을 청하자, 원천석이 어린 손자 하나를 지목하며 다음과 같은 당부를 했다 한다. "이 아이에게 형제 사랑하는 법을 잘 가르치시오. 할아버지와 많이 닮았군." 그 어린아이가 바로 세조이다. 할아버지 태종을 닮았다는 뜻은 골육상전을 일으킨다는 의미였다. 이런 이야기가 전해질 만큼 세조는 처음부터 '수양대군'이란 호칭에 만족하는 유순한 인품이 아니었다.

이미 수양대군은 세종이 병석에 있을 때부터 세종이 소외시켰던 인물들과 손을 잡고 쿠데타를 준비하고 있었던 사실이 정사 곳곳에서 드러난다. 김종서를 등에 업은 안평대군이 역모의 괴수였다는 허위 사실을 유포해 살인을 타당하게 몰고 갔지만, 단종을 협박하고 위협해 권력의 날개를 달고 광기의 역사 속으로 휘몰아쳐갔다.

할아버지 태종이 온갖 지혜를 동원하여 악역을 감수하고 처단한 공신들을 자신의 시대에 새롭게 탄생시킨 일은 어떤 명분으로도 역사에 지은 씻을 수 없는 실책이었다. 결국 그의 인물됨도 그의 정치도 그 시대와 백성은 원하지 않았다. 처음부터 단종을 버리고 세조의 편에서 잔인한 살육을 벌이는 데 가담한 공신들은 신숙주와 정인지 등 몇 명을 제외하고는 제대로 출사하지 못한 권력에 배고팠던 인물들인 만큼, 백성과 국가를 위한 원대한 포부도 문예부흥의 목적도 없었다. 아무리 훌륭한 이론으로 정당성을 과대 포장해도 지배층인 그들이 피지배층인 백성들을 어떻게 대했는지를 보면 그 목적은 명확하게 드러난다. 모든 일은 이론과 실천이 함께 동반할 때 가치가 있듯이, 학문적 경지가 높았던 정인지와 외교술에 두각을 드러내며 여진족 토벌에 나섰던 신숙주도 백성들을 수탈하는 일에 앞장서지 않았던가? 수양대군을 도와 왕권강화를 이룩하는 대업이 아닌 자신들의 권력 창출과 출세를 위해 단종을 버리고 수양대군 편에 동조했던 만큼, 양육강식의 표본인 지배층의 착취구조로 전락된 가렴주구 현상은 당연한 결과였다.

지난 일은 후회해도 소용없지만 주문공처럼 조카 대신 훌륭하게 섭정하고 미련 없이 돌아섰다면 조선 왕조는 다른 각도로 흘러갔을 것이다. 복잡한 미로 속에 잘못 들어서 돌아가기에 늦어버렸다면 더 이상 혈육과 충신을 사사하는 일을 멈추고 선정을 베풀었어야 했다. 태종은 정도전의 아들을 살려두고 벼슬을 내렸으며, 2차 왕자의 난을 선동한 동복형인 이방간을 마지막까지 보살펴주지 않았던가. 말년에 국법을 어기며 불필요한 사찰을 건축하여 국력을 낭비하고, 전국 사찰을 방문하며 죽은 영혼을 달래준다고 과거 죽은 충신들이 환생하고 민심이 그를 너그럽게 포용해주는 것이 아니다. 어리석게 재정을 낭비하고 정사를 미룰 시간에 지혜를 발휘해 공신들을 제거하고 대납과 분경의 고단함을 호소하는 백성들의 고통을 해결하는 작업이 마지막 유종의 미였다.

나와 같은 배를 타고 뜻을 모았던 동지들이 내 권위에 도전해 올 때, 그들을 추락시키는 일이 얼마나 고된 투쟁인가? 그러나 쿠데타로 문을 연 군주는 고도의 전략과 용맹으로 구세력의 횡포를 차단하고 패기에 찬 젊은 인재를 포진시켜 다음 후계자와 백성들의 길을 밝혀 주어야 한다. 그래야만 그동안 저질렀던 일에 대한 이해와 용서를 구할 수 있고, 몇 백 년 후 역사가 그를 관대하게 판단해주기 때문이다.

태종도 인간인 이상 어찌 목숨을 내놓은 공신들에 대한 은혜를 몰랐겠는가. 처남들을 사사할 때 원경왕후에 대한 미안함, 사돈을 제거할 때 며느리의 슬픔을 알면서도 외면해야 했다. 왜 이러한 악역을 행했겠는가. 세조도 이시애의 난이 일어났을 때, 한명회와 신숙주를 감옥에 가두는 데서 그치지 말고 역모죄로 처형한 후, 한 단계씩 공신을 제거하고 그 재산을 백성들에게 나누어주고, 신진 엘리트 인재들을 적재적소에 등용했다면 이후 조선은 무척 안정된 국가 체제를 이루었으리라. 그러나 신숙주와 한명회를 방면하고 감옥에 갇힌 신숙주에게 물을 먹여준 남용신을 억울하게 거열형에 처하지 않았던가. 어찌 역모죄에 해당되는 거열형을 아무 죄 없는 신하에게 행한 일이 광기가 아니겠는가.

"한때의 분함을 참으면 백날의 근심을 면하고, 대장부는 마땅히 남을 용서해줄지언정 남에게 용서받는 이가 되어서는 아니된다." 는『명심보감』의 아름다운 글귀처럼, 사육신의 강직함을 견디지 못하고 참혹하게 사사한 일은 더욱 신망을 잃은 행동이며, 옥좌만 지키려 했지 백성과 국가의 미래를 위해 선정을 베풀지 못한 일은 마지막까지 용서받지 못할 실책이었다.

어느 시대나 그 상황과 백성이 요구하는 리더십이 있게 마련이다. 작은 국토와 적은 인구를 가진 나라이기에 독재라는 비난 속에서도 깨끗하고 단정한 도시국가를 추구하는 싱가폴의 이광요 수상의 정책이 환영받을 수 있었다. 최대 인구 보유국 중국이 싱가폴과 같은 정책을 수용할 수 없고, 우리 시대가 예전에 군사 독재시절로 돌아갈 수 없는 것과 같은 이치이다. 세종 이후 조선은 단종을 보좌할 주문공의 리더십을 원하는 상황이었고, 뇌물과 청탁을 사랑하는 한명회 같은 신하가 아닌 학문과 덕을 겸비한 학자들을 요구하는 시대였기에 세조의 출현은 결국 이후 조선의 파멸에 가장 근본 원인을 제공한 결과가 되고 말았다.

리더십은 시대에 부응해야 한다

『논어』「헌문」에 공자의 제자들이 군자에 대해 묻는 부분이 있다. 공자는 이에 대해 다음과 같이 답한다. "자기 수양을 통하여 공경스러워져야 한다. 자기 수양을 통하여 사람들을 편하게 해주어야 한다. 자기 수양을 통하여 백성들을 편안하게 해주어야 한다. 자기 수양을 통하여 백성들을 편안하게 해주는 것은 요임금과 순임금도 어렵게 여겼던 일이다." 결국 제일 중요한 핵심은 백성이라는 사실을 근본에 두고 설명한 대답이다.

또 제자들이 제나라 관중에 대해 토론을 벌이고 있었다. 제나라 군주인 양공에게 규와 소백이라는 두 아들이 있었다. 처음에 관중은 규를 도왔으나 나중에는 소백에게 가고 말았다. 소백이 바로 제나라 군주가 된 환공이며, 관중은 환공을 도와 제나라를 부유한 나라로 만들었다. 그러나 공자의 제자들은 규를 배신한 관중은 어진 사람이 아닌 것 같다고 스승에게 말했다. 공자는 "비록 관중이 규를 버렸으나 환공을 도와 제후의 패권을 잡았고 백성들에게 은혜를 내렸다. 보통 사람들이 사소한 신의를 지키기 위해 스스로 목매어 죽은 뒤 아무도 알아주는 사람이 없게 되는 것과 같겠느냐."며 관중을 칭찬했다.

유교의 창시자라 할 수 있는 공자도 겉으로 보이는 어설픈 신의보다 실속 있는 성과를 원했던 것일까? 철저한 유교 명분으로 국가 이념을 확립했던 조선에서 유교 이론에 모순되는 패륜 쿠데타를 일으킨 두 임금.

태종 vs 세조

할아버지와 손자 사이인 두 임금은 유사한 일을 하고도 할아버지는 공자의 이 같은 주장을 실증하듯 후대 비판을 피해 갈 수 있었지만, 손자는 할아버지가 본래 추구하고자 했던 이상을 자신의 지위를 편하게 하는 데만 이용했을 뿐이다.

『정관정요』의 편자 오긍도 중국 역사상 "당 태종만이 문무를 모두 겸비한 황제로 예로부터 지금까지 그만큼 훌륭한 군주는 없었다." 고 주장하고 있다. 그는 무엇보다 이세민의 통합과 섬김의 리더십을 높이 평가했다. 반대세력도 망설임 없이 포섭하여 통합의 정치를 이루고 백성을 국가 구성의 근본이란 전제로 위민정책을 위한 표준을 확립해나갔기 때문이다.

이방원도 이러한 역사에서 배운 바가 있었는지 이세민처럼 문무를 겸비했고, 정적 정도전의 아들을 비롯해 인재들을 포용했으며, 조선 초기 체제 기반을 정립한 후 백성들과 정권의 위협이 될 특권층인 공신들을 완벽하게 숙청했다. 이는 훗날 아들이 태평성대를 이끌도록 하면서 자신의 공로까지 아들에게 양보한 셈이었다. 그러나 세조는 할아버지 태종의 처세에서 골육상전만 흉내 냈을 뿐 정작 중요한 치세에서는 백성들을 절망으로 보냈으니 오직 역사에 오명을 남겼을 뿐이다.

궁예 vs 왕건

기득권층
그 뜨거운 감자를
다루는 법

사회에 필요한 개혁을 하는데 있어서 기득권층이 최대의 걸림돌이라는 점은
이미 상식이다. 그렇다고 그들을 박멸하겠다는 식으로 나가면 반발이 생기
고, 이를 극복하느라 무리하다가 좋은 결과를 보지 못한다. 그러나 이러한
무리를 피한다고 능사는 아니다. 반발을 피해보겠다고 기득권층을 방치하기
만 하다가는 결국 그들의 손에 국가 전체가 끌려다니게 된다. 그래서 기득
권층은 이래저래 뜨거운 감자인 것이다.

사회 속에서 살아가다보면, 그 사회를 실질적으로 움직이는 기득권 층의 존재를 느끼게 된다. 그리고 뭔가 시도하려 할 때마다 그들이 만들어놓은 벽에 부딪치는 것을 느낄 수밖에 없다. 이럴 때 이들과 맞서 그 벽을 뚫고 나아가느냐, 아니면 이들과 타협해서 편한 길을 찾느냐는 선택의 기로에 서게 된다. 여기서의 선택은 그 다음 단계에 결정적인 영향을 주기 마련이다. 타협을 선택하면 일단은 편해질 수 있다. 그렇지만 원하는 길을 가지 못하고 남의 손에 휘둘리기 십상이다. 반대로 맞서게 되면 당연히 가시밭길을 걸어야 한다. 그렇지만 잘 되면 상황을 주도적으로 이끌어 나아갈 수 있다.

　특히 통치자의 입장에서 이 문제는 심각하다. 국가사회를 이끌어 나아가다보면 문제가 있게 마련이고, 이를 바로 잡으려면 어떤 형태로든 개혁이 필수적이다. 그런데 문제 해결을 위해 개혁을 시도할 때마다 부딪치는 것이 기득권층의 저항이다. 사회 문제 대부분은 필요 이상으로 비대해진 기득권층의 특권 때문에 일어나기 때문이다. 그러니 동서고금을 막론하고 기득권층의 특권을 빼앗는 조치가 개혁이라는 것의 핵심이 될 수밖에 없다.

따라서 개혁 실시는 필연적으로 기득권층과의 갈등을 의미할 수밖에 없다. 통치자의 입장에서는 이때 마주칠 갈등에 대한 처리가 중요한 선택이 된다. 대개는 기득권층의 저항을 누르고 원하는 방향의 개혁을 추진하든가, 아니면 기득권층과 적당히 타협하고 문제 해결을 뒤로 미루든가를 선택해야 할 상황에 직면한다.

궁예와 왕건은 이러한 측면에서 상반되는 선택을 한 인물이다. 궁예는 당시 기득권층인 호족의 세력을 누르려 했고, 왕건은 이들의 특권을 인정하며 체제를 유지하려 했다. 그 결과 궁예는 권좌에서 쫓겨났고, 왕건이 그 자리를 차지하는 결과를 낳았다. 그렇지만 여기서 끝이 아니다.

왕건이 권좌를 차지하기는 했지만, 자신의 선택에 대한 대가는 다음 세대가 치렀다. 왕건의 후계자인 혜종은 강력한 특권을 가진 호족들의 등쌀에 시달리다가 죽었다. 혜종 이후에도 호족끼리의 상쟁을 막고 정국의 안정을 찾는 데 상당한 시간과 희생을 치러야 했다. 그리고 고려 왕조가 존속하던 내내 호족에서 전환된 귀족의 특권을 제대로 통제하지 못하여 결국 나라가 망하는 지경에까지 이르렀다.

밑바닥부터 다지며 올라선 궁예

궁예의 출신에 대해서는 확실하게 알려져 있지 않다. 신라 제47대 헌안왕과 이름 없는 후궁 사이의 소생이라는 설과 제48대 경문왕의 아들이라는 설, 제45대 신무왕의 숨겨진 아들이자 장보고의 외손이라는 설 등이 있을 뿐이다. 그의 탄생 역시 설화의 형태로 전해지고 있다. 궁예가 태어난 지 얼마 되지 않아 왕이 그를 죽이도록 명하였는데, 젖 먹이던 유모가 그를 구해 몰래 길렀다는 것이다. 이때 몰래 떨어뜨린 궁예를 받다가 손으로 눈을 찔러 한쪽 눈이 멀었다는 얘기도 같이 전해진다.

이러한 이야기를 근거로 궁예의 신분이 진골이었을 것으로 추정하기도 한다. 그의 출신이나 신분이 어쨌건, 신라에 대한 감정은 좋지 않았다. 그가 권력을 잡은 후 신라를 멸도(滅都)라 부르고, 부석사(浮石寺)에서 경문왕의 초상화에 칼질을 하는가 하면 '신라에서 항복해 온 자들을 처단했다'고 하는 기록이 남아 있는데, 그러한 성향이 진골귀족 중심의 골품제사회를 무너뜨리는 방향으로 추진된 궁예의 정책에도 큰 영향을 주었을 것으로 추정된다.

어린 시절을 불우하게 보낸 궁예는 열 살 무렵에 세달사(世達寺, 고려시대 흥교사)에 들어가 승려가 되고, 스스로 법명을 선종(善宗)이라고 지었다. 이때 얻은 승려로서의 경험이 있었기 때문에 훗날 미륵불을 자칭하고, 경전을 짓고 강설하는 일이 가능했을 것이다. 특히 그가 내세운 미륵신앙은 진표(眞表)의 영향을 받았을 것으로 본다.

장성한 궁예는 계율에 얽매이지 않는 등 일반 승려들과 다른 면모를 보였다. 당시 불교 교단의 타락에 실망하기도 했고, 승려 생활보다 현실 상황에 더 관심을 가진 결과였을 것이다. 사실 당시 사원은 신앙생활을 하는 곳으로서의 역할을 거의 잃어가는 상황이었다. 국가권력으로부터 각종 지원과 특혜를 받아 성장해온 사원은 권력의 앞잡이 역할을 할 수밖에 없었고, 혼란기를 틈탄 수탈에 시달리던 백성들의 공격 대상이 되어갔다. 민란에 의해 흥녕사(興寧寺)가 불타 버린 사건은 상징적이다.

사회가 이렇게 혼란스러워지자 각지에서 농민들이 반란을 일으켰고, 이를 이용하여 호족들이 독자적인 세력권을 만들어나갔다. 그중에서도 죽주(竹州)의 기훤(箕萱), 북원(北原)의 양길(梁吉), 무진주(武珍州)의 견훤(甄萱)등의 세력이 강했다.

궁예는 이와 같은 세상의 변화에 뛰어들었다. 어렵게 살아온 데다가, 나름대로 세상을 바로잡아보겠다는 야심을 가진 그로서는 필연적인 선택이었을 것이다. 그는 891년 세달사에서 나온 후, 기훤의 부하가 되었다. 그렇지만 기훤은 궁예를 그다지 잘 대우해주지는 않은 듯하다. 궁예는 892년 기훤을 떠나 양길(梁吉)의 부하로 들어갔다가 독립했다.

양길에게서 독립하면서부터는 면모가 달라졌다. 그 계기는 명주(溟州) 점령이었다. 892년 10월 양길의 명령으로 성공적인 원정을 수행하던 궁예는 894년 10월, 명주에 입성했다. 이때 궁예가 3,500명의 병력을 14대(隊)로 편성했다고 한다. 그리고 금대(金大)·검모(黔毛)·흔장(昕長)·귀평(貴平)·장일(張一) 등을 부장(部長)을 의미하는 사상(舍上)으로 삼았다. 나름대로 군대를 재편성한 셈이다.

이와 함께 의미심장한 기록이 나온다. 궁예가 '병졸과 더불어 어려움과 편함을 함께하였고, 관직을 주고 뺏음에 있어서도 공정하게 하였다'는 것이다. 그래서 많은 사람이 궁예를 '두려워하고 사랑하여 장군으로 추대'했다고 한다. 즉 궁예는 명주에서 사람들의 추대를 받아 장군이라는 칭호를 얻게 된 것이다.

이는 궁예가 명주에서 독립했다는 의미였다. 장군이라는 지위는 양길에게서 받은 것이 아니라 추대를 받아 오른 자리다. 스스로 장군을 자칭한 것도 궁예가 처음이라 한다. 그러니 이는 앞으로 누구의 간섭도 받지 않고 독자노선을 걷겠다는 선언이나 다름없었다.

명주를 안정시킨 궁예는 주변 세력을 흡수하기 시작했다. 먼저 북쪽 방면으로의 진출을 성공적으로 이루어낸 궁예는 결국 서쪽 방면으로도 세력을 넓혔다. 895년 8월 태백산맥을 넘어 한산주(漢山州) 관내 10군현을 차지한 것이다. 지금의 철원도 이때 차지했다. 철원 지역을 차지하면서 궁예의 세력은 크게 성장했다.

이때 많은 호족과 백성들이 궁예에 귀순해왔다. 특히 패서(浿西, 예성강 서쪽 황해도) 지역의 호족들 중 귀부(歸附)하는 자들이 많았고, 이들 중에 왕건 가문도 있었다. 896년에 송악의 유력한 호족 왕건 가문이 귀부한 것이다. 궁예는 이렇게 패서 지역 호족들의 세력을 모으는 데 성공을 거두었다.

여기까지 궁예의 행적을 보면 대단한 리더십을 발휘했다고 할 수 있다. 그는 아무런 기반도 갖지 못한 상태에서 사람들을 규합해 나아가는 능력이 뛰어났다. 기훤의 휘하에서 떠날 때부터 원회(元會), 신훤(申煊) 같은 친구들을 모았고, 양길 휘하에서 자기 부대를 편성해서 원정을 성공시킨 것도 통솔력을 보여준 것이다. 명주 점령 역시 그 지역 세력 일부를 잘 구슬러 무혈입성한 것으로 본다.

896년 철원에 도읍을 두고 세력을 키워나갈 수 있었던 기반도 그의 능력에서 비롯된 것이라 할 수 있다. 이와 같은 궁예의 능력은 처음부터 국가사회가 부여한 권위를 업고 사람들을 통솔한 사람들과 비교된다. 왕이나 장군 중에도 뛰어난 통솔력을 발휘한 사람은 많지만, 이들의 통솔력은 궁예의 것과는 차원이 다르다. 하다못해 전통적 지역 유지였던 호족처럼, 사람들이 따를 수밖에 없는 최소한의 권위를 가지고 사람들을 통솔하는 것보다 그런 권위 없이 순전히 자신의 능력만으로 사람들을 규합하고 통솔하는 것이 훨씬 어려운 것이다. 그런 측면에서 궁예의 통솔력은 크게 평가를 받을 만하다.

처음 철원에 자리를 잡고 세력을 키워갈 때만 해도 궁예가 그렇게 독선적이었던 것 같지는 않다. 패강진 호족들의 강력한 요청을 받은 궁예는 898년 7월에는 도읍을 송악으로 옮겼다. 이와 함께 왕융(王隆)을 철원태수로, 왕융의 아들 왕건(王建)을 금성태수로 임명했다.

이때 궁예는 패서도 및 한산주 관내 30여 성을 차지하고 있었다고 한다. 이렇게 큰 세력을 차지했음에도 송악으로 수도를 옮긴 것은, 천도를 통해 왕건 가문과 연결된 패서 호족들과의 결합을 굳게 하려는 의도였다. 이와 같이 궁예는 호족 세력과의 유대를 강화하는 데 상당한 정성을 기울였다. 그 역시 처음에는 호족의 그늘에서 성장할 수밖에 없었던 상황이 호족과의 연대를 강화하는 데 신경 쓰도록 만들었을 것이다.

피할 수 없는 기득권층과의 갈등

그러던 궁예의 정책이 달라지기 시작했다. 그 변화는 나라를 세운 것과 무관하지 않다. 궁예는 899년 7월에 자신의 이탈을 응징하려는 양길의 군대를 격퇴시켰다. 이를 계기로 900년 10월 남한강 유역까지 진출하였고, 통일신라의 9주 중 고구려의 옛 땅에 설치되었던 명주·삭주·한주의 상당 부분을 지배하게 되었다. 이를 바탕으로 901년에 철원에 도읍을 정하고 나라를 세웠다. 처음에는 나라 이름을 고려(高麗)라 하였다. 이때의 고려는 삼국시대의 고구려와 왕건의 고려와 구별하여 흔히 후고구려라고 부른다. 고구려의 후계자를 자처한 것이다. 궁예가 일어난 곳이 고구려의 옛 땅이었기 때문이다. 그는 고구려를 잇는다는 뜻에서 성을 고씨(高氏)로, 이름을 활 잘 쏘는 주몽(朱蒙)의 후예라 자처하여 궁예(弓裔)라 고쳤다. 또 당의 군대를 끌어들여 고구려를 멸망시킨 신라에 대한 복수를 다짐하기도 했다. 고구려 유민들의 호응을 기대한 것이었다. 또한 900년 견훤(甄萱)이 백제의 복수를 내세우면서 후백제를 건국하였음을 의식한 것이기도 하였다. 이렇게 해서 후삼국시대가 열렸다.

그는 세력기반이 강화되자 904년에 나라 이름을 마진(摩震)으로 바꾸고, 905년에는 도읍을 다시 철원으로 옮겼다. 이때 바뀐 국호 마진은 마하진단(摩訶震旦)의 약자이다. 마하는 산스크리트어로 '크다'는 뜻이다. 진단은 원래 중국을 뜻하는 말이었으나, 후에 '동방의 제국'을 뜻하는 말로 바뀌었다. 즉 마진은 '대동방국(大東方國)'이라는 뜻이 된다. 따라서 궁예는 나라 이름에서 대동방국을 이룩하겠다는 포부를 선포한 것이다.

이는 변화의 시작이었다. 이전까지는 고구려 부흥 같은 명분을 내세워 신라에게서 독립해 독자적인 세력으로 살아남는 데에 중점을 두어왔다고 할 수 있다. 나라 이름을 마진으로 바꾸면서부터는 내세우는 포부가 커진 것이다. 당시에는 중국에 통일제국이 들어서 있지 않았고, 만주에도 뚜렷한 세력이 없었다. 궁예는 대동방국의 이상을 내세워 북방으로 진출할 수 있는 기회라고 판단했다. 문제는 이러한 포부를 실천하기 위해서는 국가가 가진 자원을 보다 효율적으로 통제하는 것이었다.

그때는 민주주의 이념 같은 게 통용되던 시대가 아니다. 이런 시대에 한 국가의 자원을 효율적으로 통제하기 위해서는 권력의 집중이 필요했다. 여기저기서 자기들 하고 싶은 대로 움직여서는 국가가 일관된 정책을 유지하고 발전해나가기 어렵기 때문이다. 국가 발전을 위한 개혁이라는 것은 동서고금을 막론하고 기득권층이 지나치게 가지고 있는 특권을 빼앗아 국가가 통제하는 형태가 될 수밖에 없다. 궁예가 살았던 시대처럼 여러 세력이 나라를 세우고 생존경쟁을 하던 시대에는 더 절박한 과제가 된다.

궁예 시대에는 그 기득권층이 결국 호족이었다. 당시 호족은 자기 지역에서 사실상 왕이나 다름없는 권력을 행사하고 있었다. 이른바 '후삼국시대'에는 호족들 사이에 경쟁이 붙어 서로 생존을 위해 이합집산을 거듭하다가 크게 셋으로 뭉치게 된 형태라고 할 수 있다. 이 과정에서는 얼마나 많은 호족들을 자기 세력권으로 끌어들이느냐는 점이 성공의 관건이다.

그렇기 때문에 여기서 이율배반적인 과제가 생긴다. 많은 호족들을 끌어들이면 세력은 커지겠지만, 그렇다고 세력 확장을 위해 무조건 끌어들이는 데에만 신경 쓰다가는 세력권 안으로 들어온 호족들이 제멋대로 행동하는 것을 통제하기가 어려워진다. 호족들마다 백성에게서 세금을 걷고 통제하는 방식이 다르면 같은 나라 체제 안에서 다스리기도 어렵다. 더욱이 호족들 중에는 백성들이 불만을 가질 정도로 심한 착취를 하는 자도 나올 수 있다. 통치자가 이런 점을 제대로 통제하지 못하면 국가를 운영하기가 곤란해진다.

나라 이름을 마진으로 바꾼 뒤의 변화는 바로 이러한 배경에서 나온 것이라 할 수 있다. 여기에는 다른 세력들을 제압해나가고 있는 상황에서 얻은 자신감이 있었던 것 같다. 904년에 공주의 장군 홍기(弘奇)의 투항을 계기로 이 지역에 세력을 뻗쳤고, 905년에는 죽령의 동북지역에까지, 906년에는 상주 사화진(沙火鎭, 지금의 상주)을 차지하며 세력을 확장했다. 909년에는 왕건을 금성(錦城, 나주)에 파견해 후백제군을 몰아냈다. 나주 일대를 둘러싼 후백제와의 공방은 이후에도 계속되었지만, 남서 해안지역에 대한 지배권을 장악하는 계기가 되었다.

이와 같이 궁예는 여러 지역을 공략해 신라와 후백제를 위협하며, 이전 신라 영토의 2/3를 차지하는 개가를 올렸다. 이러한 상황에서 궁예는 나머지 세력을 제압하는 것뿐 아니라 통일 제국을 세운 이후의 구도까지 구상해야 했을 것이다.

관심법은 왜 나왔나

911년 궁예는 나라 이름을 또다시 태봉(泰封)으로 바꾸었다. 태봉은 크게 봉한다는 뜻이다. 연호를 수덕만세(水德萬歲)로 바꾸었다. 914년에 다시 연호를 정개(政開)로 고쳤다.

이때부터 궁예는 미륵불을 자칭하면서 나라를 이끌어갈 권위를 찾았다. 자신의 큰아들을 청광보살(靑光菩薩), 작은아들을 신광보살(神光菩薩)이라 하고, 복장이나 행차에 있어 나름대로 미륵불처럼 꾸몄다. 몸에는 방포(方袍)를 입고, 외출할 때는 백마를 타고, 채단으로 그 갈기와 꼬리를 장식했으며, 동남(童男) 동여(童女)로 하여금 범패(梵唄)를 부르며 뒤따르게 했다. 그는 기존의 불교를 멸시하고 스스로 불경 20권을 지어 읽게 하고, 법회를 자주 열었다. 이를 진표 이래의 미륵신앙을 계승했을 것으로 보는 견해도 있다. 또 불교 경전 20여 권을 짓고, 강설하기도 했다. 이를 통해 자신이 하생한 미륵불이며, 이상세계를 만들려 한다는 메시지를 전하려 한 것이다.

그러면서 궁예는 나랏일을 총괄하는 광평성(廣評省)을 중심으로 관제를 정비해 국가의 면모를 갖추었다. 광평성은 화백의 전통을 이어, 국가의 중대사에 대한 호족들의 의견을 수렴하던 관부였을 것으로 여기기도 한다. 궁예정권이 아직 호족연합정권의 성격을 벗어나지 못하고 있었음을 반영한다는 것이다.

여기까지는 나라를 세우면서 보통 보여주는 개혁 정도로 보인다. 그런데 이후 궁예가 난폭해졌다. 궁예는 자신의 강설에 악평을 한 석총(釋聰)을 때려 죽였다. 그리고 미륵관심법(彌勒觀心法)을 내세워 반란의 음모를 알아본다며 의심 가는 사람들을 제거해나갔다. 여기에 반발하면 가차 없이 처단했다. 궁예를 제지하려 했던 부인 강씨(康氏)와 두 아들까지도 역모로 몰려 죽었다. 원래 관심은 본래 마음의 본바탕을 바르게 살펴본다는 것인데, 궁예는 이를 통해 사람들의 비밀을 알 수 있다며 역심을 알아보는 데 이용한 것이다.

궁예가 왜 이렇게 난폭해진 섯일까? 혹자는 그가 진골 귀족 출신으로서의 특권과 권위를 회복하려고 남다른 집착을 했다고 보기도 한다. 그러나 이는 지나친 해석인 것 같다. 궁예가 취한 개혁의 내용을 보면 특권과 권위에 그렇게 집착한 것 같지 않기 때문이다.

미륵을 자칭하며 호화로운 행렬을 따르게 했다는 사실 등이 이런 추측을 부른 것 같다. 그렇지만 국왕에게 행렬이 따르는 것은 당연한 일이다. 또 8만 이상의 사람이 따랐다는 진표에 비해 그리 호화로운 것도 아니었다. 미륵을 자칭하며 권위를 세우는 데 집착했다는 점도 마찬가지다. 당시에는 통치자를 석가나 미륵 같은 부처와 동일시하는 것이 일반적이었다. 웬만한 통치자가 다 하는 일을 했다고 해서 궁예만 특별히 권위를 찾는 데에 집착했다고 비난받을 일은 아니다.

궁예가 변한 진정한 이유는 개혁을 위한 통치권의 확립에 있었다. 궁예는 중앙집권적인 관료체제를 확립하고 능력에 따른 인사를 하고자 했다. 그 점은 궁예의 관제 개혁에 나타난다. 궁예는 911년 나라 이름을 태봉으로 바꾸면서 관직체계도 바꾸었다. 이때 태봉의 관직체계는 9등급으로 체계화되었고, 이는 골품제 같은 신분체제가 아니라 명실상부한 관직체제에 가까웠다는 것이다. 즉 신라가 신분을 중시하는 체제였던 데 비해, 능력 위주로 관료를 쓰겠다는 뜻을 밝힌 셈이다.

또 미륵을 자칭하고 직접 책을 지어 강설까지 한 것은 불교계를 자신의 통제 아래에 두겠다는 의도였다. 그런 면에서 궁예는 개혁을 통한 사회구조 변화를 시도했다고 할 수 있다. 문제는 이러한 개혁이 당시의 기득권층인 호족들에게 어떻게 받아들여졌겠느냐 하는 점이다.

누가 개혁에 반기를 드는가

사실 호족들의 입장에서는 궁예의 개혁이 달가울 리 없었다. 신라의 골품제가 좋을 것은 없었겠지만, 이들이 원했던 것은 신분제 자체를 없애는 것이 아니라 자신들이 특권층 자리를 차지하는 것이다. 그러니 통치자가 원하는 인재를 골라 관리로 임명하는 체제가 달갑게 받아들여질 리 없었다.

궁예의 입장에서도 이러한 반발에 대처할 방법을 찾아야 했다. 도읍을 다시 철원(鐵圓)으로 옮기고, 청주(淸州) 백성 1천 호를 철원으로 옮긴 조치도 그러한 맥락에서 보아야 한다. 왕건 가문의 본거지였던 송악을 떠나 자신이 처음 도읍하였던 철원으로 되돌아갔던 것은 패강진 호족들의 영향력으로부터 벗어나려는 의도였다.

정치적 기반으로서 중요한 역할을 하였던 청주 사람들을 옮긴 것도 그러하다. 패서 호족과 관계가 먼 그들이 수도로 옮긴 것은 패서 호족에 대한 견제가 되는 동시에 궁예 자신의 세력기반으로 삼은 셈이다. 즉 옛 백제 지역 출신들을 수도로 끌어들임으로써, 고구려계가 주류인 중앙의 호족 세력을 견제하도록 유도한 것이다.

미륵을 자처한 것도 이러한 맥락에서 파악할 수 있다. 미륵을 내세워 호족들이 함부로 범할 수 없는 권위를 만들어놓고 원하는 개혁을 추진하려는 의도였다. 그러나 이러한 조치가 원하는 효과를 내지는 못했다.

아지태(阿志泰)는 철원으로 이주해서 궁예에게 붙은 인물의 대표격이었다. 본래 남을 속이고 아첨하기를 좋아하였는데, 궁예에게 고향 사람들을 모함하여 시비가 가려지지 않다가 913년 왕건이 진상을 밝혀 처벌을 받았다고 되어 있다. 아지태 사건의 자세한 전말을 알 수는 없지만, 청주 사람들 사이에서 갈등이 생긴 사실만은 분명하다. 자신의 세력을 다지려 이주시킨 청주 세력들이 분열되어 말썽만 일으킨 셈이다. 결국 청주 사람들을 세력 기반으로 이용하려던 궁예의 시도는 그리 효과를 보지 못한 결과가 되었다.

미륵을 자처한 데에 대한 불교 승려들의 반발도 컸다. 궁예의 강설을 사설(邪說), 괴담(怪談)이라고 비난하였다가 철퇴에 맞아 죽었다는 석총(釋聰)이 그 대표적 사례다. 석총뿐 아니라 기존 교단의 승려들에게 미륵을 자처하는 궁예의 행각이 좋게 비칠 리는 없었다.

궁예에 반기를 든 계층은 이들뿐만이 아니었다. 동궁기실(東宮記室)을 지냈던 박유(朴儒) 등 유학자들, 패서 호족을 비롯하여 정치적 권력을 나누고자 기대하였을 호족들도 반감을 가졌다. 청주 출신이나 무인 출신들 중에서도 그러한 예가 나타난다. 부인은 물론 보살로 삼았던 두 아들마저 죽였던 사실을 보면, 당시 조정에서 그에 대한 비판을 넘어 도전의 움직임이 있었던 것으로 보인다. 호족에 의지하여 성장했다는 점이, 개혁에는 걸림돌도 작용한 셈이다.

궁예의 지지세력은 이러한 정책과 체제의 속성상, 그에게 충성하는 소수의 인물들에 의하여 유지될 수밖에 없는 것이었다. 허월(許越) 등 명주 출신, 종간(宗侃) 등 승려들, 은부와 이흔암(伊昕巖)과 같은 무인 출신, 청주 출신 일부 등이 그 지지세력으로 지목되고 있다.

결정적인 타격은 백성들에게 큰 부담은 안긴 데에서도 생겼다. 이른바 후삼국을 통일하고 대동방국의 포부를 실현하기 위해서는 군비를 비롯해서 큰 비용이 들었다. 또한 새 수도 건설을 위한 노역과 세금 부담이 커졌다. 이 비용은 결국 백성들에게서 거두어들이는 세금에 의지할 수밖에 없었다. 흉년까지 겹쳐 백성의 생활이 곤궁해졌다. 이러한 상황에서 농민들에게 과중한 세금이 부과되며 민심까지 잃었다.

궁예와 달랐던 왕건의 전략

이와 같은 반발로 궁예 정권은 총체적인 위기에 처했다. 패서 호족들을 중심으로 혁명의 기운이 감돌았다. 궁예의 개혁에 대한 반발로 등장한 인물이 왕건이다. 현재 남아 있는 왕건의 가계는 고려를 세운 뒤에 직계조상을 추증하는 과정에서 급조한 흔적이 보인다. 할아버지 대에서 왕건까지 3대의 이름이 모두 끝에 건(建)자로 되어 있는 것도 특이하다. 그래서인지 신비스럽게 포장되어 있는 부분이 많다. 할아버지인 작제건(作帝建)이 용왕의 맏딸과 혼인해 개주(開州), 정주(貞州, 風德), 염주(鹽州, 延安), 백주(白州, 白川)등 4주와 강화(江華), 교동(喬洞), 하음(河陰)등 3현(三縣)을 거느렸다고 하는 부분이 대표적인 사례다.

그러나 이는 왕건의 가문은 예성강·임진강과 강화도를 연결하는 해상세력이었고, 이러한 기반이 왕건의 아버지인 용건(龍建, 왕융(王隆))에게 연결되어 해상무역으로 세력을 키워간 것이다. 물론 왕건 가문이 궁예와 대적할 수 있는 정도는 아니었다. 왕건 세력이 대단했다면 궁예에게 쉽게 귀부하지도 않았을 것이고, 궁예가 중용하지도 않았을 것이다. 용건이 귀부함에 따라 궁예는 한강, 임진강, 예성강 일대를 세력권 안에 넣게 되었다. 용건뿐 아니라 패서 호족들이 모두 궁예에게 투항한 것이다.

궁예 휘하로 들어간 왕건은 가문의 배경보다는 자신의 능력으로 출세했다. 왕건은 참전한 전투마다 승리했다. 913년 왕건은 궁예의 신임을 얻어 파진찬 겸 시중(侍中)이 되었다. 이때 궁예는 대동방국의 포부를 내세우며 개혁을 진행시켜가고 있었다.

왕건 일파는 바로 이런 궁예의 개혁에 반발했다. 왕건 수하의 장수들이 정변을 일으킨 것이다. 그들은 918년에 궁예를 몰아내고 왕건을 추대했다. 왕건이 궁예 축출의 깃발을 들자 수만 명의 군중이 뒤를 따랐다고 되어 있다. 궁예는 궁전에서 쫓겨나와 부양 골짜기에서 채 익지도 않은 보리 이삭을 훑어 먹다가 농민들에게 맞아 죽었다고 한다. (전설에는 궁예가 전곡을 지나 최후의 결전을 벌였다는 보개산성이 있는 것으로 보아 끝까지 저항한 흔적이 보이기도 한다. 궁예가 최후에 패해 달아났다고 하는 '패주골'도 있고, 왕건에게 쫓겨 명성산으로 가면서 한탄했다는 군탄리(君歎里)도 있다.)

그런데 이런 기록에는 감안해야 할 점이 있다. 궁예가 패자라는 점이다. 기록은 승자인 왕건 쪽에서 만든 것이다. 따라서 포악한 궁예의 모습은 과장된 것일 수 있다. 반면 승려 출신이 단신으로 일어나 후삼국에서 가장 강한 나라를 세운 능력과 포부는 매장되었다.

궁예의 불행은 호족세력에 의존해 성장했으면서도 그 한계를 벗어나려는 시도를 한 데 있었다. 혼란기에 민심을 수습하고 국력을 키워간 궁예의 개혁은 중앙집권체제 건설의 모범이었고, 그가 만든 태봉 관제(泰封官制)는 고려 관제의 기초가 되었다. 그러나 이 개혁이 호족들의 반발로 무산되고 만 것이다.

태봉정권 말엽에 상인 왕창근(王昌瑾)이 백발노인에게서 산 옛 거울에 궁예의 멸망과 왕건의 등장을 예언하는 내용이 적혀 있었다는 설화도 있다. 그러나 이는 나중에 만들어졌을 가능성이 크다. 왕건이 즉위 다음 날 발표한 조서에는 폭정에 시달리던 백성들의 세금과 부역을 덜어 주고 호족들을 다독이는 내용을 담겨져 있었다.

그러나 일부 호족들은 왕건의 정변에 반발했다. 환선길(桓宣吉), 이흔암(伊昕巖), 명주장군(溟洲將軍) 김순식(金順式) 등이 반란을 일으켰고, 청주에서도 순군리(殉軍吏) 임춘길(林春吉), 청주수(靑州帥) 진선(陳瑄)등의 저항이 있었다. 공주 등 여러 곳의 일부 성은 후백제로 귀순해버리기도 했다. 이는 왕건이 정권을 탈취한 이후에도 그에게 저항하는 세력이 만만치 않게 남아 있었다는 뜻이다. 그리고 이는 기록에 나타난 것만큼 왕건의 정변이 지지를 받았던 것도 아니고, 궁예가 일방적인 폭정을 편 것도 아니었음을 시사한다.

문제의 기득권층 견제와
협력의 묘수를 찾아라

왕건은 호족들과 겹겹의 인척관계를 맺거나 신하들에게 성씨를 내려주는 등 호족 세력을 자기 편으로 끌어들이려는 정책을 펴면서도 한편으로는 호족 세력에 대한 견제도 병행했다. 호족들의 아들들을 송악에서 수학하게 만들었는데 이는 궁예 때부터 실시되던 제도로, 호족의 자제들을 볼모로 삼는 의미가 있었다.

이러한 정책은 왕건이 살아 있을 때에는, 분열된 나라를 통일하고 고려 정권을 안정시키는 데에 큰 도움이 되었다. 그러나 그가 죽고 난 뒤에는 정반대 결과를 가져올 수 있었다. 이를 우려한 왕건은 이복 남매들끼리의 혼인까지 추진했다. 이복형제들을 등에 업은 호족들의 움직임을 경계하는 한편, 왕실 내부의 단결을 강화시키려 했던 것이다. 또한 왕실 혈통의 순수성을 유지하고 왕권을 안정시키기 위한 특별한 조치이기도 했다.

그런데 이 정책은 호족들의 반발을 불렀다. 호족들은 왕실의 외척이라는 신분을 이용하기 시작했고, 급기야 이복형제들을 내세운 호족들의 경쟁으로 고려는 혼란에 휩싸였다. 왕건 사후 왕권은 호족들의 음모와 정변에 의해 혜종에서 정종으로 불안정하게 교체된다. 이와 같은 정치적 불안과 갈등의 근원은 왕건 때에 통제하지 못한 호족세력과 미약한 왕권의 관계에서 빚어진 것이라고 할 수 있다.

왕과 신료 대다수의 의견이 맞설 경우, 왕이 자신의 소신대로 정책을 펼 수 없었던 것이 고려 왕조의 분위기였다. 고려 관료제가 태봉의 것에서 나왔다고는 하지만, 같은 제도라도 어떻게 운영하느냐에 따라 큰 차이가 난다. 이 점도 궁예와 왕건의 선택에 따른 차이라고 볼 수 있다. 그래서 조선과 비교할 경우, 전반적으로 고려의 왕권이 약했다는 평가를 받는다. 왕건이 끼운 첫 단추의 영향이 적지 않았다고 할 수 있겠다.

호족은 정권에 힘이 되면서도 한편으로 위협이 되었다. 이들을 대하는 왕건과 궁예의 태도는 서로 달랐다. 이 점은 오늘날에 주는 시사점도 크다. 사회에 필요한 개혁을 하는데 있어서 기득권층이 최대의 걸림돌이라는 점은 이미 상식이다. 그렇다고 그들을 박멸하겠다는 식으로 나가면 반발이 생기고, 이를 극복하느라 무리하다가 좋은 결과를 보지 못한다. 그러나 이러한 무리를 피한다고 능사는 아니다. 반발을 피해보겠다고 기득권층을 방치하기만 하다가는 결국 그들의 손에 국가 전체가 끌려다니게 된다. 그래서 기득권층은 이래저래 뜨거운 감자인 것이다.

인수대비 vs 폐비 윤씨

엄친딸
시어머니가
신데렐라
며느리를 만났을 때

성종시대는 유교 질서의 기틀을 확립한 문치주의를 기반으로 여성들에게도
체계적인 유교 규범을 강조해가고 있었고, 자신처럼 완벽한 부덕의 가르침
을 요구했던 인수대비와 그렇지 못했던 며느리의 갈등은 피할 수 없는 숙명
이었다. 따라서 단순히 홀어머니가 며느리를 질투한 가정사의 문제가 아니
었다.

우리 사회에 신유행어처럼 등장한 '엄친아', '엄친딸'이란 단어의 의미를 잘 알고 있을 것이다. 이미 우리에게 익숙한 이 표현은 주로 완벽한 조건을 겸비한 '엄마 친구 아들, 엄마 친구 딸' 등을 지칭하는데 각 분야에서 '엄친아', '엄친딸'을 선발해 화제를 삼기 시작하며 사회적인 열풍을 일으켰다. 심지어 한 다큐멘터리에서는 엄친아 열풍에 대해 심각한 사회 문제를 제기하기도 했다.

　이러한 '엄친아', '엄친딸'이 조선 시대에도 존재했다면 그들은 과연 누구였을까? 일단 조선판 '엄친아'는 뒤로 하고 대표적인 '엄친딸'을 찾은 결과 소혜왕후(昭惠王后, 1453~1504) 한씨가 떠올랐다. 소혜왕후 한씨는 사실 남편이 왕위에 오르지 못하고 세자 시절 요절했으므로 중전이 되지는 못했지만, 덕종(德宗)으로 추존된 세조의 큰 아들 의경세자의 부인이며 성종(成宗)의 어머니이다. 바로 인수대비(仁粹大妃)로 역사와 대중들에게 친숙하게 알려진 여인이다.

　요즘 흔히 '엄친딸'은 미모, 높은 지적 능력, 집안 배경 등 가히 남들이 부러워할 모든 조건을 충족한 여자를 일컫는데, 이는 동서고금을 막론하고 어느 시대나 모든 인간이 추구하는 조건이기도 하다. 다만 엄격한 신분 질서가 존재하던 근대사회는 태어나는 순간 자신의 노력과 상관없이 신분과 직업이 정해져 있었고, 그 굴레를 벗어나는 건 코끼리가 바늘구멍을 통과하기보다 힘든 일이었다. 반면에 왕족이나 사대부 가문에서 귀하게 성장했어도 역모나 모반죄, 살인죄 등에 연루되어 하루아침에 노비 신분으로 맥없이 추락하는 파란만장한 삶을 살다간 비련의 여인도 존재한다.

　정치적인 사건에 관여해 그 신분이 추락한 대표적인 여인이 세조에 의해 왕위를 찬탈당한 단종의 누나 경해공주다. 그녀는 공주에서 노비로 추락했고 그 당시 사육신을 비롯한 역모 관련자들의 집안 여인들도 노비가 되었다. 이처럼 한순간에 수발을 받던 신분에서 수발을 들어야 할 신분으로 추락했을 때, 당한 쪽의 심정은 천국에서 지옥으로 떨어지는 고통이었을 것이다. 하지만 반대로 신분 상승의 행운을 잡는 여인도 존재한다. 세상은 상대방을 불행하게 하고 그것을 자신의 행복으로 가는 길잡이로 삼는 인간들 간의 살벌한 전쟁터가 아니던가.

　조선판 엄친딸 인수대비. 물론 그녀는 당시 조선 최고의 명문가에서 성장한 지식인 여인이었기에 밑바닥 신분에서 높은 신분으로 상승한 특수한 경우는 아니었다. 또한 갑작스런 행운을 얻은 것도 아니었다. 다만 결혼할 당시는 그저 왕자의 아내였다가 얼마 후 차기 국왕이 될 세자빈에 올랐다. 이제 여인으로서 더는 올라갈 길이 없는 조선 왕실 최고 여인의 지위를 차지하는 행운을 얻었지만 이것은 우연이 아니었다. 처음부터 야심찬 수양대군의 각본이 있었고, 그 각본을 완성하기 위해 막강한 그녀의 집안 배경이 필요했기 때문이다.

그러나 그 길이 그저 순탄하지는 않았다. 완벽한 엄친딸 한 씨가 조선 최고의 여인이라는 자리를 원래 주인과 바꾸기 위해 죄 없는 사람들이 너무나 많은 피를 흘렸다는 사실을 그녀도 알고 있었다.

조선의 대표적 엄친딸 인수대비

인수대비 한씨는 조선 초 명문가인 청주 한씨 가문 사람으로 아버지는 한확(韓確, 1403~1456)이다. 이 가문이 명문가로 성장할 수 있었던 배경에는 조선 성립 초기에 명나라와의 사대정책에 따른 외교 관계가 큰 역할을 했다. 당시 조선이 시행했던 명나라와 외교정책 중 하나인 공녀(貢女) 문제였다. 이 가슴 시린 희생양 공녀가 오히려 한씨 가문을 조선 최고 명문가로 성장할 수 있는 토대를 마련해준 결정적인 계기가 되었다.

명나라에 사대하고 조공을 바쳐야 했던 상황에서 가장 큰 문제는 물건이 아닌, 조선의 여자를 먼 타국으로 보내야 하는 공녀 문제였다. 이 문제는 가장 가슴 아프고 해결하기 힘든 과제이기도 했다. 명나라에서는 태종 때 사대부 가문의 여자들을 공녀로 요구했는데, 당연히 사대부 가문에서는 딸을 보내려 하지 않았기에 임금도 이 문제는 해결하기 어려운 난감한 입장이었다. 이때 한확의 누이이자 당시 인수대비의 고모였던 한씨 처녀가 공녀로 선발되어 명나라 황제를 모시게 되었다. 덕분에 한확의 인생과 그 집안의 운명이 무한한 영광의 빛을 발하는 결정적인 행운의 길이 열리게 되었다.

1408년 4월 16일(태종 8년)에 명나라 영락제는 환관을 보내 진헌마 3천 필과 공녀를 바치라는 칙명을 내렸다. 태종은 나라에 금혼령을 내려 사대부 가문의 딸 중 13세 이상 25세 이하의 처녀를 대상으로 공녀 선발을 시작했다. 혹시 공녀 선발을 피하기 위해 딸을 몰래 시집보내거나 숨길 경우에 가문을 비롯해 고을 수령까지 처벌하는 무서운 결단을 내렸다. 지엄한 명령에도 불구하고 금혼령을 어긴 관료들이 삭탈관직(削奪官職)되어 귀양을 가는 등 무거운 형벌을 받았다.

돌아올 일을 기약할 수 없고 남의 나라 늙은 황제 시중이나 드는 공녀는 가난한 서민들도 피하고 싶은 의무였다. 그러니 명문 사대부 가문에서 귀하게 기른 딸을 보내고 싶지 않은 심정이야 말할 것도 없었다. "공녀를 데리고 갈 때 각 처녀의 부친 또는 남자 형제가 동행했으며, 행차가 지나는 길에 처녀들의 부모와 친척의 통곡소리가 길에 연하였다."는 태종 8년 11월 12일의 기록처럼, 국가 간 이해관계에 희생된 여자들의 비극적인 심정은 짐작하고도 남는다. 실제 역사의 기록으로도 공녀가 되어 명나라 황제를 모신 여인들은 불행한 죽음을 피할 수 없었기 때문이다.

그런데 한확의 누이였던 한씨 처녀는 명나라에 공녀로 뽑혀가 당시 황제였던 영락제의 총애를 받기 시작했다. "마누라가 예쁘면 처갓집 말뚝 보고도 절을 한다."는 옛 말도 있는데, 한씨 처녀를 특별히 아꼈던 영락제가 한씨 가문에 어떤 은혜를 내렸겠는가? 조선 왕의 후궁이 되어도 그 가문이 편해지는데, 하물며 당시 세계의 중심이며 조선이 모셨던 상국인 명나라 황제의 후궁으로 입지를 굳혔으니 오라비인 한확이 조선에서 출세 가도를 달리게 된 것은 이상할 것이 없었다. 영락제는 한확에게 광록시소경(光祿寺少卿)이란 명나라 벼슬까지 내려주었고, 조선 조정에서도 명나라와 해결해야 할 외교 문제는 한확을 통해 처리하게 했다.

당시 명 황제 영락제는 조카를 죽이고 충신들을 제거한 후 황제의 자리를 차지한 무서운 존재였다. 때맞춰 승승장구하던 한확은 훗날 사돈이 될 수양대군이 영락제를 전범 삼아 왕위를 차지하기 위해 자신의 딸을 며느리로 선택할 계획임을 어느 정도 직감하고 있었다. 영락제는 그 행위가 증명해주듯이 성격이 광폭(狂暴)하고 의구심이 많았던 탓에 주변 사람들을 곤욕에 빠뜨릴 때가 많았는데, 이런 영락제의 후궁이 된 어린 한 씨의 황궁에서 삶이 순조롭지만은 않았을 듯하다. 겉으로 화려해도 마음은 한 순간도 편하지 않은 감옥 같았을 것이다. 훗날 영락제가 죽은 후 명나라 풍습에 의해 30여 명의 후궁을 순장시켰는데, 이때 한씨도 순장으로 생을 마감했다. 명나라 황제의 후궁으로 황실에서 부족함 없이 생활했겠지만, 결국 그녀의 일생은 가문과 국가에게 영광을 안겨주었을 뿐, 한 여인으로서의 삶은 비참함 그 자체였다.

이렇게 명 황제의 보호 아래 기세등등한 최고 명문가의 딸이라는 배경과 미모와 지성을 겸비한 인수대비. 현대 사회로 비유하면 조선판 최고의 엄친딸로, 분홍빛 화려한 꽃들을 수놓은 평탄대로를 향해 달리던 그녀에게도 거친 눈보라가 덮치며 차가운 시련을 맞게 된다.

오를 수 없었던 중전의 자리

왕위 찬탈에 성공한 세조는 무엇보다 명의 고명을 받는 일이 가장 중요하고 급한 과제였다. 국가적인 행사에는 언제나 명의 형식적인 승인절차를 거쳐야 했듯이, 국왕으로 인정받을 수 있으려면 자신의 일을 명나라에 보고해야 했다. 더군다나 세조의 경우는 자연스런 왕위 계승 원칙에 따른 정상적인 즉위가 아닌, 유교적 질서에 어긋나는 왕위 찬탈이었으니 더욱 조심스럽고 두려운 절차였다.

이 과정을 순조롭게 해결해준 인물이 사돈인 한확과 당시 세조가 아끼던 만능 재주꾼 신숙주이다. 그러나 불행히도 한확은 세조에게 기쁜 소식을 안고 돌아오던 중 운명하고 만다. 인수대비에게 아버지의 죽음은 슬픈 소식이었지만, 명의 승인을 받은 후였기에 자신의 지위가 흔들릴 일은 없었다. 오히려 더욱 평탄한 길이 기다리고 있었다. 이제 명나라의 승인까지 받아 정식 국왕이 된 시아버지 세조를 이어 남편이 다음 왕이 되면 자신은 그토록 염원하던 조선 최고 여인의 꿈을 이루기 때문이다.

그러나 하늘은 어린 조카를 죽이고 차지한 불의한 왕좌를 순탄하게 눈감아 주는 도량을 베풀 수 없었는지, 남편인 의경세자를 데려가시고 세자빈을 꽃다운 나이에 쓸쓸한 과부로 만들어놓았다. 원대하게 꿈꾸었던 조선 최고 여인의 자리를 한순간에 반납할 때가 다가온 것이다.

결국 시동생이 세자로 책봉되면서 과부가 된 그녀는 남겨진 자식들과 궐 밖을 나와 남편의 명복을 빌면서 조용히 살아야 했다. 하지만 여기서 주저앉아 넋 놓고 세월을 보낼 인수대비가 아니었다. 조선 최고 가문의 재력과 명예를 이용해 무너진 야망과 꿈을 향한 도전을 다시 시작했다. 그녀 특유의 무섭고 냉혹한 기질을 발휘해 숙명적인 모험에 승부를 걸었다. 그녀는 당대 최고의 모사꾼이며 권력의 실세인 한명회와 결탁하여 다시 최고의 여인이 되려는 야심찬 꿈을 이루기 위한 계획을 세워나갔다. 그것은 어느 시내나 가장 단단한 관계로 확실한 내 편으로 만드는 방법인 혼인을 통해 세력을 넓히는 전략이었다. 고려 개국 초기 왕건이 각 지방 호족의 반란을 막기 위해 호족 딸들과 정략적인 혼인 관계를 유지한 것처럼, 그녀도 한명회의 딸과 자신의 둘째아들을 혼인시켜 사돈 관계를 맺으며 못다 이룬 야망을 향한 일차 준비를 실현시켰다.

훗날 왕위에 오른 예종이 1년 조금 넘는 짧은 재위 기간 만에 의문의 죽음을 당하는 배후에는 한명회를 비롯한 훈구세력과 정희왕후, 그리고 숨은 공로자 인수대비가 관여했을 가능성이 크다. 그러나 죽은 자는 아무리 기다려도 해명을 할 수 없듯이 모든 영광은 살아 있는 승리자의 몫이었다.

궁궐 밖에서 숨죽이던 오랜 세월을 뒤로 하고 다시 궁궐로 돌아오는 그녀는 훌륭한 조선판 '엄친딸' 그 자체였다. 비록 남편을 일찍 보내는 불운한 젊은 시절을 보냈지만, 결국 자신의 핏줄로 조선 왕실을 잇는 최후의 목표를 달성했으니 중전은 못 되었어도 대비의 꿈은 이룬 임금의 어머니로서 완벽한 모습이었다.

재색을 겸비했던 완벽한 여인의 표본

인수대비의 미모에 대한 기록은 찾을 수 없지만, 그녀의 고모 명나라 성조(영락제)의 후궁 여비와 선종(성조 손자)의 후궁인 공신부인의 미모를 통해 짐작해보면, 한씨 가문 여인들은 미모가 빼어났던 것 같다. 인수대비의 미모도 그 집안의 유전자를 이어받았다면 아름다웠을 것으로 짐작된다.

엄친딸의 조건인 좋은 집안, 미모를 갖췄다면 다음 조건인 훌륭한 지성은 어떠한가? 사실 미모는 그저 짐작이지만 당시 인수대비의 교양과 지식이 조선시대 여인들 중 최고인 것만은 확실하다. 아무리 명문가의 규수로 성장했어도 그 시절 여자들은 기본적인 소양에 따른 언문으로 된 가벼운 책만 보았을 뿐 경전 공부는 사대부 남자들의 몫이었다. 인수대비가 관료로 선발된 수재들이 평생 탐독했던 사서삼경을 비롯해 각종 한문으로 된 역사서적을 쉽게 읽고 쓸 수 있을 만큼 학문에 탁월한 두각을 보였다는 기록이 있다.

이를 증명하듯 인수대비는 조선 여성들을 유교 이념에 적합한 방식으로 교육시키기 위해 1475년(성종6)『내훈(內訓)』을 저술하기도 했다. 그녀가 평소 방대한 양의 유교 서적을 탐독하고 소양을 닦았기에 수준 높은 책을 저술할 수 있었던 것만은 분명하다. 또한 해석하기 힘든 산스크리트어와 한자, 한글이 조합된 불교 서적을 읽고 직접 저술할 정도의 경지에 도달한 일은 당시 웬만한 높은 벼슬을 지닌 사대부의 학문 능력을 초월한 식견을 갖추었음을 증명해주는 놀라운 일이다. 유학자이면서 불교 신봉자라는 이중적인 가치관을 지닌 여성, 여성의 순종을 강조하면서도 남성들의 무대인 정치에 두각을 드러낸, 활동적이고 진취적이며 강인한 성품의 여인이었다.

인수대비는 여러 불교 서적을 간행하면서 각종 불교 행사를 주관했고, 승려들과 친분이 두터워 1492년 성종이 도첩제(度牒制)를 폐지할 때 언문 편지를 보내 반기를 들기도 했다. 물론 유교국가에서 인수대비의 이런 행동을 못마땅하게 여긴 신료들의 반발은 당연했다. 신료들은 여자가 정치에 관여해 정사를 어지럽히고 있다며, 인수대비의 이 같은 불교에 대한 관심과 승려를 두둔하는 행위를 비난하기도 했다.

1469년 마침내 그녀가 기다리던 역사적인 순간이 펼쳐졌다. 자신의 둘째 아들이 보위에 오르니, 그가 바로 조선 9대 임금인 성종(成宗)이다. 예종의 아들인 제안대군(齊安大君)이 있었지만 아직 어린 나이에 불과하여 의경세자의 둘째아들이 왕위를 이어받게 되었다. 사실 나이가 어리다는 것은 표면적인 이유일 뿐이었다. 이미 왕권을 초월할 만큼 막강한 훈구세력들과 충돌했던 예종의 의문사는 한명회를 비롯한 훈구대신들이 이루어낸 완벽한 승리였다.

이런 정국에서 자신의 권력을 더욱 강화하려는 한명회와 정희왕후가 뜻을 모아 다음 정권을 구상하는 시나리오를 펼친다. 그 시나리오에 알맞은 주인공이 인수대비의 둘째아들이며, 최고의 모사꾼 한명회의 사위인 자을산군이 적합했기에 이룰 수 있었던 행운이었다.

만약 성종의 아버지인 의경세자가 오래 살았어도 다음 왕위는 성종의 형인 월산대군의 차지였다. 또 의경세자 죽음 후 예종이 의문사하지 않았다면 제안대군이 다음 보위를 이어갈 것이니, 원칙상 차남인 성종은 왕위를 이를 입장도 아니고 명분도 없는 평범한 대군이었다.

조선 최초로 임금을 대신해 수렴청정을 하게 된 정희왕후와 주변 훈구세력, 그리고 어머니인 인수대비에 둘러싸여 정권을 지켜야 했던 성종의 왕위는 행복과 불행을 동시에 안고 가야 하는 기묘한 자리였다. 할아버지 세조가 비정상적으로 만든 왕위 세습으로 그저 평범한 왕자로 살았을 자신의 운명이 국왕으로 바뀌며, 세자 자리를 거치지 않고 옥좌에 앉는 천운을 타고난 성종의 등장은 사실 비극적인 다음 시대를 예고하고 있었다. 그리고 여기에 이 비극의 주인공을 탄생하게 하는 감독 역할을 한 인수대비와 더불어 또 한 명의 드라마틱하고 파란만장한 인생을 살다간 여인이 등장한다. 그녀가 바로 조선 최초로 쫓겨난 왕후인 폐비 윤씨다.

소녀 가장에서 왕비가 된 여인, 폐비 윤씨

당대 최고의 '엄친딸' 인수대비인 만큼 자신의 며느리에게 기대하는 수준도 상당히 높았을 것이다. 만일 첫 번째 며느리 공혜왕후가 요절하지 않고 오래 살아 아들을 낳았다면 분명 연산군의 비극은 역사에 없었을 사건이다.

1474년(성종6)에 한명회의 딸인 공혜왕후가 요절하면서 성종은 새로운 왕후를 맞이해야 했다. 사실 금혼령을 내려 새로운 왕비를 간택한다면 백성들에게 부담을 안겨주고 신료들에게도 번거로운 일인 만큼, 성종은 처녀 간택을 하지 않고 후궁 중에서 왕비를 선택하려는 굳은 의지를 보였다. 이것은 나름대로 의미 있는 행위였지만, 결국 후궁들 간에 시기심을 조장하여 극단적인 경쟁으로 치닫는 원인을 제공한 불행의 씨앗이 되고 말았다.

성종의 비인 공혜왕후가 몸이 약해 자식을 생산하지 못하자 성종 4년 후궁 간택령을 내려 윤호의 딸이 후궁으로 간택되어 궁궐에 들어왔다. 이때 또 다른 후궁이었던 소용 정씨와 소용 엄씨, 그리고 당시 숙의의 지위에 있었던 윤기견의 딸 윤씨를 포함해 4명의 후궁이 있었다. 인간이라면 누구나 그 내면에 최고의 자리에 앉으려는 야망이 숨어 있듯이, 중전이 죽자 후궁들도 이 기회에 비어 있는 왕후의 자리를 차지하려는 욕심에 보이지 않는 암투를 벌이고 있었다. 결국 당시 성종이 가장 총애하고 있었고 마침 임신 중이던 숙의 윤씨가 1476년 왕비로 책봉되었고, 그해에 기다리던 아들을 출산했다.

군왕인 아버지 아래 궁궐에서 태어난 최초의 원자 탄생이니, 성종을 비롯한 모든 왕실과 백성의 축복이었고 왕후의 입지를 더욱 확고하게 다져준 강력한 무기였다. 이제 왕후의 아래에 있는 후궁도 아니고, 아들을 생산하지 못해 왕실에 근심을 제공하는 불편한 입장도 아니었으니 자신의 자리가 영화와 축복의 울타리라 확신했을 일이다. 뜻하지 않은 공혜왕후의 죽음과 임신이 그녀를 단숨에 신데렐라로 만들어 주었으나, 그 결말은 신데렐라처럼 해피엔딩이 아니었다. 그녀의 자리는 아들의 탄생 후 얼마 지나지 않아 흔들리고 있었다. 결국 왕후의 자리는 처음부터 자신에게 어울리는 자리가 아니었을까. 왕후로서 궁궐에서의 안락한 삶과 인연이 다했는지, 3년 후 그녀는 그 자리를 새로운 주인에게 양보하고 평민보다 못한 치욕의 자리인 폐비라는 운명의 나락으로 떨어졌다.

폐비 윤씨의 정확한 출생년도가 기록되어 있지 않아 그녀의 나이를 확실하게 알 수는 없다. 그녀가 왕후로 운명하지 않고, 폐출되었던 탓에 특별한 존호나 시호가 없었으니 상세한 기록이 없는 탓이다. 가끔 드라마에서 그녀가 성종보다 열두 살이나 나이가 많은 궁녀 출신으로 나오는데, 이것은 허구이다. 1473년 1월 13일(성종4) 실록에 "윤기견, 윤호의 집에 각각 면포 1백 필, 정포 50필, 쌀 50석을 내려주어라 하였으니, 그것은 딸들이 장차 대내로 들어올 것이기 때문이었다."는 기록이 있다. 그리고 얼마 후, 1473년 3월 19일(성종4)에 "고(故) 판봉상시사 윤기견의 딸을 숙의로 맞아들였다."라는 기록으로 보아 폐비 윤씨가 간택령을 통해 입궁했다는 정확한 사실을 확인할 수 있다. 성종 4년 간택령을 통해 입궁했는데 열두 살이 많다면 28세이다. 당시 28세인 늙은 여자가 후궁으로 입궁하는 전례는 있을 수 없는 일이며, 아마도 성종보다 나이가 두세 살 정도 많았을 듯하다.

그녀의 입궁 후 3개월 뒤인 6월 14일 간택령으로 윤호의 딸이 숙의로 입궁한다. 이때 윤호의 딸은 열두 살의 어린 나이였으니 후사를 걱정해 후궁을 들인다는 명분은 형식적인 이유였고, 아무래도 명문인 집안 배경과 정희왕후와 같은 파평 윤씨 가문이었던 만큼 왕실의 실세인 정희왕후의 영향력으로 입궁한 듯하다. 폐비 윤씨 집안은 꾸준히 벼슬을 해온 사대부 가문이었지만, 당시 아버지를 잃고 생계를 자신이 책임지는 힘든 상황이었다. 반면에 막강한 가족들이 정계에 자리잡고 있어서 가문의 후광을 입은 윤호의 딸은 숙의라는 같은 직첩을 받았어도 그 입장과 처지는 분명 다르게 느껴졌을 터였다.

실록의 기록으로는 1476년(성종7) 7월 11일에 숙의였던 폐비 윤씨를 왕비로 책봉할 뜻을 전교하였고, 그해 11월 6일 연산군(燕山君)을 낳았다고 한다. 폐비 윤씨를 왕후로 책봉할 당시 정희왕후가 내린 교지를 통해, 윤씨가 어린 시절 아버지를 여의고 집안의 생계를 책임졌다는 것으로 보아 한미한 가문이었음을 알 수 있지만, 정희왕후는 이러한 그녀의 행위를 검소함과 겸손함으로 보아 왕비로서 자질이 충분하다고 칭찬하고 있다.

그리고 1477년 3월 29일(성종8) 첫 번째 폐비 논란이 제기되는 사건이 발생한다. 사건은 죽은 성종의 아버지인 덕종(德宗)의 후궁 숙의 권씨 집에서 익명의 투서가 발견된 일이 발단이었다. 투서의 내용은 '소용 정씨와 소용 엄씨가 모의하여 원자(연산군)를 죽이려 한다'는 내용이었다. 그러던 어느 날 성종은 폐비 윤씨 처소인 중궁에 들렀다가 비상과 저주를 하기 위해 미신에 사용하는 책과 투서에 사용된 종이를 발견한다. 이 모든 사건은 윤씨가 꾸민 자작극임을 알게 된 성종은 신료들을 불러 폐비 논의를 일으킨다.

성종은 윤씨를 후궁으로 강등할 결심을 선포했지만, 결국 아들의 장래를 생각하라는 신료들의 반대에 부딪혀 폐비 논란은 일단락된다. 이후 성종은 원자를 궁궐 밖 강희맹의 집에서 성장하게 했고, 사건에 관련된 궁녀를 처벌하고 윤씨의 친정어머니 신씨의 직첩을 뺏고 왕궁 출입을 금했다. 또 왕후의 탄생 축하 하례연도 못하도록 금지시켰다. 이런 처분을 내린 정황으로 보아 부부관계가 무척 소원했을 듯하지만, 실록에는 성종 10년 윤씨가 폐출된 지 열흘 후 두 번째 아이가 죽었다고 기록되어 있다. 윤씨가 폐비 논란으로 다른 거처로 옮겼을 때

아기가 탄생했다는 뜻이다.

　1479년(성종10) 6월 2일 실록에 중궁을 폐할 뜻을 신료들에게 전하고 있다. "내간(內間)에는 시첩(侍妾)의 방이 있는데, 일전에 내가 마침 이 방에 갔는데 중궁이 아무 연고도 없이 들어왔으니, 어찌 이와 같이 하는 것이 마땅하겠는가?" 성종이 다른 여인과 동침하는 방에 윤씨가 예고도 없이 찾아와 난감하게 했음을 뜻한다. 이 기록으로 보아 흔히 대중매체에서 보여준 폐비 윤씨의 무례한 행동이 여기서 나왔음을 알 수 있다. 하지만 영화나 드라마에서 보여준 것처럼 폐비 윤씨가 성종의 얼굴에 손톱자국을 남겼다는 기록은 찾아볼 수 없다.

　그리고 1480년(성종11) 1월 19일 "권수의 딸 권씨를 맞아들여 숙의로 삼다."는 실록의 기록처럼 성종은 윤씨를 폐출한 후, 새로운 간택 후궁인 숙의 권씨를 입궁시켰다. 왕비를 내쫓은 후 사건의 상처가 정리되기도 전에 새로운 후궁을 맞는 일은 신중하지 못한 처사로 느껴진다.

동정심 없는 냉정한 남편, 성종

　실록에 보면 폐출된 윤씨를 어머니와 거처하되, 형제들과 만나지 못하게 하고 외부인과 소통하면 엄격하게 처벌하도록 철저하게 관리했던 것을 곳곳에서 확인할 수 있다. 또 윤씨 집에 도둑이 들어 담을 쌓아줄 것을 권해도 성종은 이를 성가시게 여기며 거부하는 태도를 보인다. 심지어 1482년(성종13) 8월 11일 실록에 윤씨의 처지가 궁핍하니 식량을 공급하고 거처를 옮길 것을 권하자 성종은 화를 내며 오히려 윤씨의 형제들을 의금부에 가두도록 명령한다. 또 이날 성종은 "대비께서 말씀하기를, '이제 윤씨와 비록 거처를 달리하고 있으나 마음은 편하다.'고 하였다. 부모된 마음으로도 이와 같은데, 그대들의 마음만 유독 어찌 그러한가."라고 강경한 태도로 윤씨를 동정할 뜻이 없음을 명백하게 강조하고 있다.

사실 실록 어느 곳에서도 윤씨가 성종의 얼굴에 상처를 입혔다는 기록은 존재하지 않지만, 그녀의 행위가 무례하고 교양 없었던 것은 사실이다. 그 시절 임금이 후궁을 두는 일이 전례에 없던 일도 아닌데 왕비가 침전에 뛰어들고 비상을 숨겨둔 일은 상식 밖의 행위였다. 하지만 정도의 차이가 있었을 뿐, 궁궐 여인들 간에 보이지 않는 암투와 견제는 늘 존재했다. 훗날 원자를 생각해 용서할 뜻을 청하면서도 결국 성종의 뜻에 수긍했던 신하들이 성종과 자신들의 입장에서 유리하게 기록했을 가능성도 있지만, 일어나지도 않았던 사건을 완전히 조작하는 일은 불가능하다.

1482년(성종13) 8월 11일 실록에 대비전에서 폐비 윤씨를 두둔하는 권경우를 징계하라는 언문의 글을 내리고 있다. "우리한테는 그만두고라도 주상에게까지 불순한 일이 많이 있었다. 부부 사이의 일은 다 말할 수도 없고…… 만일 우리들이 바른말로 책망을 하면, 저는 손으로 턱을 고이고 성난 눈으로 노려보니, 우리들이 명색은 어버이인데도 이러하였다." 이러한 기록을 보면 윤씨는 그저 다소곳하고 얌전하게 부덕(婦德)을 닦는 여인과는 거리가 멀고, 왕후로서 교양과 자질이 없는 여인임에 틀림없다. 또한 여기서 이 일에 인수대비가 적극적으로 관여하고 있다는 사실을 알 수 있고, 폐비를 동정하는 신하들의 여론을 못마땅하게 여겨 며느리를 용서할 뜻이 없음을 공포한 것이나 다름없다.

그러나 폐비의 처우 개선에 대한 신하들의 동정론이 멈추지 않자, 신하들을 국문하던 성종은 급기야 윤씨의 사사를 명하였다. 1482년 8월 16일 이세좌에게 명하여 윤씨를 그 집에서 사사하게 명한 뒤, 서울과 지방에 포고하라고 의정부에 전지한다. "폐비 윤씨는 성품이 본래 흉악하고 위험하여서 행실에 패역함이 많았다. 지난날 궁중에 있을 적에 포악함이 날로 심해져서 이미 삼전(三殿)에 공순하지 못하였고, 또한 과인에게 흉악한 짓을 함부로 하였다. 그래서 과인을 경멸하여 노예와 같이 대우하여, 심지어는 발자취까지도 없애버리겠다고 말하였으나…… 항상 스스로 말하기를, '내가 오래 살게 되면 장차 할 일이 있다.'고 하였다…… 후일 있을 화(禍)를 어찌 이루 다 말하겠느냐. 그가 만일 흉악하고 위험한 성격으로 임금의 권세를 잡게 되면, 원자가 현명하더라도 그 사이에서 어떻게 하지를 못하여서, 발호하는 뜻이 날로 더욱 방자하여질 것이다." 성종은 이러한 뜻을 모든 백성들에게 공포하면서, 앞으로 왕실의 평화를 위해 논란의 주인공인 폐비 윤씨를 사사하는 것으로 일을 매듭지었다.

폐비 문제에 관한 성종의 반응을 보면 처음부터 마지막까지 용서하고 다시 입궁시킬 생각이 전혀 없었고, 그저 귀찮다는 반응으로 일관하고 있을 뿐이다. 이는 윤씨가 폐출된 후 1480년(성종10) 11월 8일 윤호의 딸 숙의 윤씨를 새로운 왕후로 맞이한 데서도 알 수 있다. "윤씨는 명문 출신으로 숙덕을 갖추어 어려서 궁궐에 들어와 일찍부터 드러나게 알려진 바가 있었으므로, 이에 의지를 받들어 왕비로 책봉한다……
윤씨는 단정하고 정숙하며 온화하고 공손하여, 후궁으로 선발되자 궐
안에 좋은 소문이 전파되었네." 당시 후궁 중 가장 행실이 반듯하고 명
문가에서 성장한 그녀가 폐출된 윤씨의 뒤를 이어 성종의 세 번째 왕후
가 되니 훗날 중종(中宗)의 어머니가 되는 정현왕후(貞顯王后)이다.

엄친딸과 신데렐라가 고부로 만났을 때

흔히 대중매체에서는 성종이 인수대비의 강요로 어쩔 수 없이 아내
인 윤씨를 내쫓고, 다시 궁궐로 입궁시키려 할 때 인수대비와 주변 후
궁들의 이간질로 윤씨를 사사한 것처럼 이야기가 전개되곤 한다. 또
윤씨의 미모가 너무 뛰어나고 성종보다 나이가 열두 살이나 많다보
니 홀어머니로 아들을 키운 인수대비가 지나치게 아들에게 집착해 며
느리를 질투한 독한 시어머니이며, 성종은 마마보이의 전형적인 모습
으로 등장한다. 또 정희왕후가 인수대비를 못마땅하게 생각하며 폐비
윤씨와 협력해 정치 일선에서 묘한 경쟁을 하는 모습으로 그려지곤 했
다. 그러나 성종이 즉위하고 얼마 후 1470년 기록에 "인수왕비가 총명
하고 사리에 밝아서 사체(事體)를 아니, 내가 큰일을 전하여 맡기고자
하는데 어떠한가?"라며 정희왕후가 대간들에게 인수대비와 함께 정
사를 보겠다는 뜻을 전하고 있다. 이때 오히려 대간들이 반대했다고
실록은 전한다. 최초로 수렴청정의 기록을 세운 권력의 여신 정희왕
후이다. 그런 그녀가 인수대비가 정사에 관여하는 일을 경계하지 않

고 참여해주길 원하고 있었다.

또 실록에는 폐비 윤씨의 미모에 대한 언급은 전혀 없으며, 투서에 소용 정씨와 소용 엄씨를 거론해 몰아내려는 음모를 먼저 꾸민 이가 폐비 윤씨다. 이를 통해 두 후궁들과 사이가 좋지 않아 서로 암투를 벌인 일을 짐작할 수 있지만, 두 후궁이 폐비 윤씨가 사사되도록 성종이 보낸 내관을 매수했다는 기록은 찾아볼 수 없다. 다만 『기묘록(己卯錄)』에는 인수대비가 내관을 시켜 윤씨를 성종에게 나쁘게 평가하도록 각색했다고 전해진다. 또 대중매체에서 주요 소품으로 등장했던 '윤씨의 피묻은 수건'이 훗날 연산군의 폭정을 예고했다고 한 것 역시 김육이 쓴 『기묘록』에 담긴 내용이다. 그녀가 "훗날 임금이 되면 이것을 보여주며 어머니의 원한을 풀어주오."라는 유언을 했고, 수건을 남겼다는 기록은 실록에 없다.

태조 이성계로부터 숙종시대까지 야사가 집대성된 이긍익의 『연려실기술(練藜室記述)』에서도 인수대비와 폐비 윤씨 그리고 연산군에 관련된 이 사건을 흥미 있게 다루고 있다. 아마도 여기서 출발해 사건 속 인물들이 미화되어 전해진 듯하다.

사실 성종 집권 초반에 직접 정사를 주관하고 권력을 휘두른 여인은 정희왕후이다. 인수대비는 정희왕후처럼 직접 정치에 관여하기보다는 뒤에서 아들의 행보를 지켜보며 조언을 아끼지 않았고, 때로는 자신의 의견을 강력하게 요청하기도 했다.

인수대비는 세조와 정희왕후를 지극히 모셔 효부(孝婦)라는 도장을 받았지만, 자식을 훈육하고 아랫사람을 다스릴 때 냉혹하고 차가워 사나운 아내라는 뜻의 '폭빈(暴嬪)'이란 별명으로 불리기도 했다. 그녀가 저술한 조선 시대 여성들의 대표적인 교훈서『내훈』은 조선 역사상 최초로 여성이 직접 여성을 교육하기 위한 목적인 만큼 그 가치와 의의가 깊다. 훗날 인수대비의『내훈』은 왕실뿐만 아니라 평민 여성들에게도 널리 읽혀져 여성 교육에 모범이 되었다. 여기에서 표면적으로는 "부인도 가르치지 않으면 안된다."는 뜻을 공표했지만, 사실 그 내면에는 인수대비가 이상적으로 원하는 며느리상에 대한 염원을 담고 있다. "좋은 아내란 남편보다는 시부모의 마음에 들어야 한다."거나 "효도를 잘하지 못한다면 며느리를 얻어서 무엇 하겠는가?"라는 구절을 통해 책 곳곳에서 좋은 며느리를 얻고 싶은 의도를 드러내고 있다. 한 걸음 더 나아가 "아내를 부모가 기뻐하지 않으면 내보내야 한다."고 강변한다. 이는 결국 폐비 윤씨인 며느리와 천적이 될 것을 예고한 것인지도 모른다.

인수대비는 명문가에서 흐트러짐 없는 교양을 닦은 완벽한 여인이었다. 또 효성 지극한 바람직한 며느리였고, 젊은 시절 학습한 수준 높은 학문을 바탕으로 직접 자식을 가르치고 교화했던 스승의 역할까지 완벽하게 소화했던 훌륭한 어머니였다. 그리고 유교 경전과 조선시대 천대받던 불교를 학문으로 승화시킨 뛰어난 여성 지식인이었다. 하지만 이렇게 완벽하고 철저하게 자신을 수련했던 그녀가 왜 결정적인 상황에서 조선 왕실 최고의 비극의 주인공이 탄생하도록 만들었을까?

흔히 이 사건을 단순히 시어머니가 금실 좋은 부부 사이를 질투한 고부간의 갈등이며, 더 나아가 억울한 어머니의 죽음을 복수하려는 손자(연산군)와 할머니의 관계로만 치부해버린다. 그리고 호색가이자 마마보이인 성종의 총애를 받기 위한 왕실 여인들의 암투에 불쌍한 희생양으로 폐비 윤씨를 상정한다.

하지만 이것은 야사와 대중매체가 흥미를 끌기 위해 만들어낸 이야기기에 불과하다. 당시 성종에게는 삼전(정희왕후, 안순왕후, 인수대비)을 모시고, 훈구세력과 사림세력의 균형을 잡아야 하는 고충 가운데 아직 어수선한 세조시대의 잔재를 청산해야 하는 버거운 과제가 주어져 있었다.

성종시대는 유교 질서의 기틀을 확립한 문치주의를 기반으로 여성들에게도 체계적인 유교 규범을 강조해가고 있었고, 자신처럼 완벽한 부덕의 가르침을 요구했던 인수대비와 그렇지 못했던 며느리의 갈등은 피할 수 없는 숙명이었다. 따라서 단순히 홀어머니가 며느리를 질투한 가정사의 문제가 아니었다. 먼저 보낸 공혜왕후, 그리고 폐비 윤씨 이후 맞이한 정현왕후와는 무척 돈독한 고부 관계를 유지했던 인수대비이다. 또 성종이 삼전을 위해 궁궐에 기생을 불러 자주 연회를 열었던 기록이 있는데, 이때 인수대비는 오히려 함께 참석해 성종의 호색 기질을 두둔하는 입장까지 보였다. 성종의 다른 후궁들과도 아무런 문제가 없었고 많은 후궁을 두는 일도 반대하지 않았던 인수대비였다. 그런데 왜 유독 첫 손자를 낳아준 폐비 윤씨와만 갈등의 골이 깊었을까?

그것은 이전에 인수대비가 자신의 아들을 등극시키기 위해 정략적 차원에서 막강한 훈구세력과 결탁했고, 공혜왕후와 정현왕후는 그 세력가의 자식들이었기 때문이다. 훈구세력의 힘에 의해 아들이 임금이 되었고, 여전히 그들과 결탁해야만 자신의 입지와 권력을 지킬 수 있었던 인수대비였다. 그리고 정희왕후 가문과 인수대비 가문의 인척들이 정계에서 두각을 드러내고 있는 현실에서 당시 한미한 가문의 중전은 반가운 존재가 아니었다. 하지만 윤씨가 순종적인 며느리였다면 한미한 가문인 까닭에 외척 세력의 발호를 막을 수 있고 폐출이나 사사 같은 왕실 비극은 초래하지 않았을 일이다.

그러나 정희왕후가 정권에서 물러나고 성종이 성인이 되어 정치 일선에 나서긴 했지만, 보이지 않은 영향력을 행사했던 인수대비의 권력에 폐비 윤씨가 도전해오며 성종과 충돌이 일어났다. 공혜왕후나 정현왕후처럼 자신을 뒷바침해줄 아무런 세력이 없는 상황에서 원자를 앞세워 새로운 정치 세력을 만들려는 며느리의 기세가 거세지는 듯 보이자, 인수대비는 그 기세를 초반에 눌러 꺼뜨리고 말았다.

정현왕후처럼 온화한 성품이 아닌 데다 주관이 강한 폐비 윤씨는 새로운 입지를 확립하고 싶었지만 인수대비의 벽은 가볍지 않았다. 그녀는 부덕을 닦으며 인수대비가 원하는 교양과 지식을 갖춘 며느리가 되기 위한 노력을 먼저 해야 했다. 그러한 준비 없이 기세로만 밀어붙인 것이 몰락을 예고하는 일차적인 빌미를 제공했다. 윤씨는 자신의 아들이 성장해 세자로 책봉될 때까지 인내하고 때를 기다려야 했다. 내명부 여인으로서 지식을 함양하고 덕을 쌓으며 차츰 자기 사람을 포섭하는 지혜를 갖지 못하고 어린 아들에게만 의존했던 것이 그녀의 가장 큰 실책이었다.

훗날 보위를 이을 세자의 어머니란 배경이 버팀목이어도 신료들은 정치적으로 여전히 한미한 중전보다는 인수대비의 강력한 권력과 자신들의 세력 기반을 우위에 둔 상황이었다. 겨우 중전을 지지하며 자신의 영역을 확보하려 했던 임사홍(任士洪)을 비롯한 소수의 신하들은 아직 그녀를 지키기에 힘이 부족한 상대임을 간파했어야 했다. 아내의 구박과 멸시에도 자신의 때를 기대하며 인내했던 강태공(姜太公)의 '때를 기다려야 한다'는 지혜를 잊지 말아야 했다.

세조가 왕위를 찬탈하는 혼란스런 시기에 뛰어난 정치 감각으로 자신의 입지를 다지며 혹독한 상황 속에서 숱한 사건들을 지켜왔던 강인한 여성 인수대비. 그러나 며느리와의 승부가 손자의 파멸로 마무리되는 것을 지켜보며 죽음을 맞았다.

하늘도 때를 기다렸던가. 대의명분이라는 화려한 포장 안에 감추어진 권력욕과 피로 얼룩진 세조의 모든 악행을 눈감아주셨다. 사육신의 쿠데타에도, 금성대군이 주도한 반란에서도, 공신들의 횡포에도, 조카와 동생들을 죽이고 형수의 시신까지 토막 내는 잔악무도한 행위를 저지를 때도, 하늘은 세조에게 승리를 안겨주셨다. 그런 하늘도 비로소 시어머니와 며느리 그리고 손자로 이어지는 질긴 악순환의 고리에서 드디어 세조의 혈육들에게 그동안 기다렸던 확실한 천벌을 내리신 것은 아니었을까. 결국 이 모든 비극이 세조가 비정상적으로 차지한 왕권에 대한 하늘의 응징으로 말이다.

가족은 능력이 아니라
사랑으로 포용해야 한다

지그 지글러의 저서 『시도하지 않으면 아무것도 할 수 없다』에 이런 글이 있다. 한 젊은이가 징역을 선고 받게 되었다. 그 젊은이의 아버지가 유명한 법률학자였고 재판장은 이미 젊은이가 그분의 아들이란 사실을 알고 있었다. 유명한 책의 저자이며 훌륭한 학자의 아들이 죄인인 사실이 의아한 재판관은 젊은이에게 다음과 같이 질문했다.

"훌륭한 부친에 대한 기억이 있을 텐데 이런 범죄를 저지르다니, 부친에 대해 가장 기억에 남은 일은 무엇인가요?" 그러자 젊은이는 다음과 같이 답했다. "아버지와 다정하게 얘기하고 싶어 들어가면 늘 아버지는 신경을 곤두세우며 책을 읽고 계시거나 집필하고 계셨습니다. '나가서 놀아 아빠는 지금 이 책을 읽어야 하니 바쁘다'고만 하셨죠. 재판장님께서는 제 부친이 훌륭하다고 생각하지만, 저에게는 늘 차갑고 불편한 분이셨습니다."

재판장은 혼잣말로 이렇게 중얼거렸다. "책은 다 읽었지만, 아들을 잃어버렸구나!" 이렇듯 밖에서 타인에게 모범이 되는 완벽한 사람도 가정이라는 보금자리에서는 자신의 성공이라는 이름 안에 가족을 멸시했던 결과가 고스란히 드러나고야 말았다. 좋은 책을 통해 지식을 쌓고 대중에게 모범이 되는 책을 집필하면서 정작 가장 소중한 내 핏줄에게는 상

인수대비 vs 폐비 윤씨

처를 남겨 인생을 파멸로 이끌고 말았으니 안타까울 뿐이다.

당시 양반들이 30년을 공부해도 통달하기 힘든 경전을 여자로서 보기 드물게 탐독했던 여인. 조선을 통틀어 최고의 엘리트 여성. 여성에게 규범이 되는 저서를 집필해 사후에도 모범적인 전례를 남겼고, 현재 전하는 귀중한 불교 서적을 남겨준 여성 인수대비. 하지만 그녀는 제일 작은 단위지만 가장 중요한 가정이라는 틀에서 며느리를 포용할 줄도 용서할 줄도 몰랐고, 손자를 인간적으로 이해하지 못해 국가의 혼란을 자초하고 말았다.

인수대비의 삶은 외부에서 빛나는 성공보다 내부에서 내 가족을 소중히 여기는 것이 개인에게 있어서나 국가에 있어서나 진정한 행복에 이르는 길임을 일깨워주고 있다. 즉 '수신제가치국평천하(修身齊家治國平天下)'란 말의 의미를 다시 한 번 떠올리게 하는 것이다.

광해군 vs 인조

군주란 **무엇인가를** 다시 묻는다

흔히들 "그릇이 큰 사람이 되라"고 하지만 결국 그 시대가 요구하는 윤리적 잣대로 너무 작지도 않고 너무 크지도 않은 적당한 그릇이어야만 그 시대를 잘 운영해 나간 지도자로서 훌륭한 평가를 받는 것이 아닐까? 그릇이 너무 작으면 정해진 물을 담을 수 없어 넘쳐버리고, 너무 크면 물을 채우기 위해 과하게 움직이다 엎어지거나 그 그릇이 원래 목적과 달리 무용지물이 되어 버린다.

철학자 사르트르는 "사람은 정해진 그릇만큼 산다."라는 단순하지만 뜻깊은 명언을 남겼다. 또 "인생은 선택이다. 인생은 B(birth, 출생)와 D(death, 죽음) 사이의 C(choice, 선택)이다."라는 말도 했는데 이두 명언이 연관성이 있는 듯하다. 인간은 태어나 죽는 순간까지 일생동안 끝없는 고민과 갈등 속에 선택을 하게 되며, 그 선택은 정해진 그릇에서 피해 갈 수 없는 것이 정답인 듯하다. 우리는 삶에서 연속되는선택과 그 결과에 책임을 져야 한다. 내 기분이 내키는 대로 선택하며나만을 위해 사는 것도, 나와 주변 사람을 적절히 포용하는 선택으로모든 사람을 행복하게 하는 일도 내 의지와 도량에 달려 있기 때문이다. 특히 한 나라와 백성을 책임져야 하는 군주는 쉽게 현혹되지 않는귀와 밝은 눈, 열린 마음으로 깊은 생각과 넓은 도량을 갖추는 것이 반드시 필요하다.

흔히 동양에서는 '사주팔자'가 정해져 있다며, 첨단기술과 과학적 통계가 범람하는 현대 사회에서도 사주카페나 점집을 찾아다니며 사주나 관상 보는 일을 즐기는 사람들이 사라지지 않고 있다. "성격이 팔자를 만든다."는 말이 있는데, 어쩌면 사르트르의 "그릇만큼 산다."는 표현과 일치하는 듯하다. 그래서 일까. 지나간 역사 속 인물들의 업적과 처세를 보면 그 주인공과 주변 조연들의 성격과 그릇이 작게는 개인의 운명을, 크게는 국가의 운명을 한순간에 뒤집는 결과를 낳기도 한다. 그릇이 너무 작으면 정해진 물을 담을 수 없어 넘쳐버리고, 너무 크면 물을 채우기 위해 과하게 움직이다 엎어지거나 그 그릇이 원래 목적과 달리 무용지물이 되어버린다. 흔히들 "그릇이 큰 사람이 되라"고 하지만 결국 그 시대가 요구하는 윤리적 잣대로 너무 작지도 않고 너무 크지도 않은 적당한 그릇이어야만 그 시대를 잘 운영해 나간 지도자로서 훌륭한 평가를 받는 것이 아닐까?

나라의 생산기반이 되고 부(富)를 안겨줄 상공업 종사자들을 천대하며 학자를 우대했던 나라 조선. 조선은 3년에 한 번씩 33명의 주자학에 정통한 선비들을 과거에 합격시켜 그들 중 뛰어난 인재를 정치무대에 활동하게 했던, 문치주의를 이념으로 백성을 다스린 선비의 나라였다. 중앙의 관료들과 그 학맥인 사대부들이 칼이 아닌 붓으로 사회를 유지하고 이끌어갔다. 하지만 이러한 구조도 조선 중기에 접어들어 그 체계 속에 모순과 부조리가 드러나면서 새로운 사상을 갈망하는 움직임이 나타나기 시작했다. 이는 두 번의 전쟁으로 인한 피해가 크게 작용했으니, 임진왜란 후 이씨 혈맥이 아닌 새로운 왕조가 성립했다면 조선은 어떻게 되었을까? 하지만 조선은 그 후에도 300년을 더 유지하며 왕조를 이어왔고, 전쟁 직후 왕권을 거머쥔 임금은 평화로운 시절의 임금과 달리 가장 무거운 책임과 부담을 안고 백성을 껴안아야 했다.

그 시기에 무거운 짐을 껴안은 군주, 그가 바로 광해군(光海君. 1575~1641)이다. 그리고 그 뒤를 이어 너무도 쉽게 왕권을 차시했시만 결국 전쟁을 자초한 이가 인조(仁祖)이다. 그럼 이제 두 임금의 그릇으로 조선 중기가 어떻게 움직였는지 그들의 리더십과 처세를 판단해보도록 하자.

피난 떠난 왕, 전장에 나간 세자

2012년은 유난히 우리 한국 영화가 관객의 사랑을 받으며 1천만이 넘는 작품을 두 편이나 낳았고, 한국 영화 관객 1억 명을 돌파한 뜻깊은 해였다. 1천만이 넘는 작품 중 하나가 조선 15대 임금인 광해군을 주인공으로 만든 〈광해, 왕이 된 남자〉이다. 이 작품이 흥행에 성공하면서 역사학 전공자를 비롯한 학계와 일반 대중들에게 광해군에 대한 뜨거운 관심을 일으키는 계기가 되었다. 흥행은 물론 작품성도 인정받아 대종상에서도 무려 15개 부분을 수상한 만큼 그 작품 속 주인공인 광해군에 대한 대중들의 관심과 새로운 시각에서의 평가는 당연한 반응이었다.

조선에서 연산군(燕山君)과 더불어 반정 세력에 의해 쫓겨난 임금.

시호를 받지 못하고 왕자 때 불리던 광해군으로 강등되어 유배지에서 운명한 임금. 67세로 세상을 떠나며 그는 마지막 순간 어떤 생각을 했을까. 임금의 자리에서 쫓겨나야 했던 명분 중 하나가 21세기에 빛을 내며 그의 외교정책이 훌륭했음을 역사 교과서가 인정하고, 자신을 내쫓고 그 자리를 차지한 조카 인조(仁祖)가 전쟁을 자초한 무능한 임금으로 평가절하될 것을 예상하고 눈을 감았을까?

광해군은 14대 임금 선조(宣祖)의 아들로 어머니는 공빈(恭嬪) 김씨였다. 공빈 김씨는 선조의 총애를 받으며 형인 임해군(臨海君)과 광해군을 낳았지만 광해군이 세 살이던 선조 10년(1577년)에 운명했고, 그 후로 선조는 인빈(仁嬪) 김씨를 총애하게 되었다. 유난히 후궁이 많고 그 후궁들에게서 얻은 자식이 많았던 선조는 유독 의인왕후(懿仁王后)에게서만 자식을 얻지 못했다. 중종의 서자였던 덕흥군의 셋째아들이었던 선조는 조선 최초의 방계 혈통으로 임금이 된 혈통의 약점을 극복하려 왕후가 낳은 아들을 세자로 삼으려 했지만 뜻을 이룰 수 없었다. 그리고 우여곡절 끝에 결국 임진왜란(壬辰倭亂)이라는 국가의 불행과 위기 상황이 광해군에게 세자가 되는 행운의 기회를 주었다.

그러나 그 행운의 다음 국왕 자리가 결국 미래에 광해군이란 호칭에 만족해야 할 운명임을 암시한 것일까? 세자 책봉과 동시에 광해군은 전쟁터로 향해야 했으니 그의 삶은 고단한 불행의 연속이었다. 이때 광해군은 전국 여러 지역을 누비며 직접 의병을 모집하고 분조를 이끌며 전투에 임한다. 형인 임해군과 순화군이 전쟁 때 민가를 약탈하고 주민을 살해한 포악한 행동과는 전혀 다른 모습이었다. 백성들을 버리고 피난을 떠났던 비겁한 선조와는 달랐던 젊은 세자의 활약은 백성들의 지지를 받고 호응을 얻기 시작했다. 사실 임진왜란 당시 궁궐에 보관된 각종 문서를 소각하고 왕실 재산을 약탈한 후 경복궁을 불태운 것은 왜군이 아닌 우리 백성들이었다. 자신들을 버린 왕에게 분노한 백성들은 임금이 거처하는 궁궐과 임해군의 저택을 비롯한 왕자의 저택들을 불태웠고, 신하들과 군사들도 각자 살길을 찾아 도주하거나 심지어 왜군에 편입하기도 했다.

이러한 위기 속에서도 광해군의 애민정신은 눈부셨다. 무책임한 선조와 달리 끝까지 백성을 버리지 않고 국가와 민족을 위해 직접 전쟁터로 나선 세자를 보고 왕가에 등돌렸던 백성들은 속속 전쟁에 나섰고, 왜군에 대한 백성들의 공격도 멈추지 않게 되었다. 평민도 노비도 견디기 힘든 험악한 전쟁터였다. 왕실에서 안락하고 화려한 생활을 하던 왕자가 거리에서 노숙자처럼 생활하게 될 일을 상상이나 했을까? 정상적인 상황이라면 궁궐에서 덕망 있는 스승을 모시고 학문에 정진하며 영민한 군주가 되기 위한 제왕 교육을 받아야 할 청년 시기였다. 하지만 광해군은 국가의 위기 상황에 힘든 전쟁터를 누벼야 했으니, 그 고생은 짐작하고도 남는다.

그러나 "물에 빠진 사람 살려주면 보따리 내놓으라 한다."는 인간의 간교하고 이중적인 속성은 전쟁이 끝난 후, 광해군을 대하는 선조의 차가운 태도에서도 드러난다. 명으로부터 세자 승인을 받지 못했다며 광해군을 괴롭혔고, 전쟁에 공을 세운 이순신을 비롯해 자신보다 칭송받는 전쟁 영웅들을 숙청하려는 소인배 근성이 아들인 광해군에게도 향하고 있었다. 광해군이 임진왜란 동안 분조 활동으로 조정 신료들을 비롯해 백성들에게 신뢰를 얻고 있었기 때문이다. 그에 비해 백성을 버리고 피난 갔던 처신 때문에 신망을 잃은 선조는 신하들의 충성심을 확인하고 왕권을 지키기 위해 마음에도 없는 양위파동을 여러 차례 일으켰다.

이러한 선조의 노회한 연기는 광해군을 계속해서 당혹스럽게 만들었다. 또 설상가상으로 임진왜란이 끝난 후, 선조는 1602년 광해군보다 어린 새로운 왕후를 맞이한다. 그녀가 훗날 광해군에 의해 서궁에 유폐되었다가 아들 영창대군(永昌大君)을 잃고 반정 공신들과 합류하는 인목왕후(仁穆王后)이다. 공식적으로는 광해군과 인목왕후는 어머니와 아들인 모자 관계이다. 하지만 권력의 핵심에 있는 왕실의 세력 구도는 늘 계비가 낳은 아들과 이미 정해진 세자 사이의 정치적인 적대 관계가 존재한다.

광해군의 세자 책봉이 늦어진 이유

명나라가 광해군의 세자 책봉을 끈질기게 승인하지 않은 까닭은 '장자'가 아니라는 이유였다. 그렇다면 조선에서 과연 적장자 계승 원칙을 지켜 왕이 된 경우가 얼마나 되는가. 오히려 적장자 승계 원칙에서 벗어난 경우가 놀랄 사건도 아닌 조선왕조였다. 삼촌이 조카의 왕위를 찬탈하기도 하고, 쿠데타로 이복형을 몰아내고 동생이 임금이 되기도 했다. 그럼에도 유독 광해군을 못마땅하게 생각했던 실질적인 이유는 명나라 내부에서 발생한 정치적인 후계자 갈등 때문이었다.

당시 명 황제가 자신의 장자보다 서자를 황태자로 삼고 싶었는데 신하들의 반대로 격심한 당파 싸움이 벌어지던 상황이었다. 명으로서는 아직 황태자 문제를 해결하지 못한 상황에서 조선의 세자 책봉부터 허락하기 곤란한 입장이었다. 적장자 원칙을 고수했던 당파에서는 만일 광해군의 세자 책봉을 허락할 경우, 자신들의 반대 명분이 약해질 사태를 우려해 광해군의 책봉을 허락하지 않았던 것이다. 전쟁 당시 광해군의 용맹함과 영민힘을 칭찬하면서 선조와의 괸계를 악화시켰고, 정작 세자 책봉은 허락지 않는 이중적인 태도로 명은 광해군을 더욱 난처한 상황으로 몰고 갔다.

명의 계속되는 세자 승인 거부로 곤란에 빠진 상황에서 인목대비가 영창대군을 낳으면서 앞으로 전개될 광해군과 이복동생과의 비극이 예고되었다. 선조에게는 오랜 세월 기다리던 적자(嫡子)가 태어난 것이지만 조정은 외척이 중심이 되어 영창대군을 지지하는 세력과 광해군을 옹호하는 세력이 대립하게 되니, 광해군의 미래는 더욱 불안할 수밖에 없었다. 선조의 심정을 간파한 유영경(柳永慶)은 영창대군을 세자로 교체하려 했고 광해군을 두둔하던 정인홍(鄭仁弘)을 비롯한 이이첨(李爾瞻), 이경전(李慶全), 등은 귀양을 가고 말았다.

전쟁이 끝난 후 오직 백성을 위해 헌신하고 국가를 재건할 방향을 모색하는 데 앞장서야 할 유영경의 처신을 보면 한심할 뿐이다. 그러한 분위기에 동조해 광해군을 정신적으로 학대하는 선조의 태도는 마지막까지 군왕으로서 자질을 의심하게 하는 미숙한 처사였다. 조선이 주자학에 토대를 두고 적장자 원칙 고수가 관습으로 굳어진 사회인 것은 맞다. 하지만 국가와 백성을 위해서라면 관습이나 전통도 적절하게 합리성을 발휘해서 적용하여 강고한 원칙의 폐단을 줄이는 것이 올바른 리더의 역할이다. 전쟁의 피해로 백성들의 시체가 각 처에 널려 있고 심지어 굶주림에 허덕이다 죽은 시체까지 먹는 참담한 현실에서 어린 새 왕후를 맞이할 생각이나 하는 임금의 정신 상태를 어떻게 이해해야 하는가? 더욱이 그 엄중한 시기에 갓난아기를 세자로 교체하려는 것은 너무나 유치한 판단으로밖에 느껴지지 않는다.

그러나 1608년 선조는 40년이 넘는 긴 재위 기간을 마감하며 눈을 감았고, "형제 사랑하기를 내가 살아 있을 때처럼 하고 참소하는 자가 있어도 삼가 듣지 말라."는 유언을 남겼다. 선조는 자신이 죽은 뒤 골육상전이 일어날까 우려했던 것일까. 하지만 지금껏 세자인 광해군의 성과를 매도하고 골육상전의 무대를 안겨준 사람은 분명히 선조 자신이었다.

전쟁이란 위기상황에서 세자가 되었고, 16년이란 긴 세월 동안 명나라의 까다로운 세자 승인 문제로 인한 정신적인 스트레스와 임진왜란에 따른 육체적인 고통을 감당해야 했던 광해군은 신하들 사이의 갈등을 미처 해결하지 못한 채 험난하고 고된 세자 시절을 마감하고 왕위에 올랐다.

그는 진정 쫓겨나야 할 폭군이었나

처음부터 명나라가 조선을 돕기 위해 임진왜란에 참전한 것은 아니었다. 일본은 '가도입명(假道入明, 조선의 길을 빌려 명을 친다)'을 외쳤고, 이를 이미 알고 있었던 명나라는 여러 가지 이해타산을 검토하고 원병을 보냈다. 자신의 국토가 유린되는 것보다는 조선에서 전쟁을 치르는 것이 낫다는 판단해서 조선을 전쟁터로 이용한 것이다.

하지만 전쟁이 지속되면서 그들의 태도는 돌변하여 조선 원정군에게 소요되는 비용을 빌미로 전쟁을 종식시키고자 했다. 표면상으로는 조선을 위해 일본과 강화를 요구했지만, 사실은 자신들의 실리만을 계산하고 있었다. 심시어 강화논의가 무르익을쯤, 권율(權慄)이 행주산성에서 왜군을 대파했다는 소식이 보고되자, 명군의 허락 없이 일본군을 공격했다는 이유로 권율을 잡아 고문하겠다고 할 정도였다. 그야말로 여우 잡으려다 늑대를 부른 형국이었다.

조선 조정과 백성들은 왜군에 명군까지 합쳐 배로 고통을 받았다. 남의 나라에서 힘들게 싸울 생각이 없던 명의 군대들은 왜군과 더불어 무고한 백성들을 죽이고 진귀한 물건을 약탈해 갔으며 민간을 습격하여 백성들을 더욱 힘들게 했다. 1597년 고상안(高尚顔)이 유성룡(柳成龍)에게 올린 편지의 내용 중 "명군의 기예는 아군에게 미치지 못하는데 군량을 공급하는 어려움은 배나 됩니다…….만약 그때 명군에게 준 곡식을 아군에게 주었더라면 10만의 병력을 기를 수 있었을 것이며 지금과 같이 쇠약한 지경에는 이르지 않았을 것입니다."라는 구절이 있다. 남의 나라 백성인 명군을 위해 조선군에 대한 보급량이 상대적으로 부족해 조선군의 전력이 약해지고 백성들의 생활이 더욱 궁핍해졌다는 통탄이 담긴 내용이다. 이처럼 명은 오히려 전쟁을 일으킨 왜군보다 더한 악행을 저질렀으니, 과연 무엇을 위해 누구를 위해 전쟁에 명의 도움을 요청했단 말인가?

한 걸음 더 나아가 명은 전쟁 후, 재조지은(再造之恩, 망해가는 나라를 다시 살펴주었다.)을 내세우며 조선의 내정을 간섭하고 광해군의 세자 임명을 승인하지 않는 등 더욱 기세당당하게 조선을 압박해왔다.

사실 임진왜란은 조선과 왜군만의 단순한 전쟁이 아니었다. 당시 동아시아 3국이 모두 참전하여 동아시아 질서를 변화시키고 새로운 근세로 향해 가려는 조선, 명, 왜 세 나라 모두가 대립한 대규모 국제전이었다. 7년에 걸친 이 전쟁으로 세 나라의 상황은 완전히 달라졌는데, 전쟁을 일으켰던 왜에는 새로운 정권인 도쿠카와 막부가 들어섰다. 그리고 명은 내부 문제와 전쟁으로 재정이 약해지고 농민반란까지 겹쳐 결국 50년 후 멸망하고 만다. 그 후 여진족이 만주에 세웠던 청이 새로운 중국대륙을 차지하게 되면서 30년 후 조선에 병자호란(丙子胡亂)이라는 또 다른 상처를 안겨주었다. 막상 전쟁의 무대로 손실이 가장 컸던 조선만이 300년이나 더 나라를 유지했지만, 재정으로나 인명으로나 그 피해와 상처는 모두 이 나라 백성들의 몫이었다.

어느 시대나 전쟁으로 인한 상처는 물질적으로나 정신적으로 큰 후유증을 가져오게 마련이다. 먼저 광해군은 전쟁으로 인해 무너진 사회 질서와 윤리를 바로잡고 왕권을 확립하기 위해 백성들을 교화하는 일이 절실하다고 판단했다. 전쟁으로 불타버리고 소실된 각종 서적들을 정리하고 새로 편찬하는 작업에 힘을 쏟는데, 대표적인 작품이 의학서인 허준(許浚)의『동의보감』과『동국신속삼강행실도』였다. 허준이 편찬한『동의보감』은 당시 전후의 각종 질병과 전염병에 시달리던 백성들을 위해서도, 의학을 공부하는 후학들을 위해서도 그 가치와 유용성을 지금까지도 인정받고 있다. 또『동국신속삼강행실도』는 전쟁 후 문란해진 백성들에게 효(孝)의 정신과 국가를 위하는 충(忠)의 의식을 심어주어 올바른 심성을 함양하려는 의도로 간행한 책이었다.

또 '공납의 전세화'라 불리는 대동법(大同法)을 시행하여 농민들의 부담을 줄이려 노력했다. 많은 토지를 소유한 지주들의 반대와 각종 폐단으로 어려움이 따르긴 했지만, 당시로서는 부담스러운 공납제도를 개편하는 새로운 방법이었다.

이런 백성들을 위한 제도 시행과 국가 정상화의 노력을 망각하고 반정공신들은 인목대비를 유폐한 일, 형제들을 처형한 일, 궁궐 공사의 실정, 그리고 명과의 외교 등을 내세워 광해군을 내쫓은 일을 정당화한다. 연산군도 그의 행위가 정적들에 의해 역사에 과대하게 기록된 부분이 있지만 그를 긍정적인 방향에서 재평가 하려는 움직임은 없다. 하지만 광해군은 오랜 세월이 지난 지금 다양한 분야에서 다각도로 재평가 받고 있다. 과연 광해군은 어리석고 포악한 군주인가? 아무런 존호도 시호도 없는 광해군이란 호칭이 그에게 적합한 것인가? 아니면 부모를 비롯해 인덕이 없었을 뿐 그 시절 대내적으로나 국제적으로나 변해가는 시대 상황을 예리하고 명확하게 분석한 개명한 군주였던가?

다른 부분은 접어두더라도 지나친 궁궐 공사를 벌인 일만큼은 커다란 실책임을 인정해야 한다. 선조 때 시작했던 창덕궁 공사는 광해군 4년인 1611년에 완공됐다. 그 후에도 광해군은 창경궁을 비롯해 경덕궁과 인경궁을 지었고, 뒤이어 자수궁까지 짓는 반복되는 궁궐 공사를 시행한다. 사실 임진왜란 후 정궁인 경복궁을 포함해 다른 궁궐까지 불타버렸으니 국가를 운영하는 임금으로서 궁궐의 복원은 당연한 의무였다. 그러나 전쟁 중에 직접 백성들의 생활을 체험했던 광해군은 무엇보다 무리한 공사가 백성들에게 어떠한 고통을 주는지 잘 알고 있었을 터다.

주자가 주장한 "십회훈" 중 '부불검용빈후회(富不儉用貧後悔)'라는 말이 있다. 풍족할 때 아끼지 않으면, 가난해진 뒤 후회한다는 뜻이다. 정약용도 『목민심서』에서 "백성을 사랑하는 근본은 아껴 쓰는 데 있음"을 거듭 강조하고 있다. 동양의 마키아벨리인 한비자도 군주가 궁궐과 누각 그리고 연못 가꾸기를 좋아하는 일은 군주의 재앙이라 평하였다. 어디 이뿐인가? 서양의 프랭클린이 강조한 13가지 덕목 중에도 '절약'을 요구하며 이롭지 못한 일에 돈을 지출하지 말 것을 당부하고 있다. 동·서양을 가리지 않고, 늘 검소한 정신은 위대한 성인들의 가르침을 떠나지 않고 있다. 무엇보다 국가를 경영할 최고 통치자는 근검 절약을 자신을 비롯해 국가 재정에 있어서도 반드시 실천해야 하는 의무이다.

전쟁의 상처가 치유되지 않은 혼란한 상황에서 궁궐 공사에 필요한 비용과 노동력을 제공하는 일은 모두 백성들의 몫이었다. 재화 충당과 노역으로 인한 백성의 고통은 차마 말로 설명할 수 없을 만큼 참담했다. 논어에 "비용을 절감하고, 사람을 사랑하며, 백성을 부리되, 때에 맞게 해야 한다."는 구절이 있다. 농업 국가였던 당시에 농번기를 피해 국가 공사를 해야 한다는 뜻이다. 농번기가 아니어도 적합한 상황에서 공사를 해야 백성들의 부담을 덜 수 있다. 역사상 무리한 공사를 벌인 국가는 멸망과 동시에 군주가 비참한 최후를 맞았음을 반드시 명심해야 한다.

광해군은 강력한 법과 무리한 공사로 중국 역사상 가장 짧은 시간에 멸망한 진(秦)나라와 수(隋)나라에서 교훈을 얻어야 했다. 위대한 성인들이 늘 강조하던 덕목에도 누구에게나 근검절약 정신을 반드시 강조하기 때문이다. 무슨 일이든지 지나치게 백성을 병들게 하고 국가 재정을 낭비하면 그 끝이 어두운 그림자로 멍든다. 광해군의 무리한 궁궐 공사는 백성을 지치게 했고, 급기야 자신을 파멸로 몰고 간 이유를 스스로 제공한 셈이 되었다.

절묘한 외교 정책이 부른 파멸

임진왜란 후 명이 서서히 몰락해가며 누르하치의 후금(後金)이 만주에서 강력하게 성장해가고 있었다. 누르하치는 1605년 만주의 여진족을 통일하고 명을 공격할 정도로 막강한 세력을 형성했고, 1616년 비로소 국호를 후금으로 칭하며 더욱 큰 야심을 품고 주변 국가들을 정복하고 있었다.

조선은 건국 초부터 태조 이성계가 펼친 사대교린 정책에 의해 명나라에 조공하고, 여진족을 오랑캐로 멸시하는 관습이 오랜 시간 자리잡고 있었다. 이런 가운데 성장해가던 후금은 명과 패권전쟁을 일으킨다. 그러자 명은 예의 재조지은을 내세우며 조선에게 전쟁에 참여할 것을 촉구하고 후금 토벌을 위해 조선에 지원병을 요청한다.

조선의 신료들은 임진왜란 때 받은 은혜를 내세워 후금을 공격해야 한다는 명분론을 내세우기 시작했다. 그러나 광해군의 판단은 그들과 달랐다. 이미 겉포장만 화려한 빈 상자에 불과한 명은 실제로 망한 것이나 다름없었고, 반면에 내실을 다져가는 후금은 무시할 수 없다는 판단이었다. 명과 후금 두 나라와의 관계를 조선의 국익에 도움이 되는 방향으로 적절히 조절해 중립 외교를 하겠다는 파격적인 결정이었다.

명의 부탁을 거절할 수 없는 상황이었으므로 강홍립(姜弘立)을 도원수로 삼고 은밀히 밀지를 내린다. 명을 돕되 기회를 살펴 후금에 투항하여 인명 피해를 최대한 줄이라는 것이었다. 광해군은 이미 명이 후금을 이길 수 없고 누르하치의 목적이 조선 공격이 아닌, 명을 멸망시키는 데 있음을 통찰하고 있었다. 따라서 두 나라의 전쟁에 조선이 희생할 필요가 없으니 명에는 형식적으로 명분을 지켜주면서도, 후금을 자극하지 않고 우호적인 자세로 대하여 조선의 국방과 내실을 강화하려는 영리한 결단이었다.

그러나 광해군의 각본에 의해 이루어진 강홍립의 항복으로 신료들은 지조를 잃은 강홍립의 가족들을 처형해야 한다고 주장한다. 이때의 광해군의 심정을 실록은 다음과 같이 기록하고 있다.

> "적의 형세는 날로 강대해지는데 우리 병력은 믿을 것이 없다. 고상한 말과 큰소리만으로 하늘을 덮을 듯한 흉악한 적의 칼날을 막아낼 수 있겠는가. 적들이 말을 타고 마구 짓밟는 날에 담론으로 막겠는가. 붓으로 무찌르겠는가. 대국 섬기는 성의를 더욱 다해 붙드는 계책과 함께 기세가 왕성한 적을 미봉하는 것이 오늘날 국가를 보전할 수 있는 좋은 계책이다. 그런데 강홍립 가족 구금만 줄곧 문제 삼으니 마음속으로 웃음만 나온다."

광해군은 신하들의 주장을 무시하고 강홍립 가족을 보호해주었다. 또한 강홍립을 후금 정보원으로 적절히 활용해 조선이 최대한 전쟁의 희생양이 되지 않도록 외교정책을 펼쳐나갔다. 또 재조지은을 내세우며 계속되는 명의 파병 요구에도, 임진왜란으로 우리 조선은 재정적 여유가 없고 속히 피해를 복구해야 한다는 이유를 내세워 더 이상 파병할 수 없다는 뜻을 전하였다. 정말 멋있고 훌륭한 군수라는 생각을 지울 수가 없다. 그는 진정으로 백성을 걱정하고 현실적인 안목을 갖추었으며 이를 과감하게 실천한 탁월한 군주였다.

그에 비해 변해가는 국제 정세를 제대로 판단하지도 못하고 그저 명분론만 앞세우며 이미 망해가는 명에 대한 재조지은만 내세우는 신하들이 한심할 뿐이다. 사대부들이 군역의 의무를 기피하고 전쟁 때 도주하는 일을 당연하게 생각했던 관료들이 아니었던가? 자신의 아들을 전쟁터로 내보낼 생각은 하지 않으면서 출병을 강요하는 태도는 마치 현대 고위 관료들이 불법적인 방법으로 아들을 군대에 보내지 않으면서 힘없는 국민들의 희생을 강요하는 이중적인 행위와 닮아 있다. 이런 상황을 근심하는 광해군의 태도에서 진정한 애민 군주의 모습을 발견할 수 있다.

어느 시대의 어떤 전쟁이든 전쟁이 승리하면 임금과 장수의 영광은 있어도 백성의 영광은 없는 것이다. 이긴 전쟁이든 진 전쟁이든 결국 직접 전투에 임하는 백성들이 희생양이 되는 건 당연한 일이었다. 자신의 신하인 강홍립을 끝까지 지켜주고, 백성들을 최대한 희생시키지 않으려는 광해군의 결정은 그러나 아쉽게도 그의 시대를 종식하는 결과를 가져오고 말았다.

인조반정, 누구를 위한 쿠데타였나

선조와 인빈 김씨 사이에서 태어난 정원군의 아들 능양군(綾陽君)이 서인들과 함께 반정을 주도하여 광해군을 몰아내고 조선 16대 임금이 되니, 그가 인조(仁祖, 1595~1649)이다. 사람의 인생은 마지막 흙 속에 묻힐 때까지 예측할 수 없다는 말은 마치 능양군에게 해당되는 듯하다. 그는 1623년 쿠데타에 성공하기 전, 동생인 능창군(綾昌君)이 역모죄로 죽음을 당할 때부터 광해군에게 깊은 원한을 품었겠지만, 광해군은 자신이 능양군에게 어처구니없이 왕위를 빼앗길 줄은 몰랐을 것이다. 단종은 삼촌에 의해 왕위를 빼앗겼지만, 반대로 광해군은 조카에게 왕위를 빼앗겼다. 자신의 왕위를 지키려 친형인 임해군과 이복동생 영창대군까지 사사했던 광해군. 그러나 신경도 쓰지 않았던 제3의 인물에 의해 어이없이 그 자리를 빼앗기고 말았다. 그 시대 누구도 생각 못한 뛰어난 외교정책을 펼치며 왕권 강화에 그토록 집착했던 광해군이 명분 없는 쿠데타로 한순간에 무너져버렸다.

쿠데타가 성공하면 그 기쁨을 누리는 쪽은 반정공신들이다. 그들은 광해군의 인목대비 유폐, 무리한 궁궐 공사 진행, 명나라의 은혜를 갚지 않은 것 등의 이유를 내세우며 자신들의 행위를 정당화시켰지만, 인조반정은 사실상 조선이 망국(亡國)의 길을 걷는 예고편에 해당하는 쿠데타였다. 인조를 비롯해 서인들의 부와 명예를 창출하고 권력을 남용한 그들만의 축제였을 뿐, 국가와 백성들에게는 불행의 전초전이 되었다. 현대 사회도 마찬가지다. 어떤 후보가 대통령에 당선되는 결과는 그와 함께 정치적 행보를 함께하는 측근들에게 큰 변수로 작용할 뿐, 사실상 국민들은 대통령이 누가 되는 것보다는 그 대통령이 국가와 국민을 위해 어떤 혜택을 안겨주는가가 더 중요하다. 그리고 사회와 경제를 안정시켰을 때 훌륭한 대통령이란 평가를 받게 된다. 인조반정의 혜택은 백성이 아닌 서인들에게 돌아갔고 그들이 점차 왕권보다 강한 정치집단으로 성장해가는 토대를 제공했을 뿐이다.

반정공신들과 인조는 명의 은혜를 강조했지만, 아이러니하게도 명은 이런 논리를 내세우는 인조를 오히려 임금으로 승인하려 하지 않았다. 또 무엇보다 중요한 여론인 민심도 인조를 응원하는 분위기가 아니었다. 명에서는 인조의 국왕 승인을 반대하며 그의 왕위 찬탈을 못마땅하게 여겼고, 심지어 광해군을 다시 복위시키기 위해 군사를 파견하려 했다는 기록도 전해진다. 물론 인조와 서인들은 명의 이러한 반응이 백성들에게 알려지는 일이 부끄럽고 두려웠을 것이다.

당시 명의 기록으로는 후금이 명을 심하게 위협하며 격하게 공격해오기 시작할 때쯤, 조선을 이용해 후금을 견제하기 위한 방책으로 인조의 왕위를 승인해주었다고 한다. 인조와 서인들의 명에 대한 어리석은 집착은 더 이상 설명할 방법도 없다. 명은 언제나 자국의 이익 앞에 조선을 끝까지 이용했고, 조선은 명에 대한 재조지은을 외치며 실속 없는 충성만 하다가 급기야 무시하던 오랑캐 앞에 맥없이 무릎을 꿇고 말았다. 서인들은 광해군의 중립외교 정책에 반대하며 명에 대한 도리를 강조했지만, 실상 명은 그런 행위를 비웃으며 광해군 정책에 만족하고 있었다. 국가에 충성하고 백성들의 안위를 걱정해야 할 관료들이 정작 해야 할 일은 하지 않고 잘못된 쿠데타로 백성들에게 병자호란(丙子胡亂)과 정묘호란(丁卯胡亂)의 피해만을 떠안기고 말았다.

물론 대중매체를 통해 인조의 굴욕이 사실과 다르게 알려진 부분도 있다. 실제로 청나라의 황제 앞에 '삼배구고두'(세 번 절하고 머리를 아홉 번 바닥에 찧는 것)를 행하는 치욕스러운 예를 올렸지만, 인조가 피를 흘리며 바닥에 머리를 심하게 찧었다는 기록은 찾아볼 수 없다. 하지만 중요한 내용은 이런 항복의 예를 올린 행위가 아니다. 당시 정복에 성공한 청은 갈수록 넓어지는 국토에 부족한 인력을 공급하기 위해 60만 가까운 조선인을 포로로 데려가 노예시장에 전시했고, 그들은 인간 이하의 대접을 받으며 노예로 살아야 했다. 더욱 가슴 아픈 것은 조선 여인들이다. 그녀들은 자신의 의지와 상관없이 외국에 끌려가서 첩이나, 매춘부로 팔려가는 수모를 당해야 했다. 고국에 돌아온 후에도 오랑캐에게 몸을 더럽힌 '환향녀(還鄕女)'라는 멸시를 받으며 살다가 결국 목숨을 끊은 여인들이 많았다.

　게다가 청은 차기 국왕이 될 세자와 봉림대군을 인질로 잡아갔다. 아무런 준비도 대책도 없이 명분만 내세웠던 인조와 신하들, 임금과 국가를 믿지 않았던 백성들, 50일 남짓한 전쟁 동안 지도자도 백성들도 솔선수범해 싸울 의지가 없었다. 당시 1천만 명이던 조선 인구에 비해 청의 인구는 그 절반밖에 되지 않았는데도 그들을 막아내지 못했다. 광해군은 이미 오래전 후금과 등을 지면 정묘호란이나 병자호란 같은 전쟁이 일어날 사태를 예측하고 우호적인 입장을 유지하는 방안을 택했다. 반정으로 임금만 교체되지 않았다면 적어도 그 많은 백성들이 고통 받으며 남의 나라에서 노예로 비참하게 목숨을 이어가야 하는 일은 발생하지 않았을 것이다.

조국에 거부당한 두 사람, 소현세자와 강빈

이미 조선의 몰락은 다가오고 있었지만, 그 위기를 기회로 삼았던 두 인물을 냉정한 시각에서 조명해보고자 한다. 바로 비운의 주인공인 소현세자와 그의 아내 강빈이다. 소현세자는 청나라에 인질로 끌려가 조선에 대한 청의 요구를 적절히 수용하고 조절하는 역할을 해 낸다. 물론 대중매체를 통해 지나치게 소현세자와 강빈을 위대한 개혁가처럼 찬양하면서 만일 소현세자가 국왕이 되었다면 선진 문물을 받아들여 훗날 일본과 우리의 역사가 바뀔 수 있었다는 미화된 주장이 제기되곤 한다. 두 사람을 국가와 백성을 위해 준비된 국왕과 왕후처럼 각색해 시대를 앞서간 개화된 인물로 설정하는 데 익숙해져 있다. 실록과 심양관일기를 조금 더 치밀하게 분석해보면 과연 이 두 사람이 그만큼 뛰어난 자질을 갖춘 안타까운 개혁가였는지 의문이 생긴다.

인조실록과 심양관일기에는 농업 경영과 무역으로 벌어들인 많은 돈을 갖고 사치스럽게 생활하고, 비축한 돈이 있으면서 이 사실을 숨기고 조선 조정에 무리할 정도로 생활비를 보내달라는 요구를 했다는 기록이 남겨져 있다. 인조를 비롯해 강빈과 적대관계였던 세력들 입장에서 기록한 실록이 소현세자와 강빈을 부정적으로 평가했을 가능성도 있다.

그러나 심양관일기에 청에서 벌어들인 돈을 숨기고 아직 어수선하고 힘겨운 조선에 막대한 생활비를 요구하며 귀국 후 청에서 받은 화려한 선물들을 신료들에게 자랑하며 철없이 행동했던 소현세자에 대한 기록도 그저 모함이라고 매도할 수만은 없다. 또 당시 국왕이며 시아버지인 인조에게 무례하게 대항하며 자신의 주장을 막무가내로 추진하려한 행동을 보면 강빈이 유순하고 참을성 있는 성품이 아니었음을 느낄 수 있다.

중국 속담에 "날씨와 여자의 인생은 예측할 수 없다."는 말처럼, 강빈은 조선에서 온실 속 화초처럼 자란 여인이었다. 그 옛날 남녀의 구분이 엄격하고 궁궐에 갇혀 내명부 여인의 도리를 교육받았던 세자빈이 남의 나라의 인질이 되리라고는 상상도 못했을 것이다. 그러나 강빈은 개방적이고 강한 여성이었다. 오랑캐라 멸시하던 청나라의 풍습도 좋은 것은 우리가 배워야 한다며 직접 농사를 짓고, 장사하는 일도 멸시하지 않고 실행해나갔다.

청은 인질로 데려온 소현세자와 강빈을 비롯한 200명 가까운 심양관 식구들에게 더 이상의 식량을 공급할 수 없다고 선포하며 대신 농사 지을 땅을 마련해준다. 이때 강빈은 청나라 사람들의 부족한 농사 기술을 빠르게 간파하여 농산물을 판매하는 사업을 진행한다. 우선 노예시장에서 조선인 포로들을 사들여 농사를 짓게 했다. 그리고 청에 부족한 물건을 조선에서 구입해 비싼 값에 판매하는 무역업도 병행하기에 이른다. 이렇게 사업수완을 발휘하여 막대한 양의 재물을 축적하지만 이러한 강빈의 행위가 당시 조선 사회 지배층의 시각에서는 긍정적인 모습으로 비쳐지진 않았다.

역사에서 그녀에 대한 상반된 기록을 볼 때면 아쉬움이 남는다. 때로는 자신의 소신을 굽히고 적절하게 시아버지 인조에게 순종하며 속내를 숨길 수도 있어야 했다. 시간이 지난 후 정권을 장악한 노론의 거두 중 한 사람인 송준길이 강빈의 외당숙이었던 사실을 감안한다면 강빈과 인척인 인연으로 강빈의 신원을 회복하며 높이 평가했을 수도 있었다. 아니, 차라리 인조 사후에 조선에 귀국했다면 그들의 운명은 어떻게 되었을까?

그러나 두 사람의 역사는 진취적이었던 그들의 생각이 고국에서 환영받지 못한 채, 억울한 죽음을 맞이하는 것으로 끝난다. 청 황제에게 신임받는 아들에게 왕권에 위협을 느낀 인조. 그리고 그것을 이용해 자신들의 권력을 강화하려 부자간의 이간질을 일삼던 신하들에 둘러싸인 소현세자는 의문의 죽음을 당한다. 사람들은 그가 독살되었으며 그 배후로 인조를 지목하고 있다. 소현세자 죽음 후에 인조는 며느리 강빈을 억울한 누명으로 사사하고 손자들까지 귀양 보내버린다. 또한 유교 종법에 어긋난 둘째아들 봉림대군을 세자로 책봉하면서 훗날 예송논쟁을 일으키는 원인을 제공하고 말았다.

역사의 평가는 아직 끝나지 않았다

철학자 사르트르의 말을 다시 한번 인용하면 "신은 사람들에게 각자 백지를 한 장씩 주었는데 그것은 사람들 자신이 채워가는 것"이라고 했다. 삼촌인 광해군을 폭군이라 하여 몰아내고 군주의 자리를 차지한 인조는 재위 기간 27년 동안 백지에다 무엇을 채웠던 것일까.

왕의 자리는 하늘이 정해준다 했는데, 하늘은 그에게 광해군의 재위 기간보다도 두 배 더 많은 30여 년의 시간을 군주의 자리에 머물게 하셨다. 하지만 그는 하늘의 이러한 은혜를 어떻게 갚았나? 왕으로서 무슨 성과를 거두었던가? 두 번의 전쟁을 자초해 죄 없는 백성들을 남의 나라 노예로 살게 했고, 아들과 며느리의 자질을 질투해 비참하게 죽게 했다.

광해군이 조정의 신하들과 화합하지 못하고, 형제들을 사사하고, 무리한 공사로 백성들을 힘들게 한 죄를 지적했던 인조. 분명 주변 신하들을 포용하지 못하고, 충성할 신하를 제대로 키우지 못한 광해군의 부족한 리더십도 인정해야 한다. 하지만 군주에게 무엇보다 중요한 과업은 백성들을 사랑하고 백성들에게 피해를 주지 않은 정치를 하는 일이다. 광해군 시절 궁궐 공사에 동원된 백성들이 더 고통스러웠을까? 아니면 인조 때 전쟁을 치르고 청에 노예로 끌려간 백성들이 더 고통스러웠을까?

광해군은 쫓겨난 후 강화도로 유배되고, '이괄의 난'으로 태안으로 옮겨졌다가, 다시 강화도로 돌아왔다. 67세로 제주도 유배지에서 생을 마감할 때까지 여러 번 유배지를 옮기며 갖은 수모를 당해야 했다. "정승 집 개가 죽으면 가도, 정승이 죽으면 가지 않는다."는 인간의 간사한 속성은 광해군의 경우에서도 잘 드러난다. 쫓겨난 광해군에 대한 대접은 가난한 평민보다 못했다. 한때 국가 최고의 지위에 있었던 군주지만, 귀양지를 다니며 호송하는 별장과 계집종에게까지 모욕과 멸시를 받았다. 언제 목숨을 잃을지 모르는 불안함과 어쩌면 다시 재기할 수 있다는 희망 사이를 오가며 그는 쫓겨난 후 19년이나 되는 긴 세월을 견디다 1641년 제주도 유배지에서 죽음을 맞았다.

그는 분명 패자였고 인조는 승자였다. 임금의 자리에서 쫓겨난 후, 정묘호란과 병자호란을 겪었고, 이괄의 난도 지켜보며 그는 자신의 외교정책이 옳았다는 판단을 했다 해도, 여전히 그는 평민보다 못한 대접을 받는 실패한 군주였다. 아들을 위해 정적들을 제거하고 왕권을 강화한 후 물러난 태종과 같은 도량 넓은 아버지를 만나지 못한 것이 그의 불행이었고, 뛰어난 정치 감각을 옹호해줄 세력 기반을 확보하지 못한 점이 가장 큰 실책이었다.

물이 너무 맑으면 물고기가 살 수 없고, 간신 사이에 충신은 버틸 수 없는 것처럼, 미래를 내다보는 뛰어난 식견을 갖추었어도 시대의 흐름과 주변의 뒷받침 없이 열매를 얻기는 무성한 잡초밭을 단시간에 화사한 장미 정원으로 바꾸는 것만큼 힘든 일이다. 때로는 그저 아무런 능력 없이 그 시대와 신하들의 요구에 순응한 임금이 성군으로 평가받는 것처럼, 그릇이 크지도 작지도 않은 평범한 군주가 편안하게 그 자리를 지킬 수 있는 것일까?

조선은 무능한 인조로 인해 광해군의 정책이 무너지며 전쟁을 자초했고, 또 반정공신을 제대로 제거하지 못해 조선 후기까지 권력욕에 가득한 서인들이 정치무대를 이어가게 했다. 인조는 결국 훗날 특정 집단에 의해 왕권이 약화되고 쇄국 정책을 펴는 계기가 되는 길목을 열어준 안내자였다.

지나간 역사에 미련을 갖는 건 의미 없는 일이란 걸 잘 알고 있다. 하지만 광해군이 다스린 조선은 인조의 조선과는 다른 방향으로, 좀 더 실리적인 이득을 얻으며 외교를 펼치고 전쟁으로 피폐해진 국가적 기반을 충실하게 다져나가지 않았을까 하는 생각을 하게 된다. 당대의 역사는 인조를 승자로 광해군을 패자로 기록하고 있지만 훗날의 역사적 판단은 광해군에 대해 이전과 다른 평가를 하고 있다. 물론 이 새로운 평가가 무척 오도된 평가라는 주장도 있다.

군주란 무엇인가. 진정한 군주라면 정치의 목표를 어디에 두어야 하는가. 광해군과 인조, 전혀 다른 길을 택한 두 군주의 행적을 따라가며 군주란 무엇인가를 다시 묻는다.

진정한 리더는 격려할 뿐 경쟁하지 않는다

오랜 세월이 지난 후에도 리더의 처세술에 모범이 되는『삼국지』는 누구나 한번쯤 접해보는 고전이다.『삼국지』는 혼란스러운 전쟁 중에 펼쳐지는 세상의 다채로운 면모를 다양한 인물들의 행적을 통해 의미 있게 전해주곤 한다. 그 대표적인 주역들 중 늘 대조적으로 비교되어 왔던 유비와 조조가 리더로서 보여주었던 처세에 대해 살펴보자.

차가운 조조에 비해 늘 따뜻한 이미지로 덕을 갖춘 리더의 전형으로 그려졌던 유비. 무엇보다 유비가 강하게 풍기는 매력은 부드러운 인간성, 그리고 어떠한 위기 상황에서도 백성과 부하를 버리지 않는 의리다. 예를 들어 사람들이 많이 꼽는 것이 장판교 전투이다. 조조에게 쫓기면서 당시 강보에 쌓인 아기였던 유비의 아들 유선을 품에 안고 조조의 공격을 벗어나 유비에게 도착한 조자룡. 목숨 걸고 지켜낸 아들을 유비에게 안겼을 때, 유비의 행동은 과연 주변 부하들을 감탄과 감동으로 이끌며 충성을 발휘하게 한다. 핏덩어리 아기인 아들을 뒤로 하고 조자룡을 껴안고 말한다. "이 하찮은 놈 때문에 훌륭한 장수를 잃을 뻔했으니."

할아버지와 손자인 조선의 두 임금은 유비에게 배우지도 못했을까? 혼자 편하게 살아보겠다며 압록강을 건너 백성들을 버리고 명으로 망명하려 한 선조. 치욕스런 항복의식을 마친 후 아들인 소현세자를 비롯해 50만 가까운 백성들이 청나라의 포로로 잡혀갈 때 인조의 태도는 더욱 수치스럽다. 혹독한 추위 속에서 사슬에 묶여 끌려가는 도중에 죽어간

광해군 vs 인조

자들의 시체와 살려달라는 백성들의 울음을 외면한 채, 자신의 아들인 세자는 온돌방에서 따뜻하게 거처하게 해달라고 부탁하지 않았던가.

비록 대조적인 이미지와 서로 목을 겨누는 적의 관계였지만 유비와 다른 매력으로 능력 있는 리더의 모습을 남긴 조조. 조조의 리더십 중 가장 높이 평가할 수 있는 부분이 인재를 아끼고 차별 없이 등용하여 그 능력을 적합하게 활용할 줄 아는 안목이다. 비록 나를 죽이려한 과거 적의 부하였어도 반드시 내 사람으로 만들려는 도량, 그는 자신의 의견에 반대해 전쟁에 졌을 때도 부하를 탓하지 않았다. 관우의 인품에 반하고 조자룡의 솜씨에 반해 자신의 사람으로 만들려 했으나 실패했을 때도, 그들을 죽이지 않고 그 재능과 용맹을 아끼며 주인의 품으로 보내주었다.

그런데 선조는 임진왜란 중에 국가와 백성을 위해 분골쇄신한 김덕룡 장군을 사사하고, 이순신이 백성에게 신망받자 죽이려 했고, 전쟁 후에도 이순신을 평가 절하하려 치졸하게 노력하지 않았던가. 적의 인재도 안아야 할 판국에 우리의 인재마저 죽이려한 옹졸한 행동. 병자호란 후 현명한 외교와 백성 구제에 온 힘을 다해야 할 정국에서 오직 자신의 치욕만을 생각하고 신하들을 탓하고 심지어 아들까지 독살한 인조. 우리는 이 두 리더의 모습을 보며 하늘을 원망해야 하는가? 조조가 늘 외치지 않았던가? "승리는 하늘이 내리는 것이 아니라 사람이 만드는 것이다. 내가 천하를 버릴지라도 천하가 나를 버릴 수는 없다."

바로 성공의 근본에 인재가 있으며, 리더는 인재를 대접하고 활용하는 데서 진정한 능력이 발휘되는 것이다.

김부식 vs 묘청

설익은 명분은
냉철한 실리를
이길 수 없다

묘청에 비해 김부식의 행동은 대비가 된다. 묘청 일파가 성급하게 여러 사건을 일으키는 동안 과격한 반응을 자제하던 김부식은, 기회가 오자 강력하게 밀어붙쳤다. 묘청이 인종에 반항할 의사가 없음을 여러 가지로 밝혔음에도 불구하고, 이 사태가 몇 년 전부터 계획적으로 준비한 반역인 것처럼 몰아갔다.

우리 사회에서 묘청과 김부식이라고 하면 보통 '자주적인 이상을 굽히지 않고 추구한 사람'과 '사대주의에 찌들어 굴욕외교를 펴게 한 사람'을 떠올린다. 이러한 평가는 1920년대 역사학자 신채호에 의해 두 인물을 중심으로 한 충돌이 '조선역사 2천 년 중 가장 중요한 사건으로 지목되면서' 자리 잡은 것이었다. 그 이전에는 평가가 사뭇 달라서, 전근대에는 오히려 묘청이 요사스러운 승려로 여겨졌다.

이전에 내려졌던 평가가 완전히 잘못된 것이라고만 할 수는 없겠지만, 이렇게 기존의 평가에만 휩쓸리면 그 배경에 숨어 있는 것들을 놓치게 된다. 사실 냉정하게 내막을 들여다보면, 두 인물의 활동 배경에는 여러 요소가 복잡하게 얽혀 있다. 예를 들어 이때의 충돌은 기득권층인 개경파 문벌 귀족과 이에 도전하는 서경파의 세력 싸움이라는 측면도 엿보인다.

물론 여기서는 이들의 대결이 역사적으로 어떤 의미를 가지고 있느냐에 대해 이야기하자는 것이 아니다. 그들이 무엇을 내세웠느냐 보다는 자신이 내세운 명분을 어떻게 추진하려 했는가를 살펴보고 싶은 것이다.

사실 세상을 살다 보면 '무엇을'보다 '어떻게'가 더 중요해지는 경우가 많다. 김부식과 묘청은 이런 요소에서 대비되는 경우였다. 열정적인 것은 좋지만 그 열정이 마음만 앞세우는 꼴이 되면 의도와 달리 끔찍한 결과를 낳을 수 있다. 묘청은 바로 그런 경우에 해당했다. 그래서 냉정하게 상황을 지켜보다가 결정적인 순간에 상황을 주도했던 김부식에 당할 수밖에 없었다. 이와 같이 김부식과 묘청이 어떤 파벌에 속해 있었느냐를 떠나 이들이 자신들의 생각을 어떤 방식으로 행동으로 옮기다 어떤 결과를 초래했느냐는 관점에서 보는 것도 새로울 것이다.

유학자의 원칙에 충실한 문벌귀족 김부식

먼저 긴박한 상황에서도 냉정하게 움직였던 김부식의 성장 배경부터 살펴보자. 김부식의 조상은 신라 무열왕(武烈王)이라고 되어 있다. 신라가 망할 무렵 그의 증조부인 김위영(金魏英)이 고려 태조에게 귀부했다. 이 덕분에 김위영은 경주 지방의 행정을 담당하는 주(州)의 장관에 임명되어, 김부식(金富軾) 사형제도 경주에 기반을 두고 자랐다. 그를 포함해 사형제의 이름은 송나라 문호인 소식(蘇軾) 형제의 이름을 따서 지었다고 한다.

그러다가 김부식의 아버지 김근(金覲)이 과거에 급제하면서 이 가문이 중앙 정계에 진출하기 시작했다. 김근은 과거를 통해 예부시랑좌간의대부(禮部侍郞左諫議大夫)까지 올랐으나 젊은 나이에 죽었다. 이때 김부식은 열셋 혹은 열넷이었다. 비록 홀어머니의 손에서 자랐지만 사형제 모두 과거에 합격해 중앙관료로 진출했다. 특히 사형제 중 부식과 둘째형 부일(富佾), 동생 부철(富轍, 뒤에 富儀로 개명함) 삼형제는 당시 관직 중에서 가장 인정받는 한림직(翰林職)에 올랐다.

홀몸으로 아들들을 이렇게 키워낸 공으로 그의 어머니도 매년 임금이 정기적으로 내려주는 곡식을 받았다. 이때 김부식의 어머니는 상을 내려주겠다는 제의가 들어왔음에도, 아들들이 임금의 은총으로 이미 녹을 받고 있음도 감사한데 그 위에 또 다시 포상을 받을 수 없다 하여 받지 않았다고 한다. 이러한 어머니의 마음과 행동은 김부식에게도 큰 영향을 주었던 것 같다. 분위기에 휩쓸리지 않고 감정과 행동을 자제했던 어머니의 모습이 김부식의 이후 모습에 겹치는 것이다.

중앙정계에 진출한 김부식에게서 주목받을 만한 기록이 보이는 것은 인종(仁宗) 때이다. 이 시기는 인종의 외조부이자 장인인 이자겸(李資謙)이 실권을 잡고 왕을 압박하고 있을 때였다. 이자겸은 자주 왕을 뛰어넘는 권력을 과시했다. 인종이 즉위하고 나서, 이자겸을 신하가 아니라 임금의 외조부로서 왕과 같은 반열에서 대우하겠다는 조서를 내린 적이 있는가 하면, 이자겸의 생일을 인수절(仁壽節)로 정하자는 제의가 올라오기도 했다. 많은 신하들이 이자겸이 이러한 대접을 받는 데에 찬성 의견을 냈으나, 김부식이 '하늘에 두 해가 없고, 땅에 두

왕이 있을 수 없다'는 논리로 반대해 이를 제지한 적이 있다. 이와 같이 김부식은 당시의 예법의 기준, 특히 군신(君臣) 관계에 대한 원칙을 고수하는 입장이었다.

그렇다고 그가 이자겸과 적극적으로 대립하기만 한 것은 아니었다. 이자겸조차 자신의 위상을 격상시키려는 시도가 김부식 때문에 좌절되었는데도, 노골적으로 그를 핍박하지는 않았다. 적어도 공식적으로는 김부식의 반대를 넓은 아량으로 받아들였다. "신이 비록 무지하오나 지금 김부식의 의견을 살펴보니, 참으로 천하가 공인할 의견입니다. 이 사람이 아니었다면 여러 공(公)들이 늙은 저를 의롭지 못한 행동을 하게끔 부추길 뻔했습니다. 바라옵건대 그 의견을 따르시어 의심하지 마옵소서."라며 인종에게 김부식의 뜻을 수용하도록 요청했던 것이다.

결국 김부식은 이자겸이 왕과 같은 반열의 대접을 받지 못하게 만들었다. 그럼에도 불구하고 이자겸이 권력을 휘두르던 시기에도 김부식은 순탄하게 승진했다. 인종 4년에 해당하는 1126년, 김부식은 어사대부 추밀원부사(樞密院副使)에 올랐다. 이런 자리에 있을 때 이른바 이자겸의 난이 일어났지만, 그가 특별히 저항에 나선 흔적은 없다. 할 말은 다하면서도, 불리한 상황에서 함부로 '튀지 않는' 처세를 한 것이다.

물론 그는 이자겸 일파가 축출된 이후에도 순조롭게 출세했다. 1130년 6월에는 판삼사사(判三司使), 12월에는 정당문학 수국사(政堂文學 修國史)로 승진되어 재상직에 올랐다. 다음해 9월에는 검교사공 참지정사(檢校司空參知政事)로, 1132년(인종 10) 12월에는 수사공 중

서시랑 동 중서문하평장사(守司空中書侍郎同中書門下平章事), 1133년 12월에는 판병부사(判兵部事) 등으로 승진을 거듭하였다. 그러나 어두운 측면도 생겼다. 승진과 함께 묘청과의 악연도 시작된 것이다.

떠오르는 신진세력 묘청

김부식과 달리 묘청(妙淸)의 인적사항에 대해서는 알려진 것이 별로 없다. 속세의 성씨[俗姓]와 본관도 알려지지 않았으며, 단지 서경(西京) 출신이라는 정도만 알 수 있을 뿐이다. 뒤에 이름을 정심(淨心)이라 고쳤다. 그렇지만 유유상종이라는 말이 있듯이 주변 인물도 비슷한 성향을 가지고 있었다. 그러니 주변 인물도 같이 살펴볼 필요가 있다.

여기서 묘청과 떼려야 뗄 수 없는 인물이 있다. 바로 정지상(鄭知常)이다. 서경 출신인 그는 1114년 문과에 급제하며 벼슬길에 올랐다. 1127년에는 좌정언(左正言)으로서 척준경(拓俊京)이 대궐을 범한 죄를 들어 그를 탄핵했다. "이자겸을 제거한 일은 일시의 공(功)이나, 궁궐을 침범하고 불사른 것은 만세(萬世)의 죄다."라는 논리였다. 이 탄핵은 척준경을 유배 보내는 데 결정적인 역할을 했다. 척준경은 결국 유배 가서 죽었다. 1129년에는 좌사간에 올라 윤언이(尹彦頤) 등과 함께 당시의 실정을 논하는 상소를 올렸다.

이렇게 고려 중앙정계에서 활약하던 정지상이, 같은 서경 출신인 묘청(妙淸)·백수한(白壽翰)을 후원하며 정치에 끌어들였다. 이후로도 정지상은 서경파를 이끄는 핵심 인물 역할을 했다. 즉 정지상은 당시 실세 척준경을 탄핵하는 데 앞장서면서 정국을 주도하는 데 한몫을 하게 된 인물인 것이다.

그렇게 부각된 정지상은 묘청과 그 제자 백수한을 정계로 끌어들였다. 묘청과 백수한이 인종과 밀접한 관계를 보여주는 시발점은 인종 5년인 1127년, 왕을 설득해서 궁궐에서 관정도량(灌頂道場, 재난을 없애려 기도하는 불교 의식)을 열면서부터이다. 어떻게 보면 묘청 일파는 경력을 쌓아가며 출세했다기보다, 어떤 계기로 인해 갑자기 부각되는 경향이 있다.

인종이 이렇게 서경 출신들을 등용하게 된 데에는 나름대로 정치적 계산이 있었던 것 같다. 이자겸 일파를 몰아낸 후, 고려 중앙 정계는 김부식을 필두로 한 개경 귀족들이 장악했다. 인종은 이를 견제할 필요를 느꼈고, 묘청 일파는 바로 이러한 인종의 의중을 읽어내고 여기에 부합한 것이다. 이런 상황에서 척준경을 탄핵하는 데 공을 세운 정지상이 같은 서경 출신을 동원하며 세력을 모을 수 있었고 자연스럽게 개경에 기반을 둔 기존 세력이 아닌 서경 세력이 부각되기 시작했다. 정지상은 인종의 측근인 김안(金安, 초명은 찬), 문공인(文公仁) 등의 동조도 얻었다.

이러한 움직임이 김부식 같은 개경파 귀족들의 눈에 곱게 비칠 리 없었다. 묘청, 백수한, 정지상 등 서경 출신과 김부식을 중심으로 한 개경 출신 보수파 사이의 대립은 당연한 것이었다. 여기까지의 구도는 인종이 서경파를 키워 개경파와 대립하게 만들어놓고 그 틈에서 실추된 왕권을 회복하기 위한 정치 개혁을 추진하는 것이었다.

정국구도는 이렇게 권력의 핵심에 앉아 있는 왕이 만들어 나아갈 수 있다. 그렇지만 아무리 구도를 잘 짜 맞추어놓아도 사람이 의도대로 움직여주는 것은 아니다. 묘청 일파도 인종이 원하는 대로만 움직이지는 않았다. 사실 묘청 일파라고 인종이 자신들을 이용해서 기득권을 잡은 개경파 귀족들을 견제하려 한다는 의도를 못 읽어낼 리는 없었다.

어차피 개경파를 견제하는 데까지야 묘청 일파와 인종의 목표가 일치하고 있으니, 피차 협력하지 못할 것도 없다. 그렇지만 묘청 일파는 고분고분하게 견제 카드 역할이나 하기보다는 인종의 지원을 업고 자신들의 세력을 획기적으로 키울 계기를 마련하고자 했다. 그러한 의도가 이른바 서경천도론으로 나타났다. 서경은 고려 초부터 북진정책을 위해, 또 개경 귀족 세력을 견제하기 위해서도 중요시되었다. 그리하여 일찍이 태조 때부터 서경에서 분사제도(分司制度)가 실시되기도 했다.

묘청 일파는 개경이 이미 지세가 다했고 서경에는 왕기(王氣)가 있으니, 서경으로 수도를 옮기면 주변 36개국이 모두 머리를 조아릴 것이라며 왕을 설득했다. 이와 함께 칭제건원(稱帝建元), 즉 황제를 칭하고 독자적인 연호를 사용해야 한다는 주장도 곁들였다. 더 나아가 당시 중원을 위협하던 금(金)을 정벌해야 한다고도 했다.

이와 같은 주장의 근거는 풍수지리와 도참사상(圖讖思想)이었다. 당시 고려 사회에는 신라 말기 이래 풍수지리설이 크게 성행하고 있었기 때문에 묘청 등의 주장은 큰 호소력을 가지고 있었다. 물론 이러한 영향력은 당시 유행하는 풍조에 쉽게 휩쓸리는 사람들에게 강하게 나타나는 것이지, 권력의 핵심에서 중요한 이권과 함께 많은 사람들의 운명을 결정할 위치에 있는 사람들에게까지 결정적으로 작용하는 것은 아니다. 오히려 사회적으로 영향력을 가진 사고방식을 자신들의 목적에 이용하려 하는 것이 정치를 하는 사람의 주특기다.

묘청 일파나 인종 역시 이런 데에서 예외가 아니다. 그들이 '서경 천도'를 주장한 이유는 분명하다. 자신들의 정치적 기반인 서경으로 수도를 옮겨놓으면 그만큼 입지가 강화될 것이기 때문이다. '지세'가 어찌니 하는 말은 이를 미화하기 위한 명분이라고 보아야 할 것이다.

인종 역시 '지세 운운'과 '주변 36개 국이 모두 머리를 조아릴 것'이라는 말을 곧이곧대로 믿었을 것 같지는 않지만, 일단 서경 천도를 추진해주기는 했다. 어차피 개경파 견제라는 데까지는 묘청 일파와 목표가 같으니, 서경 천도가 여기에 도움이 된다면 추진 못할 것도 없었다.

그래서 개경파의 저항에도 불구하고 1128년에는 서경에 새 궁궐인 대화궁을 짓기 시작했다. 이자겸, 척준경 등의 난으로 궁궐이 소실된 터라 새 궁궐 건설이 필요하기도 했다. 하필 시작한 시점이 11월 엄동설한이고 엄청난 인력이 동원되어 백성들의 원성이 높았다. 그럼에도 인종은 친히 서경에 행차하며 관심을 보였다. 1128년 11월에는 김안으로 하여금 공사를 감독토록 하며 공사를 독촉하기도 했다. 이러한 노력에 따라 1129년 2월 서경에 대화궁이 완성되었다.

그러나 이후 묘청 일파와 인종이 일을 추진하는 태도는 눈에 띄게 갈렸다. 서경파는 천도를 무리하다 싶을 정도로 서둘렀다. 이를 위해 정지상과 김안 등은 적극적으로 묘청을 지지하는 글을 올렸다. "묘청은 성인이며, 그의 제자 백수한도 뛰어난 인물입니다. 그러니 그에게 국가의 대소사를 소상히 자문한 후에 정사를 처리한다면 반드시 국가의 태평성대를 보장받을 수 있을 것입니다."라는 내용이었다. 이런 상소에 대부분의 조정 신료가 서명해, 인종도 이를 무시할 수 없게 되었다. 그러나 이에 대한 저항도 있었다. 김부식, 임원애(任元敱), 이지저(李之氐)는 서명을 거부하여 반대 의사를 분명히 한 것이다.

능력보다 명분을 앞세운 주전론자들

묘청 일파가 개경파 귀족들과 각을 세운 또 한 가지 문제가 있었다. 당시 세력을 키워가며 대제국으로 부각되어가던 여진족이 세운 나라, 금(金)과의 외교문제였다. 여진족은 본래 압록강 연안 및 연해주 일대에 살면서 고려에게 복속해오던 종족이었다. 그러나 세력을 키워가던 여진족이 1115년, 완안씨의 아구다(阿骨打)가 요나라에 대항해 금(金)을 세우면서 사정이 달라졌다. 1117년에는 오히려 금이 형의 입장에서 고려에 대해 형제의 나라로 국교를 맺도록 요구해왔다. 이때 고려는 그 요구를 묵살하고 형세를 관망하면서 송나라와 가깝게 지냈다.

그러던 1125년, 금나라가 요나라를 멸망시키고나서 고려에 대해서도 군신관계를 요구해왔다. 이때 고려 내부에서 논란이 컸으나, 당시 집권하고 있던 이자겸 일파는 형세가 불리하다고 판단하고 금과의 충돌을 피하는 정책을 택했다. 이 정책에 따라 고려는 금의 요구를 받아들였다. 그런데 묘청 일파는 이러한 외교에 반대했다. 오랑캐에게 '신하'를 자청하는 굴욕을 용납할 수 없다는 것이 명분이었다. 이전의 국제관계를 보면 당연한 명분이겠지만, 이것을 현실에서 실현하는 문제는 별개의 차원이다. 묘청은 당시 상황에 비추어 상당히 위험하고 급진적인 태도를 취했던 것이다.

이는 인종에게도 압력이 되었다. 인종이라고 금과의 굴욕적 외교가 달가울 리 없었다. 그렇지만 인종은 달갑지 않다고 해서 무리한 일을 저지르고보자는 식으로 처리하는 성격은 아니었다. 이에 반해 묘청 일파는 과격하게 밀어부쳤다.

1127년 이들의 내심이 노골적으로 드러나는 사건이 있었다. 고려의 변방에서 조정으로 '금이 송과의 전쟁에서 지며, 송의 군대가 금의 영토 깊숙이 진격하고 있다'는 보고가 올라왔다. 정지상과 김안 등은 "이때를 놓치지 말고 송의 군대와 협력해서 금을 치자."고 주장했다.

인종이 김인존(金仁存)에게 자문을 구하자, 그는 '(송에 파견된) 김부식이 곧 돌아올 것이니, 기다려서 사실을 확인하자'는 의견을 냈다. 이후 김부식은 돌아와 그 보고가 거짓이었음을 확인해주었다. 섣불리 움직였으면 고려에 위험을 몰고 왔을 뻔한 일이었다. 그럼에도 불구하고, 서경파는 이후에도 금과 전쟁에 돌입할 것을 계속 주장했다.

1129년 2월 서경의 궁궐이 완성되고 인종이 서경으로 행차하여 낙성식을 가진 것을 기화로, 묘청을 비롯한 서경세력은 표문을 올려 칭제건원(稱帝建元, 황제로 칭하고 독자적인 연호를 사용함)할 것을 권고하고 이와 함께 주변국과 협공하여 금나라를 치자고 건의했다. 중신들은 이에 반대했고, 인종에게 받아들여지지도 않았다.

하지만 묘청 일파의 큰소리는 계속되었다. 정지상과 친하여 묘청을 스승으로 섬겼던 동경지례사(東京指禮使) 서장관(書狀官) 최봉심(崔逢

深)의 언행도 그중의 하나였다. 그는 "국가에서 나에게 장사(壯士) 일천 명만 주면 금나라에 들어가 그 임금을 잡아다 바치겠다."고 큰소리를 치고 다녔다.

1132년에도 서경 사람들이 묘청과 정지상의 뜻에 따라, 칭제(稱帝)하고 연호 사용하기를 청하는 일이 있었다. 묘청의 난이 일어나기 직전인 1135년 12월에도 우정언(右正言)으로 있던 황주첨(黃周瞻)이 같은 청을 올렸다. 인종은 답을 주지 않았다. 확실한 답을 내놓는 것 자체가 곤란한 문제였는데도, 묘청 일파는 정치적 후원을 얻어야 할 왕의 입장이 곤란해질 정도까지 몰아간 셈이었다. 금과 일전을 겨뤄 제압할 수 있다면, 고려인 치고 그러지 말자고 할 사람은 거의 없겠지만, 문제는 현실적 가능성이었다. 가능했다면 인종부터 고려를 대표하는 국왕으로서 여진족에게 굴욕적인 외교를 하려 했을 리 없다. 그만큼 힘으로 겨루어 이기기 어렵다고 판단했기에, 어쩔 수 없이 그동안 '부모의 나라'라며 떠받들어 오다가 태도를 바꾸어 아우에서 신하로까지 취급하려는 처사를 감수했던 것이다.

묘청 일파가 금을 정벌해야 한다고 주장했던 시점에 고려와 금의 전력에 그리 큰 변화가 생긴 상황도 아니었다. 그렇다면 묘청 일파는 국가의 운명이 걸린 전쟁을 벌이자면서도 고려군의 전력 강화를 비롯한 전략이나 대책을 세워놓은 게 아니라는 뜻이다. 그러니 반대파인 개경파 귀족들에게 '대책 없는 주장이나 무책임하게 늘어놓는 집단'으로 몰릴 수밖에 없었다. 당연히 중신들의 비난이 쏟아졌다.

그만큼 묘청 일파의 정치적 입지는 좁아져갔다. 서경파의 기개는 높이 살만 하다 하더라도, 이들은 거짓 정보를 흘리며 납득하기 어려운 호언장담을 계속 해댔다. 나라의 운명이 걸린 일에 구체적인 전략이나 대책도 없이 명분만 내세워 금에 대한 정벌을 주장해서는 좋은 결과를 기대하는 것 자체가 무리였다.

실책을 인정하지 않는 고집과 오만

서경 천도 문제에 있어서도 이들은 똑같은 태도를 반복해서 보여주었다. 그 점은 서경으로의 천도를 성사시키기 위해, 노골적으로 분위기를 조성하려 했던 사건에서 여실히 드러났다. 1129년 3월 인종이 서경에 지어진 새 궁궐의 건룡전에 나와 하례를 받자, 묘청, 백수한, 정지상 등은 "임금께서 자리에 오르시자 공중에서 풍악 소리가 들렸으니 이 어찌 새 대궐에 행차하시는 상서로운 조짐이 아니겠습니까?"라고 아뢰었다. 이들은 더 나아가 이 내용의 표문을 작성해서 대신들에게 서명을 받으려 했다.

그러나 저항이 만만치 않았다. 서명해야 할 사람들이 "우리가 비록 늙었으나 귀는 아직도 어둡지 않은데, 공중의 풍악소리는 듣지 못했다. 사람은 속일 수 있지만 하늘은 속일 수 없을 것이다."라며 끝내 따르지 않았다. 정지상은 분개했지만, 결국 표문을 올리지 못했다.

이런 태도는 결국 중요한 때에 문제를 일으켰다. 묘청 일파에게 불길한 일이 터지기 시작했을 때 수습하기가 어려워진 것이다. 1130년, 서경 중흥사 탑에 화재가 났다. 이를 두고 어떤 사람이 묘청에게 물었다. "서도에 행차하시기를 청한 것은 재앙을 진정시키기 위함인데, 어찌 이 같은 재난이 생깁니까?" 묘청은 한참 동안 입을 열지 못하다가 대답했다고 한다. "주상께서 상경에 계셨으면 변고가 이보다 컸을 것인데, 다행이 이곳으로 오셨기 때문에 재앙이 밖에서 일어나 주상의 몸이 평안하였다."

불길한 일이 한두 번이면 이런 식으로 얼렁뚱땅 넘어갈 수 있었을지도 모른다. 인종의 비호가 있었기 때문이다. 대화궁이 지어진 후인 1132년, 인종은 한 달 가량 서경에 머물다가 다시 개경으로 돌아갔다. 인종이 서경에 갔을 때, "상경(上京, 현재 개성)은 이미 기운이 쇠했기 때문에 궁궐이 불타 버린 것이니, 서경에 자주 행차해서 무궁한 왕업을 누리시라."고 충고했다. 이럴 때 인종은 묘청을 배려하려 애썼다. 다른 일관들은 '불가하다'고 했지만, 인종은 정지상과 김안의 뜻에 따라 묘청을 수가복전(隨駕福田)에 임명했던 것이다. 여기서 복전은 부처를 공양하면 밭에서 먹을 것을 수확하듯이 복덕(福德)을 거두어 들일 수 있음을 비유하는 말이며, 묘청이 중으로서 어가를 따르므로 수가복전이라 한 것이다. 그리고 또다시 서경으로 행차를 강행했다.

그렇지만 세상 일이 그렇게 마음대로 되어주지 않았다. 묘청의 입장에서 '악재'가 계속 터졌던 것이다. 이때 갑자기 비바람이 불며 날이 어두워졌다. 이 때문에 호위하던 군사들이 쓰러졌으며, 인종은 말고삐를 잡고 길을 잃었다. 따르던 시종들은 왕의 행방을 잃고 찾아다니는 사태가 일어났다. 그날 밤에는 눈발이 날려 낙타와 말은 물론 사람이 죽기도 했다. 묘청의 입장은 난처해졌다.

그러나 묘청은 '우사(雨師)와 풍백(風伯) 바람의 신과 비의 신에게 임금의 수레가 행차할 때에는 비바람이 일지 않게 부탁했는데, 허락해 놓고 약속을 어겼다'는 식으로 변명했다. 이런 일로 인해 마음이 급해졌는지 묘청 일파는 또 다른 공작을 벌였다.

대동강에 오색 빛이 피어 오르는 현상이 생기자, 이를 두고 "신룡이 침을 토하여 오색의 구름을 이루니 상서로운 징조입니다. 백관들로 하여금 표문을 올려 하례하게 하소서."라고 했다. 그러나 인종이 조사를 시키자 대동강에서 기름을 넣은 큰 떡이 나왔다. 서경의 상서로움을 부각시키기 위해 일부러 이런 일을 꾸미다가 발각당한 것이다.

이후 조정에서는 묘청 일파에 대한 숙청 요구가 잇따랐다. '천도'라는 중요한 일을 앞두고 이런 일을 꾸며댔으니 반대파에게 자신들을 칠 명분을 준 셈이다. 그랬는데도 인종은 이 일을 크게 문제 삼지 않았다. 묘청 일파가 벌이는 일이야 황당했겠지만, 그렇다고 그들을 숙청해버렸다가는 개경파 귀족들을 견제하기가 난감해질 것이기 때문이었다.

묘청은 인종의 입장을 아는지 모르는지, 왕이 대화궐에 오래 머물러야 한다는 주장을 그치지 않았다. 직접 가지 못하면 인종의 옷이라도 모셔 두어야 한다고까지 했다. 그렇지만 묘청의 끈기를 비웃기라도 하듯, 불길한 징조는 계속 이어졌다. 1134년 2월에도 인종이 서경으로 행차해 뱃놀이를 하던 중, 북풍이 일어 왕이 급히 궁궐로 돌아가는 일이 일어났다. 3월에도 대화궐로 가는 행차가 출발할 때 비슷한 일이 생겼다. 이에 그치지 않고 대화궐의 건룡전(乾龍殿)에 벼락이 치기도 했다.

그럼에도 인종은 묘청에게 자의(紫衣, 고승들에게 경의를 나타내며 내려주는 자줏빛 가사)를 하사하며 신뢰를 보여주었다. 이에 힘을 얻은 묘청 일파는 인종에게 서경 행차를 요청했다. 그러나 "벼락 친 곳으로 재앙을 피하려 간다는 것이 이치에 맞지 않고, 추수가 되기 전에 행차하다가 벼를 짓밟게 되면 백성의 원성을 살 것"이라는 김부식 등의 반대로 좌절되고 말았다.

이와 같은 일련의 사건과 인종의 반응이 시사하는 바는 뚜렷하다. 인종은 어떻게든 묘청 일파를 비호해서 정국의 균형을 맞추려 했다. 그렇지만 묘청 일파는 인종의 의도나 현실적 여건과 상관없이 자신들이 주도권을 잡으려 밀어붙이는 형국이었던 것이다.

사실 정치라는 것이 우악스럽게 밀어붙이기만 해서는 목적을 이루기가 어렵다. 빗발치는 숙청 요구에도 인종이 묘청 일파를 비호하고 있기는 했지만, 이는 한편으로는 인종도 개경파에 양보하지 않을 수 없는 상황으로 몰렸다는 의미가 된다. 결국 인종도 서경 천도 사업을 포기하겠다는 쪽으로 기울었다. 대세가 기울어지고 있다는 점을 인식한 묘청의 반응은 극단적으로 나타났다.

치밀한 계획 없이 성급하게 치켜든 깃발

잘 알려져 있는 대로 묘청은 1135년 1월 4일 서경을 거점으로 반란을 일으켰다. 그와 함께 개경의 중앙 정부에서 파견된 사람도 모두 잡아 가두었다. 또 자비령 이북의 길을 막고, 서북인으로 서경의 요직을 채운 다음 서북면 안에 있는 모든 고을의 군대를 서경에 집결시켰다.

국호를 대위국(大爲國), 연호를 천개(天開), 군대를 천견충의군(天遣忠義軍)이라고 불렀다. 그런데 여기 재미 있는 점이 나타난다.

서경에서 일어난 반란에 참여한 인물은 분사시랑(分司侍郎) 조광(趙匡)과 병부상서(兵部尚書) 유참(柳旵) 등이다. 묘청 일파의 핵심 인물이라 할 수 있는 정지상과 백수한 등이 사태를 제대로 파악하지 못한 채, 개경에 머물고 있었던 것이다. 백수한의 친구가 '서경에서 반란이 일어났으니 몸을 빼서 오라'고 알려주었음에도, 백수한은 피신한 것이 아니라 그 소식을 인종에게 알렸다. 이런 사실로 보아 묘청이 개경에 머물고 있던 백수한 등과 사전에 모의한 것이 아님은 확인할 수 있다.

묘청이 자신의 후원 세력인 정지상·백수한 등과도 손발을 맞추지 않고 일을 벌인 것이다. 그 결과는 치명적이었다. 백수한이 인종에게 서경의 변란을 알려주며 자신은 그 일에 가담하지 않았다는 점을 분명하게 보였음에도 불구하고, 그와 정지상 등은 체포당했다. 결과적으로 개경에서 인종에게 서경파의 입장을 대변할 인물들이 제거된 셈이다. 이제 고려 조정이 어떤 세력의 손에 좌우되게 될지는 뻔했다.

이러한 사태가 말해주는 바는 분명했다. 목숨이 걸린 거사를 치르면서도 냉정하고 치밀하게 계획을 세우고 추진한 게 아니라는 것이다. 서경 천도나 금에 대한 강경책을 주장할 때의 태도가 거사를 일으키는 시점에도 여지없이 나타난 것이다.

앞서 서경 천도나 금에 대한 강경책에 나타나던 태도에 대해서는, 권력투쟁에서 승리한 쪽이 일방적으로 남긴 기록이라고 몰아갈 수 있을지 모르겠다. 그러나 이렇게 거사를 일으키면서 나타난 상황은 조작하기 어렵다. 따라서 이 과정을 통해서 묘청의 의중을 좀 더 깊이 엿

볼 수 있다. 묘청 일파는 거사를 일으키면서도 묘청을 왕으로 옹립하지 않았다. 묘청이 정권을 탈취하려 했다면 이런 식으로 일을 처리했을 리는 없다.

이는 이 사건을 접한 인종의 태도에서도 역으로 읽어낼 수 있다. 백수한에게 보고를 받은 인종 역시 문제를 확대시키려 하지 않았다. 신속하게 신료들을 소집하여 반란에 대한 대책을 세우지 않고, 문공인을 불러 편지를 보여주며 개인적으로 자문을 구한 것이다. 문공인도 사실을 확인할 때까지 비밀에 붙여두자고 건의했다.

인종도 묘청이 자신에게 저항하기 위해 반란을 일으켰다고 생각하지 않은 것이다. 나중에 조정에서 문제 삼게 된 것도 더 이상 숨길 수 없게 되었다. 서경을 탈출한 군졸들이 개경으로 도망쳐 와서 서경의 정황에 대해 보고를 하자, 더 이상 사태를 숨길 수 없게 된 것이다. 인종이 재추들을 불러 대책을 논의한 것은 이 때문이었다.

그러면서도 인종은 내시 유경심, 조진약, 황문상들을 서경으로 보내 거사를 중지하라고 설득했다. 인종의 사신을 맞은 묘청 일파도 이들을 환대하면서 인종의 안부를 묻고 묘문을 보내는 등, 이번 거사가 인종에 반기를 든 것이 아님을 분명히 했다. 인종과 묘청은 이 일로 인하여 서로에게 타격을 줄 생각은 없었던 것이다.

묘청은 거사를 일으키면서도 왕에 저항하는 반란이 아니며, 서경으로 천도해야 한다는 뜻을 전달하고자 했을 뿐이다. 거사로 인종의 결단을 촉구하려는 의도였다. 묘청이 개경을 기습해서 개경파 귀족들을 처단할 계획을 세웠다고도 한다. 실제로 이런 계획이 세워졌었는지, 김부식 일파가 묘청 일파를 반역도당으로 몰기 위해 만들어낸 말인지는 알 수 없다. 다만 이런 계획은 실행에 옮겨지지 않았다.

결국 묘청의 거사는 자신의 의사를 강력하게 표현하려는 것 이상의 의미가 없었다. 이것이 묘청의 한계였다. 자신의 마음을 아무리 명백하게 밝힌다 해도 세상이 그것을 자신의 의도대로 헤아려주는 게 아니다. 특히 개경의 귀족들이 이러한 묘청 일파의 의사를 순순히 받아줄 리 없다는 점을 간과한 것이었다.

김부식을 필두로 한 개경파 귀족들은 인종의 의중까지 무시하며 묘청의 거사를 반역으로 몰아붙였다. 개경의 신료들은 묘청이 보내온 표문 중 서경으로의 천도를 촉구하는 구절을 두고 '신하가 감히 군주를 부른다.'는 식으로 몰아갔다. 그들은 묘청 일파가 보내온 표문이 불손하다며, 표문을 가지고 온 사자의 목을 베자고 주장했다.

인종은 그들의 말에 따르지 않았다. 오히려 묘청의 사자를 잘 대접하여 위로하고 돌려보냈다. 여기서 실제로 인종의 뜻을 무시한 쪽이 어느 쪽이었는지가 드러난다. 왕이 서경의 묘청 일파를 무력으로 제압할 뜻이 없음을 밝혔음에도, 김부식은 인종에게 알리지도 않고 정지, 백수한, 김안 등을 궁궐 밖으로 끌어내 목을 베어버리고 난 다음에야 보고했다. 반대파를 제거할 명분을 얻었으니 왕의 뜻이 어떻든 자신의 목적부터 달성하고보자는 태도가 노골적으로 드러난 것이다.

사태가 이렇게 진행되자, 인종도 별 수 없이 개경파 귀족들의 뜻에 끌려다녔다. 서경의 반란군에 저항한 사람들에게 상을 내린 일은 의미심장하다. 이제 인종도 자신의 뜻과 상관없이 묘청의 거사를 '반란'으로 인정했다는 의미가 되는 것이다. 신료들을 불러 논의했다고 하지만 어떤 결론이 날지는 뻔했다. 묘청 일파는 서경에서 거사를 일으켰고 개경에 남아 있는 서경파는 제거된 상태에서, 개경의 귀족들에 둘러싸인 인종으로서는 선택의 여지가 없었다. 조정의 논의는 사실 하나 마나 한 것, 결국 서경의 묘청 일파를 반란군으로 간주하고 토벌하기로 결론이 났다. 이와 함께 김부식의 진압군도 서경으로 진격했다. 다른 지역에서도 서경파들을 처단하는 사태가 이어졌다.

결국 묘청은 서경 천도를 촉구하는 의사도 제대로 알리지 못했고, 기습적으로 개경파 귀족들을 제거하지도 못했다. 오히려 자신을 지원해왔던 정지상과 백수한 같은 동지들이 몸을 피하거나 대책을 세울 여유도 제대로 주지 않고 거사를 일으켜 결국 이들을 잃어버렸다. 자신들에게 그다지 적대적이지도 않았던 왕마저 개경파에 둘러싸여 자신들을 토벌하는 명령을 내릴 수밖에 없도록 만들었다. 그가 거사를 일으켜 얻은 것은 아무것도 없었다.

변란을 이용한 영리한 권력투쟁

이런 묘청에 비해 김부식의 행동은 대비가 된다. 묘청 일파가 성급하게 여러 사건을 일으키는 동안 과격한 반응을 자제하던 김부식은, 기회가 오자 강력하게 밀어붙였다. 묘청이 인종에 반항할 의사가 없음을 여러 가지로 밝혔음에도 불구하고, 이 사태가 몇 년 전부터 계획적으로 준비한 반역인 것처럼 몰아갔다. 조정에서는 바로 그런 김부식에게 토벌 책임을 맡겼다. 그만큼 분위기를 자신에게 유리하도록 조성하는 데 성공했다는 얘기다.

정국을 장악한 김부식은 서경의 묘청 일파를 제압하는 데에도 서두르지 않았다. 당시 개경의 재상들과 부하 장군들이 그에게 조속한 진압을 촉구하고 건의하였으나, 김부식이 이끄는 진압군은 서경을 먼저 공격한 것이 아니라 주변 지역을 제압하여 서경을 고립시키는 데 주력했다.

김부식이 이렇게 나오자, 치밀한 대책을 세워놓지 못했던 서경의 묘청 일파는 스스로 무너졌다. 같이 거사를 일으켰던 조광에 의해 묘청의 목이 잘렸던 것이다. 조광은 묘청, 유참 등의 목을 베고, 윤첨을 김부식에게 보내 투항의사를 비쳤다. 개경파 귀족들이 마음만 먹었다면 여기서 유혈사태를 확대시키지 않고 무난하게 수습할 수도 있었다. 그러나 조정은 윤첨 일행을 옥에 가두고 극형에 처할 것을 주장했다. 인종이 이를 허락하지 않고 직접 윤첨을 만나 술과 음식까지 대접하며 위로했음에도 불구하고, 조정에서는 곧 윤첨을 다시 가두고 묘청 등의 목을 저잣거리에 매달았다.

이 조치가 조광 일파에게 전해주는 메시지는 분명했다. 투항해도 소용없다는 의미였고, 이 거사를 빌미로 서경 세력을 뿌리 뽑겠다는 의도를 드러낸 것이다. 조광도 이를 알아차리지 않을 수 없었고 결국 끝까지 저항했다. 물론 그렇다고 해서 뾰족한 대책이 있었던 것은 아니었다. 1136년 2월, 결국 평양성이 함락되며 난은 1년 만에 평정되었다.

김부식은 조광의 항복 요청에 온건한 입장을 취했지만, 반란이 진압된 이후라고 그의 권력투쟁이 끝난 것은 아니었다. 평양성을 함락시키고 난을 진압한 김부식은 개경으로 돌아오기도 전에 높은 벼슬에 책봉되었다. 수충정난정국공신(輸忠定難靖國功臣)에 책봉되고, 검교태보 수태위 문하시중 판이부사(檢校太保守太尉門下侍中判吏部事)에 승진되었다. 뿐만 아니라 감수국사 상주국 태자태보(監修國事上柱國太子太保)의 직도 겸하게 되었다. 그럼에도 김부식은 여기서 만족하지 않았다. 어찌 보면 이때의 일이 권력투쟁에 있어서 김부식의 진면목을 보여줄 수도 있다.

그는 서경에서 개선한 뒤 난을 진압할 때 자신의 밑에서 전공을 세운 윤언이(尹彦頤)에게 상을 받도록 한 것이 아니라 탄핵을 해서 양주 방어사(梁防禦使)로 좌천시켰다. 윤언이가 이전에 묘청 일파에 동조했다는 이유였다. 또 개경의 재신 중 추밀원 부사 한유충(韓惟忠)도 좌천시켰다.

김부식이 이렇게 한 데에는 개인적인 이유가 있었다고 한다. 특히 윤언이를 좌천시킨 배경이 구설수에 오른다. 겉으로 내세운 명분은 윤언이가 칭제건원과 북벌에 동조했다는 것이다. 그러나 진짜 이유는 다른 데에 있었다고 한다. 예전에 인종이 김부식에게 『주역(周易)』을 강론하게 한 뒤 윤언이에게 토론을 시킨 적이 있었다. 이때 경전에 밝은 윤언이의 날카로운 질문에 진땀을 흘린 김부식이 앙심을 품었다는 것이다. 윤언이는 김부식과 이전부터 감정이 있었다. 예종 때 윤언이의 아버지 윤관이 왕명으로 대각국사 의천(義天)의 비문을 지은 일이 있었다. 그런데 문도(門徒)들이 보기에 글이 좋지 않았는지, 왕에게 말해 김부식을 시켜 다시 짓게 하였다. 그는 사양하지 않고 다시 지었고, 그 때문에 원한을 품고 있었다.

이러한 점은 정지상에게도 마찬가지였다. 문장으로 유명했던 정지상을 질시한 김부식이 묘청의 거사를 핑계로 제거했다는 것이다. 한유충 역시 그의 건의에 비협조적인 인물이었다. 즉 김부식은 묘청 일파 이외에도 자신에 협조적이 아닌 인물을 제거하며 자신의 위상을 확보한 것이다.

권력투쟁에 영원한 승자는 없다

김부식은 묘청 일파와의 투쟁에서 승자가 되었다. 하지만 그렇다고 해서 그의 권력도 영원할 수는 없었다. 인종은 윤언이, 한유충 등을 좌천시킨 지 몇 년 되지도 않은 1140년, 김부식 등 재신과 대간들의 건의를 물리치고 그들에 대한 사면령을 반포하였다.

인종의 의도는 분명히 읽힌다. 권력이 김부식 같은 개경파 귀족들에게 몰리는 사태를 막아보자는 것이다. 서경파가 제거된 상태에서 김부식을 필두로 한 기득권 층을 견제할 인물로는 윤언이, 한유충처럼 그들에 의해 좌천된 사람만한 대안이 없었다.

대세를 감지한 김부식은 세 번이나 사직상소를 올려 결국 왕의 허락을 받아냈다. 이렇게 사직상소를 올린 이유는 대체로 두 가지로 볼 수 있다. 하나는 사임을 빌미로 자신에게 적대적인 윤언이, 한유충의 복귀를 막으려는 의도가 있었다. 다른 하나는 만약 자신의 요구가 받아들여지지 않으면 앞으로 정국 운영에 협력하지 않겠다는 무언의 압박이었을 것이다.

인종도 김부식을 완전히 버리지는 않았다. 인종은 자신의 즉위 초년에 『예종실록(睿宗實錄)』을 편찬하였던 경험을 빌미로 김부식에게 『삼국사기』의 편찬을 명하였으며, 그를 도와줄 젊은 관료 여덟 사람도 붙여주었다. 인종은 그렇게 해서라도 김부식과의 연결고리를 남겨 놓은 셈이다.

즉위한 이후로 줄곧 이자겸, 김부식 등 신료들의 눈치를 보며 왕위를 지켜내는 처신을 해오던 인종으로서는 불가피한 선택이었을 것이다. 권력 기반이 약했던 왕 인종은, 이렇게 불가근 불가원이라는 식으로 신료들 사이의 균형을 잡아가며 왕좌를 지켜냈을 뿐 정국을 주도적으로 이끌어가지는 못했다.

김부식은 인종이 죽기 직전인 1145년 50권의 『삼국사기』를 편찬해 바쳤다. 이후에도 김부식은 사서 편찬의 경험을 인정받아, 의종(毅宗) 초년에는 『인종실록(仁宗實錄)』의 편찬도 담당하였다. 그러다가 1151년 77세의 일기로 세상을 떠났다.

전성기에도 그랬고 최후까지 권력의 핵심에서 벗어나지 않는 삶을 살면서 역사에 이름도 남겼으니 김부식은 나름대로 권력투쟁에서 성공한 인물이라 할 수 있겠다. 송나라의 사신 노윤적(路允迪)이 왔을 때 관반사(館伴使)로서 그를 맞아들였고, 같이 왔던 서긍(徐兢)이 그의 《고려도경》에 김부식의 집안을 실어 송나라 황제에게 진상함으로써 김부식의 이름은 송나라에도 알려졌다.

김부식의 삶은 의기만 앞세우다가 자신뿐 아니라 주변 인물들까지 처참한 최후를 맞게 한 묘청과는 확실하게 대비된다. 그렇지만 김부식 역시 권력을 손아귀에 독점하지는 못했다. 그저 자신의 안위를 지킬 수 있는 권력을 잡는 데 그쳤을 뿐이다.

성삼문 vs 한명회

한순간의
영화로운 인생인가,
영원히
영화로운 이름인가

의로운 거사를 일으키려 한 성삼문을 비롯한 신하들을 죽게 하며 자신이 누렸던 권력의 빛이 그들이 흘린 피의 충절보다 강할 수 없다는 사실을 죽는 순간에는 깨달았을 것이다. 지우려 해도 후대 역사의 평가를 피해갈 수 없다는 것을, 그래서 왕후가 된 딸들이 어린 나이에 자신보다 먼저 눈 감는 고통까지 감내하며 집착했던 그 권력이 자신에게 준 선물이 '간신 한명회'라는 것을.

역사를 논할 때 어떤 사건을 다르게 가정하고 결과를 추측하는 것은 무의미한 상상에 불과할 뿐임을 잘 알고 있다. 하지만 조선 초기 세조의 쿠데타를 평가할 때면, 가끔 이런 추측을 해보곤 한다. 만약 문종이 조금만 더 오래 살았다면 세종대왕을 이어 더욱 빛나는 문치주의 시대가 열렸을 것인가? 아니면 조금 더 시간을 비켜가 성삼문이 주도한 사육신(死六臣)의 쿠데타가 성공을 거뒀다면 단종이 집현전의 우수한 학사들을 중심으로 뛰어난 인재를 키우며 세종에 버금가는 성군이 되어 태평성대를 이끌었을까? 그러나 인디언 속담에 이런 말이 있지 않은가? "그렇게 될 일은 처음부터 그렇게 되기 위해 정해진 일이다." 역사라는 거대한 무대 안에 무수한 사건과 사고들은 어쩌면 이미 정해져 있고 그 속에 등장하는 인물들은 그 시대 흐름에 따라 자신을 던져야 하는 운명을 피할 수 없었을 따름이다.

조선 왕조 500년이라는 긴 시간 속에 평온한 역사만이 도도하게 흐를 수는 없었다. 개국 초부터 유교적 국가 이념을 표방하며 적장자 승계 원칙을 내세웠지만, 처음부터 마지막 문을 닫는 순간까지 적장자가 왕위를 계승한 사례가 지극히 드물었기 때문이다. 유학에서 강조하던 효(孝)와 충(忠)을 어린 시절부터 교육받았던 왕실의 자손들이 아이러니하게도 골육상전을 벌이고, 자신의 명분을 정당화시켜 왕의 자리를 차지하고 피 흘리는 보복을 단행하는 악행을 거침없이 저질렀다.

조선왕조뿐만 아닌 우리 역사상 최고의 성군이란 평가에 감히 아무도 도전할 수 없었던 세종대왕. 그 무수한 업적만큼 자식이 많았던 세종은 그가 눈을 감는 순간 그토록 사랑하던 손자가 훗날 자신의 둘째 아들에 의해 그 시체가 강가에 던져질 것을 상상이나 했을까?

1450년 유교국가의 기틀을 확립한 성군 세종대왕이 승하한 후 문종이 즉위하지만 재위 2년 만에 세상을 떠나고 만다. 아버지 세종을 닮아 어질고 총명했던 문종의 죽음은 자질에 대한 아쉬움보다 다음 보위를 이을 어린 아들의 처지가 안쓰럽고 불안해 그 슬픔이 더 크게 다가왔다. 그 슬픔 속에 권력을 향한 수양대군의 야심과 정권을 움직이는 신하들과의 보이지 않는 긴장감이 불길함을 더했다.

그리고 우려하던 일이 벌어졌으니, 당시 단종을 떠받들며 정치 무대에 활동하던 김종서(金宗瑞)와 황보인(皇甫仁)을 못마땅하게 생각했던 수양대군은 그들과 대립하면서 서서히 그 야심을 드러내기 시작했다. 1452년 명나라 사은사를 자청하고 돌아온 수양대군은, 1453년 10월 10일 그 유명한 계유정난(癸酉靖難)을 일으켜 반대파인 김종서, 황보인 등을 제거하고 동생인 안평대군(安平大君)까지 귀양을 보냈다. 이때 계유정난을 계기로 거침없는 숙청을 단행한 수양대군은 하루아침에 운명이 바뀌었고 뒤이어 그를 도왔던 공신들의 논공행상이 이어졌다.

그리고 2년 후 조카를 상왕으로 추대하며 그 자리를 차지할 때까지 그는 어떤 갈등을 했을까? 하늘이 두려워 조금의 양심은 지키고 싶었을까? 계유정난 당시 수양대군은 조카를 죽이고 왕위를 차지한 명나라 영락제(永樂帝)를 모범으로 삼고 싶었을까? 반대로 주나라 주문공(朱文公)처럼 간신을 제거하고 끝까지 조카를 위해 충성을 다하고 물러날 강직한 결심을 했을까? 물론 결과가 과정을 정당화시켰듯이 영락제를 모방한 그의 행위는 단지 권력을 얻기 위한 명분 없는 쿠데타에 불과했다.

누가 충신을 만드는가

계유정난의 성공으로 정권을 장악한 수양대군은 한명회(韓明澮), 홍윤성(洪允成)을 비롯해 집현전 학사들까지 공신으로 책봉했다. 계유정난까지만 해도 집현전 학사들은 수양대군의 행위에 긍정적이지 않았어도 그럭저럭 묻어가는 분위기였다.

1453년 드디어 수양대군은 단종에게서 왕위를 물려받게 된다. 사실 처음부터 이 자리를 노린 수양과 그 측근들은 단종을 상왕으로 삼고, 다시 그들만의 성공 잔치를 벌였다. 쿠데타에 성공한 주인공은 늘 주장한다. 자신은 그 자리에 앉고 싶지 않았으나 주변 사람들의 만류로 어쩔 수 없었다는 가증스런 겸손을 떤다. 그리고 주인공을 도운 공신들은 이에 답한다. 모두가 국가와 백성을 위한 대업(大業)이라며 스스로 도취되어 자족한다. 정말 싫은 자리에 앉기 위해 친형제까지 살해하는 행위를 어떻게 설명할 수 있을까? 그리고 국가와 백성을 위한 순수한 목적이었다면, 그 많은 보상금과 특혜를 거절하고 오직 백성을 위해서만 일해야 옳지 않은가?

하지만 쿠데타 세력의 이후 행적은 그들의 속내를 적나라하게 보여준다. 공신 책봉에 드는 모든 비용이 결국 백성들의 피눈물 나는 노동력을 착취한 세금이었고, 심지어 공신들과 그 자손들은 살인죄를 저질러도 용서해주는 특별법까지 만들었다. 또 공신들에게 관직 매매를 허용하는 분경, 토지를 세습할 수 있는 공신전을 비롯해 세금 납부를 대행해주는 대납권의 특혜를 허용했다. 이런 천국 같은 특혜에도 공신들은 불법으로 백성들의 토지를 수탈하고 폭행을 일삼았으며 실제 살인까지 저질렀는데도 이 같은 행위를 눈감아주었다. 이 시절 공신들의 횡포와 악행은 결국 기존에 없는 새로운 악법이 만들어낸 결과였다.

인간은 누구나 돈과, 명예, 권력에 대한 욕망을 갖고 있다. 또 이러한 욕망을 이루려 매 순간 흔들리며 그 길이 잘못된 길이라 해도 욕망의 길을 선택하곤 한다. 부을 얻고 나면 명예로운 자리에 앉고 싶고, 명예를 얻으면 모든 사람을 내 명령으로 움직이게 하는 권력을 탐하게 된다. 이 권력을 향한 욕망은 사람으로서 도리도 인정도 모두 한순간에 마비시키지만, 반대로 인간이기에 이 모든 조건을 갖춘 무서운 권력 앞에서도 흔들리지 않고 끝까지 바른 길을 걷는 이들도 있다.

자신에게는 더 많은 부와 명예를 안겨준 새로운 주인이었지만, 오히려 그를 진정한 주인으로 섬길 수는 없었던 성삼문. 그래서 그가 당대 최고의 학식과 인품을 겸비한 수재들과 함께 주도한 쿠데타는 오히려 사랑하는 주인이 목숨을 빼앗는 결과를 낳고 말았다. 하늘은 자신이 사랑하는 사람을 일찍 곁에 두고 싶어 한다더니, 결국 그 시대는 절개를 가진 충신 성삼문이 아닌 모사꾼 한명회에게 풍요로운 삶을 허락했고 역사는 성삼문에게 영원한 충절의 이름을 약속했기에 하늘은 그를 먼저 데려가셨다.

성삼문(成三問, 1418~1456)은 1418년(태종18)에 무관인 성승(成勝)의 장남으로 태어나 1435년(세종17)생원시에 합격하고, 1447년 문과 중시에 장원으로 합격하여 신숙주와 함께『예기대문언두』를 편찬하고『성근보집』등의 저서를 남겼다. 세종대왕이 아끼던 집현전 학사시절부터 신숙주(申叔舟)와는 절친한 벗이었다. 성삼문은 세종 32년 1450년 명나라 칙사이자 당시 명나라 최고의 문학지사로 평가받았던 예겸(倪謙)을 맞이하는 책임을 맡게 된다. 이때 정인지(鄭麟趾), 신숙주, 성삼문이 예겸과 함께 여러 차례 시를 주고받기 시작하며 그 문학적 위상을 겨룰 기회가 찾아왔다. 처음에는 예겸과 우리 학자들 사이에 경쟁하는 묘한 분위기가 조성되었지만, 시간이 흐르면서 조선 지식인의 학자다운 인격과 높은 위상을 발견한 예겸이 눈물을 흘렸다고 한다. 예겸은 정인지의 문학적 식견에 감탄하고, 비슷한 연배였던 신숙주, 성삼문과는 형제의 의를 맺을 만큼 이들 조선 지식인들의 학문적 재능과 인품을 사랑하게 되었다.

이처럼 묵묵히 학문에 정진하며 참다운 관료로서 국가에 이바지하고자 했던 그의 선비정신이 오래도록 빛을 발했으면 얼마나 많은 업적을 남겼을까? 성삼문은 절친한 벗이었던 신숙주와 다른 운명의 길을 걷게 되고, 존경하던 정인지와도 화합하지 못할 것을 전혀 예상하지 못했다. 그러나 세조의 왕위 찬탈은 절친한 벗들과 등을 지게 하고 그를 조선을 대표하는 충신이자 곧은 선비로의 표상으로 만들었다.

성삼문에게는 이름과 관련된 특이한 일화가 몇 가지 전해지는데 모두 태어날 때와 관련되어 있다. 성삼문을 낳던 날 그 집 앞을 지나가던 어떤 스님이 아이가 "지금 태어났느냐?"고 물었더니, "아직 낳지 않았다."고 했다. 스님은 "지금 태어났으면 임금이 되셨을 겁니다." 했다. 그리고 몇 시간 후 다시 와서 "지금 태어났느냐?" 물었더니, "아직도 태어나지 않았다."고 했다. 스님은 "지금 태어났으면 역적이 되었을 것이니 다행이다."라고 했다. 마침내 그 집 앞을 지나가며 아기 울음소리를 들은 스님이 "지금 태어났으니, 세상에 없는 충신이 될 것이다."라고 했다는 일화이다.

또 다른 일화도 있다. 성삼문의 어머니가 아이를 낳기 위해 친정으로 갔는데, 성삼문의 외할아버지가 딸의 출산을 도우려 산실에 들어가려는 외할머니에게 말했다. "산실에 들어갈 때 다듬잇돌을 들고 가서, 아이가 나오려고 하거든 이 다듬잇돌로 산모의 자궁을 틀어막아 아이가 나오지 못하게 하게. 다듬잇돌로 잘 막고 있다가 내가 '됐다'고 한 다음에, 아이가 나오도록 해야 되네." 그러자 산실에 들어간 외할머니가 "지금이면 됐습니까?" 하고 물었다. 외할아버지는 "안 된다." 대답했다. 얼마 있다가 다시 "지금이면 됐습니까?" 하고 또 물었더니 또

"안 된다."고 했다. 더 이상 다듬잇돌로 막다가는 산모와 아이의 목숨이 위태로울까 걱정된 외할머니가 "지금이면 됐습니까?" 하고 세 번째로 물었다. 외할아버지는 "안 된다."고 했지만, 어머니는 성삼문을 낳고야 말았다. 유독 명리학에 심취했던 외할아버지는 그 시간에 태어나면 39세에 죽고, 1시간만 더 늦게 태어난다면 오래 산다는 사주팔자를 믿고 있었다. 이때에 산실 밖에서 기다리고 있던 성삼문의 외할아버지께서 세 번을 물었다 해서 이름을 삼문(三問)이라 지었다고 한다.

성삼문의 안타까운 죽음으로 이런 야사가 전해졌는지도 모른다. 그러나 사실 여부와 상관없이 39세에 모진 고문에 굴하지 않고 사지육신이 찢겨 죽은 그는 역사상 보기 드문 충신이며, 영락제 때 칼로 입을 찢는 고통을 당하면서도 절개를 굽히지 않은 명의 충신 방효유(方孝孺)와 비견되는 인물이기도 하다.

세조의 장자방 한명회 입신기

이처럼 절개 곧은 충신 성삼문과 대조되는 조선 최고의 간신 한명회(韓明澮, 1415~1487). 그는 왜 세조를 선택해 간신의 낙인을 남겼는가? 한명회는 조선 개국 공신 한상질의 손자지만, 어린 시절 일찍 부모를 잃고 가난하고 외로운 성장기를 보냈다. 그는 7개월 만에 태어나 칠삭둥이라 불렸고, 허약하고 특이한 체질에 볼품없는 외모였다. 또 힘든 살림에 과거에도 몇 차례 낙방하여 벼슬에 나가지 못했으니 그의 젊은 시절은 불행의 연속이었다. 그러나 38세의 늦은 나이에 경덕궁직(敬德宮直)의 벼슬을 갖게 되면서 인생이 바뀐다. 권람(權擥)과의 친분을 통해 신숙주를 알게 되고 수양대군과 운명적인 만남이 이루어진다. 이 둘의 만남이 결국 칠삭둥이 한명회를 조선 역사에 거친 피바람을 이끈 주역으로 만드는 결정적인 계기가 되었다.

경덕궁직의 낮은 벼슬에서 시작한 한명회. 그가 숱한 사건과 사고 속에 조선 네 왕을 모시며 국왕에 못지않은 권력을 누리게 될 인물임을 그 누가 상상했겠는가? 언제나 난세에 영웅이 탄생하고, 국가를 건립할 초창기에 특별한 인물이 등용되는 기회가 찾아온다. 그러나 이때는 세종대왕의 화려한 문치주의가 자리 잡아 유교적 명분과 질서가 정착되어가던 평온한 시기였다. 왕권이 안정된 계급사회에서 높은 벼슬에 오를 수 있는 길은 오직 과거에 합격해 관직에 등용되어 한 계단씩 차근차근 업적을 쌓아가는 방법밖에 없었다. 그런데 이런 계통을 무시하고 갑자기 신분의 수직상승이 이루어지는 경우도 있었으니, 이른바 왕위 찬탈에 가담하는 일이다. 당시 정상적인 구조에서 집현전 엘리트들이 자리 잡은 조정에 한명회가 출사를 꿈꾸는 일은 뱀이 용이 되는 일만큼 불가한 꿈이었다. 그런 그에게 찾아온 기회가 바로 야심 찬 수양대군을 임금으로 만드는 거사였다. 여기서 장자방 역할을 원활하게 수행하면서 한명회는 과거를 거치지 않고도 단숨에 높은 자리를 차지하는 행운을 얻게 된다.

이렇게 명문가에서 어린 시절부터 전형적인 엘리트 관문을 통해 벼슬에 오른 성삼문과 늦은 나이에 권람의 천거를 통해 궁지기로 시작한 한명회의 출발은 너무나 달랐다. 성삼문을 비롯한 사육신의 안타까운 죽음이 일찍 과거에 합격한 사람이 오히려 불행하다는 조선시대 풍문을 사실로 만들었다. 학문적 소양으로도 인품으로도 그들과 비교도 되지 못할 한명회에 의해 당대 최고의 선비들과 용맹한 무관들이 참혹한 죽음을 맞았기 때문이다.

엘리트 선비와 타고난 모사꾼의 두뇌싸움

1456년 6월 세조가 중국 사신을 맞아 창덕궁 연회장에서 잔치를 벌이는 날, 성삼문은 뜻을 모은 동지들과 세조를 비롯한 그 가족 그리고 공신들을 차례로 제거할 계획을 세운다. 그들은 수양대군이 명분 없이 조카의 자리를 차지한 행위를 유교적 정통성에 어긋나는 역모로 판단하고, 두 임금을 섬기는 일은 강직한 선비의 도리가 아니라는 데 뜻을 모은다. 오래전 세종대왕이 집현전 학사들에게 손자를 잘 섬길것을 당부했기 때문이다. 연회장에는 임금 뒤에 호위 운검을 세우는데, 이날 운검으로 유응부(俞應孚)와 성삼문의 아버지 성승이 선택되었다. 성삼문은 유응부와 성승에게 그 자리에서 세조를 먼저 죽이라 하고, 나머지 공신들을 차례로 죽일 철저한 계획을 세웠다. 운검만이 유일하게 칼을 차고 연회장에 들어갈 수 있었으니 얼마나 좋은 기회인가.

그러나 하늘이 변덕스럽게 심술을 부린 탓인가? 아니면 하늘이 준 기회를 붙잡지 못한 그들의 책임인가? 과거 수석 합격한 수재 성삼문의 치밀하고 정확한 거사 계획은 잘 정돈되었다. 하지만 아무리 이론이 훌륭해도 필요한 때에 제대로 실행에 옮기지 못하면 아무런 성과를 얻을 수 없는 법이다.

결국 하늘은 성삼문의 편이 아니었던가? 당시 세조의 모사꾼이며 장자방이던 한명회의 예감이 적중하면서 성삼문의 운명이 바뀌고 만다. 한명회는 성승과 유응부가 운검을 맡게 된 것이 못마땅했고, 운검과 세조의 거리가 너무 가깝다는 것도 불길했다. 그래서 세조에게 장소를 넓은 곳으로 옮길 것을 요구했고, 불편해 하면서도 세조가 한명회의 요구를 수락하면서 결국 성삼문이 주도한 거사에 차질이 생긴다. 또 한명회는 한 발 앞서 연회장으로 들어서려던 성승과 유응부를 가로막고 운검 서는 역할을 막아버렸다. 무관 출신인 유응부는 "이런 거사는 미룰 수 없으니, 당장 한명회부터 죽이고 연회장으로 쳐들어가자." 주장했지만, 성삼문은 "다음 기회를 기다려 철저한 계획을 세우자."며 거사를 중지시켰다. 훗날 유응부가 죽기 전 "그때 하늘이 주신 기회를 막았으니, 이래서 학문만하는 서생과 일을 하지 말라 했다."며 탄식했다. 오직 학자로서 학문만을 연구한 강직하고 융통성 없는 선비인 성삼문이 권모술수를 부리는 모사꾼 한명회의 지혜를 이기지 못한 안타까운 결과였다.

왕위를 얻었지만 인재를 잃은 세조

전병욱의『도전정신』이란 책에 이런 내용이 있다. 동물을 잡을 때 동물마다 잡아야 할 부위가 다르다고 한다. 토끼는 귀를, 닭은 날개를, 고양이는 목덜미를 잡으면 꼼짝 못 한다. 그렇다면 사람은 어떠한가? 사람을 사로잡으려면 어디를 잡아야 할까? 바로 마음이다. 사람은 "내가 네 밥줄을 쥐고 있어"라고 협박한다고 끌려오는 존재가 아니다. 사람을 얻으려면 그 사람의 마음을 얻어야 한다.

세조는 재물로 탐욕스런 한명회를 장자방으로 얻었고 주변 간신들의 도움으로 왕위에 올랐지만, 그 다음에는 능력 있는 인재들로 문치주의 국가를 구성하려 했다. 하지만 세조는 충성스런 인재를 얻는 법을 알지 못했다. 성삼문을 얻기 위해서는 그의 곧은 마음을 감화시켜야 했다. 풍부한 재물을 하사하여 달래고, 무서운 형구로 위협한다고 매죽헌(梅竹軒) 성삼문의 마음을 얻을 수는 없었다. 매죽헌이란 호가 말해주듯이 그의 삶은 지조와 절개, 부러질 줄 모르는 강고한 신념 그 자체였다. 아무리 많은 백성들 앞에서 사지육신을 찢어 죽이며 역적의 수괴라 분개해도 역사는 그를 역적이라 평가하지 않는다. 백성들은 성삼문을 비롯한 실패한 쿠데타의 주역들을 마음으로 높이 샀고 단종을 진심으로 동정했기 때문이다. 성삼문이 진심으로 원했던 것은 세조가 조선의 주문공이 되어 조카를 성심으로 보필하는 일이었다. 그러나 이미 시간을 돌리기엔 세조의 폭풍 같은 거친 야심은 멈출 수 없이 커져버렸다.

여기서 사람들은 이런 의문을 갖는다. 왜 성삼문이 계유정난 후 3등 공신에 봉해지고 수양이 집권할 당시에도 3등 공신에 올랐는가? 그리고 성삼문을 비롯한 사육신들은 왜 처음 계유정난 당시에는 수긍하다가 세조가 집권한 2년 후 단종 복위를 위해 목숨을 던지는 위험한 행위에 도전했는가? 그것은 세조를 포함해 한명회 같은 공신들이 날조한 역사에만 의존해 사건을 좁은 시각에서 바라보았기에 생긴 의문이다. 마치 성삼문이 수양대군에게 동조하다가 사사로운 불만으로 이

중적 처세를 하며 돌아선 치졸한 인물로 바라보기 때문에 생긴 의혹
이다.

계유정난 후 성삼문은 분명히 이번 정난에 자신이 가담하지도 않았
고, 전혀 알지도 못했던 일인 만큼 공신책봉에서 삭제해줄 것을 청했
다. 또 잘못된 공신책봉을 바로잡고 아무런 명분 없이 공신책봉의 재
물을 받으며 백성들에게 부담을 주고 싶지 않다고 당당하고 위험 있게
사양했던 기록이 곳곳에 보인다.

하지만 수양대군은 전략적으로 인품과 학식을 두루 겸비한 조선 제
일의 인재 성삼문을 공신으로 책봉해 민심을 얻고, 자신의 입지를 굳
히고자 했다. 오히려 당시 수양대군을 도왔던 공신 홍윤성과 양정 등
이 2등 공신에 책봉된 일에 불만을 토로했다. 이것은 대의명분으로 치
장한 수양의 측근들의 진정한 목적이 어디에 있었는지 명확하게 보여
주는 대목이다. 훗날 홍윤성이 백성을 죽이면서까지 재물을 축척하고
승승장구하지 않았던가? 그들은 오직 부귀영화와 권력욕을 위해 수양
대군을 지지했을 뿐이다.

단종 복위가 실패로 돌아가 성삼문이 문초를 받을 때도 그는 세조
앞에서 지금까지 속으로 품고 있었던 의도를 당당하게 주장하지 않았
던가? 헛된 죽음은 의미 없으니 살아서 때를 기다렸을 뿐이라고. 그래
서 수양이 옥좌에 앉을 때 죽으려 했던 박팽년(朴彭年)을 말리고 회유
해 훗날을 기약할 뜻을 모았지만 결국 실패하고 말았다.

당시 집현전 학사들은 성군 세종대왕이 직접 선발한 관료들로, 젊
은 시절부터 철저하게 유교적 명분과 정통성에 의거하여 충과 효를 교
육받으며 자신을 혹독하게 수련했던 인재들이었다. 또한 세종이 생존

해 있을 당시 세조가 대군이던 어린 시절에는 함께 학문을 토론하며 비교적 절친하게 지냈던 기록을 발견할 수 있다.

하지만 그들이 원한 것은 유교적 종법에 어긋나지 않는 정통성 안에서 관료로 성장해 국가를 위해 일하는 것이었지, 대세에 따라 출세를 꿈꾼 것이 아니었다. 그래서 성삼문은 모진 고문을 받으면서도 어린 세손을 당부하던 세종대왕의 뜻을 어긴 신숙주를 추궁할 수 있었던 것이다.

사육신에 얽힌 사연들

세조실록은 왕위 찬탈로 집권한 세조의 측근들이 기록한 결과물인 만큼 그들의 입장에서 유리하게 기록된 부분이 많다. 하지만 실록과 완전히 다르게 구전되어 일반인들에게 전해진 야사들 역시 미화된 부분이 많다. 우선 사육신은 세조가 집권하던 시절에는 역모를 한 대역 죄인들이니 그들을 두둔하거나 추모할 수 있는 상황이 아니었다. 그러나 세월이 지난 후 남효온(南孝溫, 1454~1492)은 문집인 『추강집』 중 「육신전」에서 성삼문, 박팽년, 하위지, 이개, 유성원, 유응부 등의 여섯 명의 충신을 거론하였다. 사실 사육신이 실제로 사사된 시절에 남효온의 나이는 두 살이었으니 그 당시 직접 이 사건에 관련된 인물들과 대면하거나 현장을 목격하지는 못했고, 성장한 후에 전해지는 이야기로 「육신전」을 완성하였다.

그가 세상을 떠난 후 1511년(중종6)에 『추강집』이 간행되면서 정권에서 소외된 사람들을 중심으로 인기를 얻기 시작하며 사육신이 충신으로 평가받기 시작했다. 다시 세월이 흘러 숙종이 노산군을 단종으로 신원을 회복해주면서 단종을 위해 죽은 여섯 명의 신하들을 충신으로 기리게 되었고, 그들의 이름이 충신으로 평가되어 세상에 알려지기 시작했다. 그런데 이때부터 사육신 논란이 생겼다.

먼저 실록의 기록과 다르게 잘못 언급한 「육신전」의 내용을 살펴보자. 실록에는 사육신 중 한 사람인 박팽년이 형을 집행하기 하루 전에 고문으로 죽었다는 기록이 있지만, 「육신전」은 그가 다른 인물들과 함께 사사되었다고 기록하고 있다. 무엇보다 세월이 흐른 후 논란의 중심이 된 인물 김문기(金文起)에 관해 잘못 기록한 것은 큰 실수이다. 실록에는 모진 고문에도 끝까지 굴복하지 않고 견딘 인물로 김문기가 정확하게 기록되어 있다. 「육신전」은 고문에 끝까지 견딘 인물을 김문기가 아닌 유응부라 기록하고 있다. 이 기록이 후세에 영향을 미쳤다. 아마도 이광수의 소설 『단종애사』는 「육신전」의 기록을 참고한 듯하다. 이 소설에서 김문기를 마치 사육신들 속의 간신인 듯 묘사했기 때문이다.

세조 2년 6월 8일 실록의 기록에도 관련자들을 능지처참해 3일 동안 그 머리를 매달아놓은 사실을 비롯해 주모자와 관련된 사람들의 행위를 살펴보면 성삼문, 박팽년, 하위지, 이개, 유성원, 김문기 순으로 사육신을 열거하고 있다. 또한 김문기가 박팽년과 함께 군사 동원을 맡았던 기록도 남아 있다.

오랜 세월이 흐른 후, 1977년 서울시가 사육신의 묘를 모두 모시기로 결정하면서 역사 속에 묻혔던 김문기의 진실이 그의 후손들에 의해 밝혀지게 된다. 실록을 검토한 김문기의 후손들이 김문기도 사육신의 한 분이니 사육신 묘역에 모셔달라는 탄원서를 제출하였다.

국사편찬위원회는 실록과 「육신전」을 검토한 후, 실록은 정사이고 육신전은 실제 사실과 전해들은 이야기를 바탕으로 개인이 저술한 문집인 만큼, 실록의 기록에 따라 김문기도 사육신묘에 봉인하여 기존 사육신에 김문기까지 포함해 7인의 묘를 모시기로 결정했다. 흔히 대중들은 정사보다 야사를 통해 전해진 이야기에 흥미를 갖고 사실처럼 받아들인다. 그래서 세상에는 진실보다 자신들 입장에서 필요한 이야기를 수용하여 허구가 진실을 덮어버림으로써, 제자리를 찾는 데 너무나 오랜 인내심을 요구하기도 하고 심지어 그 진실이 영원히 무덤 속에 잠들어버리기도 한다.

또 여러 드라마, 영화, 소설 등에서 실리와 명분 사이에서 갈등하다 남편과 다른 운명의 길을 선택한 신숙주 부인에 관한 일화가 전해진다. 사육신이 사사되던 날 신숙주가 집으로 돌아오자 신숙주 부인이 동지를 배신한 남편을 부끄럽게 여겨 목을 매 자살했다는 이야기다. 하지만 실록에는 사육신이 사사되기 전 1456년(세조2) 2월 3일 "무송 윤씨가 불행하게 일찍 별세하자 주문사 신숙주에게 유시하여 위로하다."라는 기록이 보인다. 그 후 1456년(세조2) 6월 8일 사육신의 처벌을 명하는 기록이 있으니, 이때 이미 신숙주 부인은 병으로 죽은 이후였다.

또 슬프고도 애틋한 로맨스를 장식했던 김종서 아들 김승유와 세조의 딸인 공주와의 사랑 이야기가 마치 진실처럼 회자되기도 했다. 김승유가 아버지를 죽인 원수인 세조의 딸과 사랑에 빠져 도주하여 혼인하고, 나중에 발각되지만 서로 용서하고 행복하게 살았다는 동화 같은 이야기다. 마치 조선판 로미오와 줄리엣 이야기를 각색한 듯한 애틋하고 극적인 러브 스토리이다.

이 이야기도 실록과 대조해보면 진실과 상반된 허구에 불과하다. 우선 김종서에게는 첫째 김승규와 둘째 김승벽, 셋째 김승유와 첩의 아들인 김목대 등 네 명의 아들이 있었다고 기록되어 있다. 하지만 실록에는 김승유의 기록이 없고, 순천 김씨 족보에만 김종서의 셋째아들로 김승유가 있다는 기록이 있다. 계유정난 당시 김종서의 아들들은 모두 처형당하고, 김승벽의 아들이며 김종서의 손자인 김석동이 당시 어린 나이였기에, 16세가 되면 처형한다고 실록은 적고 있다. 그리고 세조에게는 공주가 두 명 있는데, 한 명은 정인지 아들과 결혼한 의숙공주이고, 한 명의 딸은 요절했다고 기록되어 있을 뿐이다. 따라서 김종서 아들과 결혼한 공주는 존재할 수 없다. 다만 1873년(고종 10) 서유영(徐有英, 1801~?)이 쓴 문헌설화집인 『금계필담』에 세조의 딸과 김종서의 손자가 연인인 것처럼 그려진다. 왜 진실과 다른 야사가 사실처럼 전해졌을까?

그것은 그만큼 당시 세조의 쿠데타가 단지 사욕에 물든 공신들을 위한 쿠데타였기 때문이다. 정사를 돌보는 임금이 국가와 백성들을 위해 어진 정치를 하지 못하고, 방탕하고 무능하여 백성들로부터 신망을 잃었을 때나 그 쿠데타가 백성들에게 찬양을 받을 수 있고 정당한 행위로 납득시킬 수 있는 의로운 일이다. 하지만 유교 정통성에 따른 적장자 원칙을 고수하여 국왕의 자리에 오른 임금을 단지 성인이 아니라는 이유로 내쫓고, 그 자리를 차지한 일은 분명히 패륜에 가까운 범

죄이다. 게다가 사육신의 3족을 멸한 후, 관련자들을 처참하게 사사한 일은 더욱더 백성들로부터 인심을 잃은 행위였다. 그로 인해 오히려 국가 차원에서 능력 있는 인재들이 관직에 진출하기를 거부하게 만들었으니, 사리사욕에 찬 신하들로만 주변을 채우고 마음을 다해 충성할 인재를 얻지 못하는 세조 일파에 대한 당시 사람들의 차가운 시선과 단종에 대한 동정심은 사육신과 억울한 죽음을 당한 이들에 대한 다양한 일화들이 마치 진실처럼 후세에 전해지게 했던 것이다.

세조의 꿈에 죽은 현덕왕후가 나타나 침을 뱉었고 그 후에 세조 아들인 의경세자(懿敬世子)가 요절하고 세조도 그때부터 피부병에 시달려 고생했다는 이야기도 전해진다. 세조가 정말 이러한 꿈을 꾸었는지 여부는 알 수 없지만, 의경세자는 단종이 사사되기 전에 이미 요절한 것으로 기록되어 있다. 더러운 피를 흘린 업보는 끝까지 하늘의 진노를 피해갈 수 없었던 것일까? 세조의 자식들도 한명회의 자식들도 모두 요절했다. 자식을 먼저 보내는 일이 인간으로 겪는 가장 큰 고통임을 그들도 느꼈으면서 단종을 사사했으니, 아무런 반성도 없는 악의 끝을 실감하게 해준다.

세조를 '나리'라 부른 매죽헌 성삼문

그들 스스로도 역사 앞에 부끄러웠고, 훗날 평가가 소름 끼치게 두려웠기에 사관의 이름도 밝히지 못하고 집필한 기록이 『노산군일기』이다. 물론 세조실록에도 진실을 은폐한 흔적이 곳곳에 숨어 있다.

전 세계에서 유래를 찾을 수 없는 최고의 역사 기록물. 당대 엘리트들이 사명감과 공정성을 가지고 객관적인 시각에서 기술하여 유네스코 보물로 지정된 『조선왕조실록』이라는 대단한 기록물을 남겨주신 우리 조상들의 위대함을 존경하고 감사한다. 하지만 그토록 엄격하게 관리했던 기록물에도 승자의 우월감과 패자의 우울함이 배어 있다. 특히 명분 없는 행위를 저지른 승자들은 교묘하게 붓끝을 승자에게 유리한 방향으로 돌려버린다.

세조실록은 사육신 사건에 관해 1456년 6월 1일 당시 상왕이었던 단종이 외삼촌인 권자신(權自愼)에게 "칼을 내려 주었다."고 기록하고 있다. 이것은 마치 단종이 사육신에게 쿠데타를 주도하도록 지시했다는 분위기를 암시하는 서술이다. 그리고 6월 2일 마침내 배신자인 김질(金礩)의 밀고로 사육신의 비극이 초래된다. 6월 8일 세조실록은 성삼문에 대해 "성격이 출세에 조급하다."고 적고 "하위지(河緯地)가 세조의 견책을 받아 원한을 품었고, 이개(李塏)와 유성원(柳誠源)은 품계가 낮은 것에 불만을 품었다."고 기록하였다. 이들이 재물이나 지위가 낮은 것에 불평하는 소인배인 듯 전하고 있다. 재물이나 출세에 눈이 멀었다면 처음부터 단종 복위 운동을 계획하지도 않았을 테고, 세조가 그들의 재능이 아까워 살려주겠다고 회유해도 죽음을 선택하는 충절을 보이지 않았을 것이다. 이는 사육신의 인격을 폄하하고 그들의 뜻을 오염시켜 자신들이 역사에 더러운 이름이 전해지는 것을 기피한 비겁한 변명에 불과하다. 조금의 양심이 있었다면 붓을 잡은 그들이 간신임을 잘 알고 있을 테지만.

성삼문은 세조에게 "수양대군 나리"라 부르며 지금까지 받은 녹(祿)

은 그대로 곳간에 저장해 두고 먹지 않았다."고 대항했다. 납땜을 녹일 정도의 뜨거운 인두로 몸을 지지는 형벌을 당하면서도 "인두가 식었으니 다시 달궈오라."고 호통을 치고, 혹독하고 모진 고문에 기절하고 깨어나기를 반복하면서도 세조와 그 신하들을 향해 끝까지 단종을 향한 충성을 버릴 수 없다고 소리 질렀다.

결국 성삼문을 비롯해 이개, 하위지, 박중림, 김문기, 유응부, 송석동, 권자신, 윤영손 등을 능지처사(陵遲處死, 죄인을 죽인 뒤 머리, 몸, 팔, 다리를 토막 쳐서 각지에 돌려 보이는 형벌)하고, 아버지, 아들, 손자, 조카 모두 연좌하여 처형했다. 관련자 중 한 사람인 유성원은 앞으로 일어날 일을 예상이나 한 듯, 신문 받기 전 아내와 함께 자살했다. 처벌은 너무도 잔인해서 심지어 생후 1년 정도밖에 되지 않은 남자 아기의 입에 소금을 채워 질식시키거나, 기다렸다 성인이 되면 사형시켜 집안의 대를 끊어놓았다. 또 그들의 부인이나 딸은 공신들의 첩이나 노비로 하사했다. 이때 사육신을 포함해 800명 정도가 사사당했으니 그야말로 피로 물들인 숙청작업이었다.

세조실록은 노산군으로 강등한 조카를 죽여 "예(禮)에 따라 장사 지냈다."고 기록하고 있지만, 그 무덤도 찾지 못해 고생할 만큼 홀대했고 200년이 훨씬 지난 후에야 단종으로 신원을 회복하게 된다. 그러니 정확하게 어떤 방법으로 조카를 죽였는지 알 수 없는 일이다. 다만 개인이 저술한 다양한 문집과 야사를 통해 단종의 죽음에 관한 여러 가지 처참한 이야기가 전해질 뿐이다. 가장 보편적으로 전해진 이야기는 활줄로 목을 당겨 죽인 후 아홉 구멍에서 피가 멈추지 않았고 시체가 강가에 던져졌으나 떠내려가지 않았다고 한다. 사람들이 두려워 시체를 수습하지 못하자 훗날 단종의 마지막 충신으로 신원을 회복하는 엄홍도(嚴興道)가 시체를 수습한 후, 이 일이 두려워 도주했다는 일화가 설득력 있게 전해진다.

오랜 세월이 지난 지금도 영월에는 단종을 위한 추모제가 열리고 있다. 대대로 이어진 단종을 향한 사모의 충절이 얼마나 지극하고 그의 죽음을 얼마나 통탄하고 애석해하는지 알 수 있다. 세조는 여기서 멈추지 않고 친동생인 금성대군을 사사하고 형수인 현덕왕후의 시신을 토막 내기까지 하는 끔찍한 패륜을 저질렀다.

권력과 천수를 누린 한명회, 역사에 오명을 새기다

사육신 사건 후 한명회는 정상적인 관료 사회에서 누릴 수 없었던 온갖 해택을 안고 도승지, 이조판서 등의 벼슬을 거쳐 일인지하만인지상(一人之下萬人之上)의 자리인 영의정의 자리까지 차지하게 된다. 또 셋째딸을 예종(睿宗)이 되는 세조의 차남 해양대군과 혼인시켜 인성대군을 낳지만, 딸은 일찍 요절하고 인성대군도 어린 나이에 죽는다. 그러나 그는 여기서 멈추지 않고 더욱 승승장구하는 길을 찾으며 정치무대를 확실히 장악한 후 인수대비와 손을 잡는다. 인수대비와도 사돈이 된 한명회는 예종 때 남이 장군을 역모로 모함해 사사시키고, 예종의 의문의 죽음에 관여해 사위인 자산대군을 임금으로 만들면서 다시 왕후의 아버지가 되는 영광을 누리게 된다.

예종 사후 원상(왕이 죽은 뒤 어린 임금을 보좌하며 정무를 맡아보던 임시 벼슬)이 되어 직무를 처리하고, 열세 살 나이에 임금이 된 사위 성종을 대신해 정희왕후가 수렴청정하는 동안 국정의 모든 결정권을 장악한 사실상 왕이나 다름없는 실질적인 권한을 행사한다. 그가 노년에 자주 왕래했던 압구정(鴨鷗亭)이란 정자를 비롯해 지금 압구정동 땅이 모두 당시 한명회의 땅이었으니, 그 재산과 세도는 가히 측량할 수 없을 만큼 무거웠다. 명의 사신도 감탄했다는 이 아름다운 정자가 결국 권력에 눈이 먼 간신들이 한명회에게 벼슬을 청탁하는 장소로 전락하고 말았다. 한명회의 권력은 세조 사후에도 멈추지 않았으니, 권불십년(權不十年)이란 말도 한명회를 비켜간 듯하다. 그러나 1485년 명의 사신을 압구정에서 사사로이 대접하여 유자광(柳子光)의 탄핵을 받자 스스로 은퇴하고, 1487년(성종18) 73세라는 당시로서 장수한 나이에 그의 화려한 삶을 마감하게 된다.

한명회는 성삼문을 비롯한 사육신을 보낸 후 30년 정도 더 살며 권력을 장악했고, 세조가 죽은 후에도 20년, 신숙주 죽음 후 10년 넘는 세월을 더 살았다. 세조시대의 시작과 이어진 성종시대를 장식했던 한명회. 최고의 벼슬에 임금의 장인까지 되어 모든 부귀영화를 누리며 수단과 방법을 가리지 않고 피바람을 일으키며 권력을 탐한 그는 마지막 눈을 감기 전 과연 자신의 삶에 단 한순간도 후회가 없었을까?

한명회는 죽기 전 노년의 나이에 그동안 공신책봉으로 하사받은 재산을 비롯해 간신들에게 받은 뇌물과 백성들의 고혈을 짜서 축적 했던 그 많은 재산의 일부를 서책 간행과 도서관 마련을 위해 국가에 기부한다. 예종 때에도 남이를 역모로 몰아 옥사를 처리한 후, 그 재산과 처첩을 갖게 해달라는 더러운 주청까지 했던 자가 아니었던가? 또 압구정 사건 때는 명의 사신에게 뇌물까지 전달하며 탐욕을 멈추지 않았던 한명회가 마지막에 왜 청렴한 선비의 처세를 모방했을까? 피를 흘리며 먼저 보낸 선비들에 대한 죄스러운 마음이 가슴 한구석에 남았을까? 아니면 모사꾼의 수단을 발휘해 겉모습만이라도 선비처럼 포장해 후세의 거센 비판을 피하려 한 마지막 방패막이였을까? "호랑이는 죽어 가죽을 남기고, 사람은 죽어 이름을 남긴다."는 속담처럼 문득 한명회는 죽기 전 역사에 새겨질 간신이란 이름이 두려웠던 것일까?

국가와 백성을 위해 양심을 지키려는 진심이 있었다 해도 역사라는 긴 터널 속의 그는 여전히 간신, 모사꾼, 어둠의 지략가란 평가에 갇혀 빠져 나오지 못하고 있다. 심지어 손자인 한경기(韓景琦)가 할아버지인 한명회의 삶을 부끄럽게 여겨 속세를 등지고 살지 않았던가. 의로운 거사를 일으키려 한 성삼문을 비롯한 신하들을 죽게 하며 자신이 누렸던 권력의 빛이 그들이 흘린 피의 충절보다 강할 수 없다는 사실을 죽는 순간에는 깨달았을 것이다. 지우려 해도 후대 역사의 평가를 피해갈 수 없다는 것을, 그래서 왕후가 된 딸들이 어린 나이에 자신보다 먼저 눈 감는 고통까지 감내하며 집착했던 그 권력이 자신에게 준 선물이 '간신 한명회'라는 것을.

생각은 깊이, 행동은 빠르게

사람들은 흔히 성공적인 인생을 살기 위해 공부하고 그 시대가 정한 엘리트 관문을 통과하려 끊임없이 돌진한다. 특히 조선은 관직에 진출해 관료가 되는 길이 최고의 출세였고, 무엇보다 벼슬의 꽃인 정승 자리는 모든 관료의 꿈이었다. 조선왕조 500년 동안 국가 관리의 수가 5,000명을 넘지 않았고, 정승을 지낸 인물은 336명이니 400명도 되지 않는다. 당시 유교 경전을 죽을 때까지 탐독해도 시험에 합격하기 힘들었으니 10대나 20대 초반에 관료로 선발되어 국왕을 곁에서 보좌했던 젊은 인재들은 모든 백성들의 존경과 부러움의 대상이었다.

그러나 학문에 두각을 드러내는 수재가 어떠한 프로젝트를 설계하여 움직일 때 리더로서 반드시 성공한다고 볼 수는 없다. 모든 계획을 철저하고 치밀하게 작성하는 작업이 1차적인 준비라면 가장 중요한 것은 그 거대한 사업을 실행에 옮기는 순간을 놓치지 않는 통찰력이며 추진력이다.

예를 들어 모든 스펙이 완벽한 젊은이가 대기업 채용시험에 마지막 면접만 남겨둔 상태라면 안도감과 긴장감이 함께 공존하는 불안한 상황일 것이다. 그 사람이 아무리 다방면에 박식한 지식을 갖추었어도 막상 면접 당일 면접관이 요구하는 대답을 하지 못하고, 질문의 의도에서 벗어나는 행동이나 인상을 주었다면, 그동안 준비한 모든 준비 과정이 실패로 돌아간다. 흔히 사람들은 생각을 많이 하고도 순간에 과감하게 결정을 내리지

성삼문 vs 한명회

못해 늘 지나고 후회한다. "그때 그 땅을 샀어야 했는데, 지금 땅 값이 열 배가 되었더라." 또는 "그때 그 직장으로 옮겼어야 했는데. 월급보다 안정성을 보고 선택해야 했는데." 등 옳았던 생각도 망설이다 결행하지 못해 놓쳐버리고 만다.

최고의 성군 세종이 인정한 엘리트 성삼문. 그가 당대 최고의 인재들을 지휘하며 한 치의 틈도 없이 계획했던 거사. 민심의 지지를 얻을 수 있었고 명분도 있는 쿠데타였지만 결국 실패하고 말았다. 주변의 뛰어난 인재를 포섭했고 지략과 용기도 있었지만 너무나 생각이 많았던 탓에 실행에 옮겨야 하는 중요한 순간에 결정을 뒤집어버렸기 때문이다. 한명회는 세조와 주변의 못마땅해 하는 분위기 속에서도 자신의 예감과 판단을 믿고 과감하게 자신의 생각대로 결정을 내렸지만, 성삼문은 많은 생각으로 지나치게 조심하다가 제일 중요한 시간에 유응부의 충고를 무시함으로써 결과를 바꾸었다. 그로 인해 자신은 물론 많은 인재들도 그가 꿈꾸던 화려한 문치주의 이상도 모두 잠들게 하고 말았다.

그의 곧은 절개는 역사에 깊이 새겨져 있다. 그러나 그만큼 아쉬움과 안타까움도 깊다. 인내할 때와 과감하게 실행할 때를 판단하는 능력이 어쩌면 다른 어떤 능력보다 중요하다는 것을 다시 한번 일깨운다.

현실에서 안락한 삶을 선택할 것인가? 역사에서 품위 있는 삶을 선택할 것인가? 어떤 삶이 더 값진 인생인지는 각자의 판단이다. 극단적인 이 둘의 삶을 통해 다시 한 번 '어떤 인생을 살 것인가'를 깊이 생각해보게 된다.

신빈 김씨 vs 정후겸

조선 최고의
행운녀와 행운남
그러나
그 최후는 달랐다

노비는 아니지만 당시 생선 장수는 어업 종사자로 천민이 아니면서 도 천한 대접을 받았다. 비록 신분은 양인이지만 정후겸도 평생 천민이나 다름없었던 생선 장수로 일생을 마감했을 수도 있었다. 그러나 예고 없이 찾아온 행운은 이 어린 소년에게 부와 명예로운 직책은 물론이고 귀족 신분이 누리는 권력의 달콤한 유혹까지 동시에 선물해주었다.

인간은 태어나는 순간부터 다양한 사람들과 인연을 맺으며 살아가지만 첫 인연은 나를 낳아준 부모이다. 사회로 진출해 다른 집단에서 타인들과 맺어지는 인연과 달리 부모는 내 의지와 상관없이 만나게 되고, 아무리 위대한 인간에게도 부모를 선택해서 태어날 특권은 주어지지 않는다. 가족이란 집단에서 유일하게 내가 선택할 수 있는 사람은 오직 배우자뿐이다. 물론 이러한 배우자에 대한 선택권도 근대사회에서는 주어지지 않았다. 본인의 의사와 상관없이 동일한 계급 안에서 어른들이 정해준 배우자와 혼인해야 했다. 배우자 선택뿐 아니라 직업 선택권도 없어 태어나 죽는 순간까지 정해진 운명의 틀을 개인의 노력으로 바꿀 수 없는 사회였다.

그러나 신분이 사라진 현대사회도 특별한 이변이 일어나지 않는 이상, 유사한 가정환경과 직업을 가진 사람들끼리 주로 교류하고 혼인하는 것이 보편적이다. 그래서 간혹 답답한 현실에서 벗어날 수 있는 행운을 꿈꾸곤 한다. 그것이 지나쳐 자신의 현실을 망각하고 실현 불가능한 상상만 하며 아까운 청춘을 낭비하는 사람들도 있지만, 실현 불가능해 보이는 일이 현실에서 일어나 소설이나 영화처럼 행운을 차지하는 주인공도 있다.

나보다 훌륭한 배우자를 얻고 싶고 타인이 부러워하는 가정에서 성장하고 싶은 소망은 누구나 가진 욕구이다. 조선시대 사람들도 그러한 소망이 있었겠지만, 태어나는 순간 폐쇄된 신분상승의 문은 웬만해선 열릴 수 없었다.

그러나 이 폐쇄된 문을 모든 사람들의 부러움을 얻으며 과감하게 열어젖힌 두 남녀가 있었다. 이른바 뜻하지 않은 행운을 얻은 조선판 행운남과 행운녀다. 조선 초기에 살았던 신빈 김씨(愼嬪金氏, 1404~1464)와 후기 생존했던 정후겸(鄭厚謙, 1749~1776)이 그 행운의 주인공들이다. 이들은 행운을 얻는 데 그치지 않고 이러한 행운의 열쇠도 자신의 처세에 따라 달라질 수 있다는 확실한 교훈을 남겼다. 행운의 여인은 마지막까지 그 행운을 잘 관리했지만, 행운의 남자는 그만 그 행운을 반납하며 제 운명을 단축시키고 말았다.

오해받고 있는 직업, 궁녀

인간에게 가장 큰 행운은 무엇일까? 물론 사람마다 본인이 추구하는 욕구에 따라 다른 선택을 하겠지만, 많은 돈을 갖는 것과 멋진 배우자를 통한 신분 상승은 행운의 목록에서 빼놓을 수 없는 것이다. "여자 팔자 뒤웅박 팔자"라는 말이 있다. 여성을 폄하하는 말처럼 들릴 수 있지만, 대중매체를 통해 재력가 남자를 만난 여배우의 으리으리한 저택이 공개될 때면 수많은 사람들이 부러움의 시선으로 바라보는 것은 부정할 수 없는 사실이다. 더구나 무척 평범한 조건의 여성이 상상 못할 대단한 남자와 혼인이 이루어지는 드라마가 방송되면 비현실적이라는 지적부터 시작해 각종 비난이 쏟아지지만 또 그만큼 흥미를 자극해 높은 시청률을 기록하곤 한다. 그런데 이러한 드라마틱한 일이 조선시대에 일어났고 최고의 행운을 잡은 여인이 등장한다.

조선에서 가장 낮은 신분이었던 천인 계급. 그중 조선시대 서민들의 기피 직업 1위는 무엇이었을까? 바로 궁녀였다. 대중매체를 통해 무척 오도되어 있는 직업이 궁녀다. 언젠가 어떤 사극에서 궁녀는 아무나 할 수 없고, 중인이나 그 이상인 양반 가문에서 미모와 언행이 고상한 사람들이 얻을 수 있는 직업처럼 묘사한 일이 있었다. 주인공인 가난한 고아가 생각시로 선발되자 동료 생각시들이 자신들과 지위가 다르다며 반발하고 무시하는 장면이 있었는데, 이는 역사적 사실과는 무관한 설정이다.

조선시대 법전에는 "궁녀는 각 관청의 하전 중에서 선발한다."고 규정하고 있으며, 주로 내수사와 궁방 소속 노비 중에서 선발되었다. 효종실록에는 양인의 딸 중에 궁녀를 선발하려 하자 각종 반대에 부딪쳤고, 딸을 숨기거나 일찍 서둘러 시집보내는 일이 발생했다고 기록되어 있다. 이처럼 누구나 하기 싫어하는 직업이다 보니, 의무만 있고 권리는 없는 가장 낮은 천민들로 충당할 수밖에 없었다.

무엇보다 자신의 뜻과 상관없이 평생 혼인할 수 없었고, 혹독한 훈련과 규범 속에서 지내며 죽을 때까지 궁궐 밖을 벗어날 수 없는 궁중 노비가 궁녀였다. 게다가 궁 안에서 어떤 사건이 발생하면 모진 고문을 받고 희생양이 되어야 하는 불행한 사태도 종종 발생하곤 했다. 다만 궁녀들의 월급이나 근무 조건이 나쁘지 않았고, 흉년으로 굶주림에 시달리다 죽어가는 가난한 서민들에 비해 궁 안에서 숙식을 해결할 수 있다는 장점이 있었다. 월급을 모아 큰 부자가 된 궁녀 이야기도 간혹 전해진다. 그러나 대부분 궁녀들의 꿈은 임금의 여자가 되어 수발을 드는 입장에서 아랫사람의 수발을 받는 입장으로 신분을 상승하는 것, 그야말로 거의 실현 불가능한 허망한 상상이었다.

하지만 이러한 허망한 상상을 현실로 만들고 마지막까지 어떠한 정치적인 소용돌이에 휘말리거나 희생양이 되지 않고, 역사에 나쁜 평판을 남기지도 않으며 자연사한 행운의 여인이 실재한다면, 가장 낮은 천인이 최고 지위인 임금의 여자가 되어 행복한 일생을 마감했다면 그녀는 당대 모든 여인들의 선망의 대상이 아니었을까? 그것도 우리 역사상 가장 위대한 군왕인 세종대왕의 여인이 되는 행운을 얻었으니 더 이상 설명이 필요 없는 천운을 타고난 여인임에 틀림없다.

조선 최고의 행운녀, 노비에서 빈이 되다

조선 임금 중 가장 자식이 많았던 임금은 29명의 자식을 둔 태종이다. 세종대왕도 태종 못지않게 22명의 자식을 두었다. 물론 이것이 정확한 숫자라고 할 수는 없다. 『선원록』에 기록되지 않은 여인도 존재하며, 영아사망률이 높았던 당시에 일찍 죽은 자식들도 많았기 때문이다. 사람들이 기피하는 직업이며 천인들이 종사했던 만큼 신분의 질서가 명확하고 규범이 무척 엄격했던 궁궐에서 궁녀가 임금과 대면하는 일은 거의 없었다. 임금은 철저한 보호 아래 시시각각 정해진 대로 움직였다. 궁녀도 자신의 근무 공간과 처소가 정해져 있어 그 동선을 벗어나기가 거의 어려웠다. 무엇보다 궁중에서 필요한 노동력을 제공하기 위해 궁녀를 선발했지, 임금의 여자를 선발하는 목적으로 궁녀를 뽑지 않았다. 따라서 후궁 중에서 궁녀가 승은을 입은 경우는 극소수였고, 후궁도 간택령을 내려 사대부 가문의 여인들을 뽑는 것이 대부분이었다.

간택령에 의해 후궁으로 들어온 여인은 처음부터 종2품 숙의로 품계를 받지만, 궁녀가 승은을 입은 경우는 특별상궁이란 지위로 모든 업무에서 제외시키기는 해도 곧바로 후궁의 첩지를 내려주는 일은 드물었다. 게다가 후궁이 되었다 해도 정1품의 가장 높은 품계인 빈의 자리는 조선 사회 모든 관리들의 소망이었던 정승의 품계와 동일한 월급과 대우를 받았으니, 그 지위까지 도달하는 게 결코 쉬운 일이 아니었다. 예를 들어 중종의 후궁으로 두 명의 왕자와 한 명의 옹주를 출산하고, 훗날 선조의 할머니가 되는 창빈 안씨도 사후 30년 후에 빈으로 추존되었지만, 생존시 지위는 종3품 숙용에 그쳤다.

임금의 여자인 후궁의 지위를 임금이 자유롭게 상승시킬 수 있었다고 생각하지만, 사실상 후궁의 품계도 아무런 공로나 사건 없이 무조건 지위를 높여주면 주변 신하들의 질책과 견제를 받곤 했었다. 숙종이 소의 김씨를 귀인으로 승격시킬 때, "대궐에 들어온 지 겨우 두서너 달밖에 안되는데 어찌 이다지 급작스레 직위를 올리려 하십니까?"라고 신하들이 반대했던 기록이 있다. 당시 최고의 지위인 영의정 김수항의 손녀였던 후궁도 지위를 승격하는 데 이렇게 신하들의 견제를 받아야 했으니 궁녀를 후궁으로 맞아 지위를 승격시킬 때는 어떠했겠는가.

그런데 명문가의 간택 후궁도 아닌 천인 궁녀 출신의 후궁인 김씨가 제일 높은 빈의 지위까지 얻었으니 무척 성공한 인생이며 당시 최고의 행운녀라는 걸 부인할 사람은 아무도 없을 것이다. 신빈 김씨는 실록에 내자시의 여종이었다고 기록되어 있다. 열셋에 세종의 어머니인 원경왕후가 뽑아 중궁으로 보냈다고 한다. 실록에 "계보는 비록 천하지만 나이 겨우 열셋에 궁중에 들어왔으니 일신의 부덕(婦德)은 바른 것이었다. 그 양가(良家)의 여자가 계보는 비록 귀하지만 여자의 행실을 잃은 자와는 같은 날에 말할 수는 없는 것이다."라고 세종은 신하들 앞에서 그녀를 칭찬하고 있다.

조선 사회 노비의 지위는 계속 세습되는 것이며, 그녀 또한 천한 노비의 지위를 세습해야 하는 운명이었다. 게다가 궁 안에 들어왔으니 혼인은 원천적으로 봉쇄되어 있었는데, 어느 날 뜻밖에 행운을 얻게 된다. 야사에는 품행이 착한 그녀가 세종 비 소헌왕후의 거처 궁녀로 있었는데 그녀를 평소부터 아꼈던 소헌왕후가 세종에게 권했다는 이야기가 전해온다. 또 다른 야사에는 세종이 먼저 소헌왕후 나인이었던 그녀에게 반해 승은을 내렸다는 이야기도 있다.

첫 만남이 어떠했는지는 정확하게 알 수 없지만, 그녀가 천한 출신이며 어린 나이에 궁에 들어왔고 "왕자 이증(李璔)이 태어났으니, 궁인 김씨가 낳았다."는 세종 9년의 기록으로 보아, 이때 처음으로 세종의 아들을 낳았다는 사실을 확인할 수 있다. 만약 자식이 없었다면 그저 특별상궁의 지위로 끝날 수 있었지만 아들까지 낳아 위상이 달라졌다. 그녀는 당시 왕실에서 염원하던 아들을 계속 출산해 총 여섯 명의 왕자를 낳았다. 두 옹주가 일찍 죽긴 했지만 그녀에게 경사는 거듭되었다.

그녀는 자신의 행운을 적절하게 관리했다

타인의 거듭되는 행운을 선한 시선과 공정한 마음으로 바라볼 수 없는 것이 인간의 내면에 숨은 속된 저울 아니던가? 그러나 그녀는 자신의 분수를 자각하고 소헌왕후에 대한 고마움과 세종에 대한 올바른 내조를 잊지 않는 처세로 일관했다. 이로써 마지막까지 본인의 천운과 노력을 조화시켜 세속의 간사한 저울을 평평하게 맞추어 놓았다.

세종은 불혹의 나이를 넘기며 신하들과 그녀의 지위를 승격시키는 일에 관해 논의한다. 세종은 그녀에 대해 "천성이 부드럽고 아름다워 양궁(兩宮)을 섬기는 데 오직 근신함으로 중궁이 매사를 위임하고 막내아들을 기르게 하였으니, 성품이 근신하지 않았다면 중궁이 하필 소생 아들을 기르게 하였겠느냐."고 칭찬한다. 세종 21년 1월의 기록으로 보면 그녀는 이때 정2품 소의의 지위에 있었다. 그러나 신하들과 의논 후 더 높은 지위인 귀인으로 승격되었다.

그런데 여기서 세속의 상식으로 이해하기 힘든 것이 있다. 소헌왕후의 막내아들 영웅대군을 그녀가 직접 양육했다는 사실이다. 이는 왕후가 아들을 안심하고 맡길 만큼 그녀의 성품이 선했다는 증거이자 소헌왕후의 인품을 짐작할 수 있는 근거이다. 세종의 어머니 원경왕후가 후궁들을 투기해 태종과 자주 충돌하고 급기야 부부 사이가 악화되어 다른 별궁에서 머물기까지 했던 것과 달리 소헌왕후는 무척 온화한 성품이었다. 만약 소헌왕후의 투기로 후궁들과 사건을 일으켜 내명부가 어지러웠다면 세종은 수신이 힘들었을 것이다.

다행히 신빈 김씨를 비롯해 다른 후궁들과도 관계가 돈독하고 내명부를 훌륭하게 다스렸던 최고의 왕후가 소헌왕후였다. 그녀의 이러한 인품과 내조가 세종을 성군으로 이끌어주었다. 훗날 수양대군에 의해 비참하게 사사되는 혜빈 양씨도 단종의 유모 역할을 맡았으니, 세종시대 여인들은 서로 존중하고 무척 신뢰하는 돈독한 사이였음을 느낄수 있다. 다만 혜빈은 세종의 손자인 단종과는 따뜻한 인연으로, 세종의 아들인 수양대군과는 냉혹한 악연으로 끝을 맺어야 했으니, 그녀는 신빈 김씨처럼 최후까지 평온할 수는 없었던 운명이었다.

세종 사후 신빈은 궁중의 법도대로 출궁했다. 조선의 관습은 왕의 사후에 후궁은 궁을 떠나야 했고, 만약 자식이 있으면 그 자식과 함께 살았다. 자식이 없거나 간혹 자식이 있어도 정업원이란 곳에서 죽은 왕의 명복을 빌며 생을 마감하는 후궁들도 있었다. 아들이 유난히 많은 신빈이었지만 그녀는 속세를 떠나 여승이 되었다. 문종 때 아들 담양군이 죽자, 죽은 아들의 명복을 빌기 위해 불사 비용을 청하기도 했다. 이때 유교 국가에서 그녀가 불교를 섬기는 데 문종이 많은 비용을 하사해 국고가 비었다고 사관은 비판하고 있다. 그녀는 노년에 불교에 무척 심취해 여승으로 살다가 1464년(세조 10년)에 생을 마감했다.

세종 사후에 불교에 귀의한 일을 신하들이 못마땅해 하기도 했고, 불사에 많은 비용을 충당한 일도 있었지만, 그녀는 당시로서 장수한 나이인 60평생을 살다가 평온하게 생을 마쳤다. 계유정난이라는 거친 피바람 속에서도 문종, 단종을 거쳐 세조에게까지 극진한 대접을 받았고, 그녀의 죽음을 세조가 애도하며 "쌀, 콩 모두 70석(石)을 부의(賻儀)로 내려주었다."고 실록은 전하고 있다.

생선 장수에서 왕의 손자가 된 소년

부모 없이 고아원에서 외롭게 자라는 아이들은 어느 날 양부모가 나타나 따뜻한 가정에서 새로운 인생을 시작하는 소망을 갖곤 한다. 아니 평범한 가정에서 성장하는 사람도 때로는 재력과 명예를 갖춘 양부모가 나타나 더 나은 인생이 시작되길 막연하게 상상할 때도 있다.

갑자기 예상하지 못했던 막대한 재물을 상속받는 것보다 세상 사람들의 시선을 받는 유명인의 자식으로 입양되어 부와 명예, 권력까지 누리게 된다면, 얼마나 커다란 축복이겠는가? 그것도 모자라 부와 명예 권력을 뛰어넘어 절대지존의 자리인 군주의 손자가 되는 영광을 누리는 특별한 행운이 찾아온다면, 이것은 하늘의 별을 따는 것보다 힘든 일이며 그야말로 천운을 타고난 경우라 할 수 있다. 그런데 그 하늘의 별이 손안에 찾아들어온 영화에서나 등장할 법한 특별한 주인공이 조선 후기에 등장했으니, 그가 바로 정후겸이다.

조선의 21대 국왕인 영조는 유독 자식 편애가 심했던 군주로 알려져 있다. 일찍 죽은 효장세자와 뒤주에 가두어 사사한 사도세자를 제외하고 아들은 없었지만, 일곱 명의 옹주가 있었다. 영조는 특별한 이유 없이 자신의 잣대에서 벗어난 자식은 정신병에 가까울 만큼 싫어하고, 마음에 드는 자식은 이성을 잃고 주체할 수 없을 만큼 각별한 애정을 쏟아부었다. 대표적으로 사도세자와 화협옹주를 지나치게 미워했고, 화평옹주와 화완옹주를 무척 사랑했다. 화평옹주가 첫딸을 낳다가 죽자 영조가 무척 애통해 하며 밤새워 환궁하지 않았고 묘비의 글도 영조가 직접 쓴 친필이라 전한다. 화평옹주가 죽은 후에는 화완옹주를 더욱 사랑하였는데, 화완옹주의 혼인식을 무척 호화롭게 치렀고, 혼인 후에도 자주 화완옹주 집을 방문하거나 궁궐로 부르곤 했다. 심지어 정치적인 행위나 인사 청탁도 화완옹주의 부탁이면 들어줄 정도로 영조의 딸 사랑은 지나쳤다.

영조는 화완옹주를 정치달과 혼인시켰지만, 혼인한 지 10년도 못되어 정치달이 세상을 떠나고 말았다. 젊은 과부가 된 데다 한 점의 혈육도 없는 외로운 처지에 놓인 딸을 영조는 다시 궁궐로 불러 함께 지냈다. 그러다 문득 화완옹주는 양자를 들이기로 했다. 최고 권력인 임금의 외손자이며, 임금이 가장 아끼고 사랑하는 옹주의 아들 자리를 거절할 사람이 어디 있겠는가? 그리고 이러한 천운의 기회를 놓고 싶은 사람도 없을 것이다.

화완옹주는 남편 정치달의 가문 사람인 정석달의 아들 정후겸을 양자로 맞이했다. 이 정후겸이란 인물은 이렇게 뜻밖의 천운을 거머쥐면서 역사에 등장하게 되었다. 실록에서는 "정후겸의 아비 정석달은 인천에 살면서 생선 장수로 업을 삼고 있어 집안이 몹시 한미했는데,

그 아들 정후겸으로 정치달의 뒤를 잇게 하였으니, 그때 나이 겨우 16세였다. 전조(銓曹)에서는 그 말에 따라 정후겸에게 장원서 봉사(掌苑署奉事)를 제수하였다."고 소개하고 있다. 실록에서 보듯 아버지가 생선 장수로 집안이 가난했으니, 정후겸도 힘든 어린 시절을 보냈다는 걸 짐작할 수 있다. 1764년(영조 40년) 열여섯 살이던 어린 소년은 생선 장수 아들에서 갑자기 왕족으로 신분이 상승하게 된 것이다.

사실 조선 사회에서 생선 장수면 신량역천(양인 신분으로 천민의 일을 하는 계층)에 해당된다. 왕실의 양자를 맞이하면서 왜 하필 신량역천의 아들을 선택했는지 뚜렷한 사연은 알 수 없지만, 정후겸이 단숨에 화완옹주와 영조의 마음을 사로잡는 매력이 있었음을 충분히 짐작할 수 있다. 영조는 4년 후에 당시 스무살에 불과한 정후겸을 승지로 삼았다는 기록이 있다. 조선 사회 엘리트들이 과거에 급제한 후 무척 염원하던 직책인 승지 자리를 어린 정후겸에게 무상으로 선사한 것이다.

행운남의 벼락출세와 몰락

조선에서 가장 천한 대접을 받던 계층은 노비지만, 그 외 광대, 기생, 백정, 공장, 무당, 승려, 상여꾼 등도 천한 직업에 속했다. 물론 노비는 아니지만 당시 생선 장수는 어업 종사자로 천민이 아니면서도 천한 대접을 받았다. 비록 신분은 양인이지만 정후겸도 평생 천민이나 다름없었던 생선 장수로 일생을 마감했을 수도 있었다. 그러나 예고 없이 찾아온 행운은 이 어린 소년에게 부와 명예로운 직책은 물론이고 귀족 신분이 누리는 권력의 달콤한 유혹까지 동시에 선물해주었다.

가난한 소년은 그저 중간 계급의 양자가 되어 편안한 의식주만 해결해도 큰 행복이다. 그런데 부유한 역관의 양자도 아니고, 정승 가문의 아들도 아닌, 품계를 초월한 최고 지위의 어머니를 만나 임금의 손자가 되고 높은 벼슬까지 올랐다. 이처럼 동화 속 주인공보다 값진 행운이 거듭되었지만, 그의 마지막은 동화처럼 해피엔딩이 아니었다.

"왕은 하늘이 내린다."는 말도 있고, "왕후장상이 씨가 따로 있나." 란 주장도 있다. 문득 정후겸은 천명을 거슬려 가문이나 혈통과 상관없이 자신의 노력 여하로 왕위를 차지하려는 야심을 가졌던 것일까? 사실 왕은 하늘이 내린다는 뜻을 맹자의 주장대로 해석한다면 왕권은 교체할 수 있다는 의미였다. 맹자는 왕은 하늘의 대리자로서 백성이 왕을 좋아하면 하늘이 내린 것이지만, 싫어하면 하늘이 내린 것이 아니라고 했다. 또 왕이 백성을 위해 정치를 하지 않으면 간언하고, 간언해도 듣지 않으면 왕을 교체해야 한다는 혁명론을 주장했다. 자신의 벼락출세를 주체하지 못한 채, 정후겸의 야망은 더욱 거센 욕망의 자리로 휩쓸려 가고 있었다.

법적으로 영조의 외손자였고 정조와 고종 사촌간이 된 정후겸은 어머니인 화완옹주를 비롯해 노론과 손을 잡고 당시 세손이던 정조를 폐출시키려 온갖 공작을 펼친다. 정적들로 인해 늘 불안한 정조에게 벼락처럼 찾아온 고모의 양아들까지 합세해 세손의 지위를 계속해서 흔들기 시작했다. 정조의 외숙부인 홍인한과 결탁해 대리 청정을 방해하고, 각종 요사스러운 행동으로 정조를 공격했으며, 급기야 자객을 보내 정조를 사사하려고까지 했다. 그러나 숙명은 새로운 정씨 왕조의 탄생이 아닌 후기 조선 최고의 성군 정조의 손을 잡아주었다.

1776년 정조의 즉위와 동시에 정후겸에 대한 신료들의 거센 반격이 몰아쳤다. 정조는 계속되던 정후겸에 대한 처벌 요구를 이기지 못하고 변방으로 유배 보내는 것으로 일을 마무리했다. 물론 자신의 추락이 여기서 끝나지 않았음을 정후겸도 예상했을 것이다. 정조 즉위 4개월이 지난 8월에 드디어 성균관 유생들까지 정후겸의 사사를 요구하고 나섰다. 정조로서는 귀한 인척이지만 사실상 피 한 방울도 섞이지 않은 사촌을 바로 그 특수한 인연으로 인해 벌어진 사건들 때문에 사사해야 했다. 결국 정후겸은 스물여덟 젊은 나이로 꿈 같았던 12년 동안의 행운을 정리하며 영원히 돌아올 수 없는 길로 가고 말았다.

행운은 관리하는 자의 손에 머문다

천한 대접을 받으며 가난한 어린 시절을 보냈던 두 사람. 운명의 신은 그들에게 조선 역사에 기록될 행운을 안겨주었다. 그러나 행운의 열쇠 관리를 잘못해 잃어버리면 다시 찾을 수 없다. 행운녀는 마지막까지 그 열쇠를 손에서 놓지 않고 잘 관리했지만, 행운남은 열쇠를 들고 정신없이 움직이다 그만 깊은 바다에 빠뜨리고 말았다. 거칠게 몰아치는 파도 속에서 그 열쇠를 어떻게 찾을 것인가?

"사람의 사사로운 말도 하늘이 들을 때는 우레와 같고, 어두운 방에서 속이는 마음이라도 귀신의 눈은 번개와 같다." 『명심보감』 '천명'에 새겨진 말이다. 또한 "나쁜 마음이 가득 차면 하늘이 반드시 벌할 것이다."라는 말처럼, 신빈 김씨는 하늘이 내린 천운을 감사하며 살았지만, 정후겸은 그 은혜를 원수로 갚았으니 하늘의 분노를 피해 갈 수 없었던 것이다. 물론 당시 격심했던 당파싸움과 정치적 소용돌이에서 어쩔 수 없었다고 항변할 수 있지만, 모든 일의 내면에는 자신의 의지가 숨어있기 마련이다.

신빈 김씨는 세종대왕과 소헌왕후의 은혜에 감사하며 늘 삼가고 조심하면서 마지막까지 세종의 명복을 빌며 조용히 숨을 거두었다. 만약 세종의 총애를 믿고 교만했거나, 어떠한 정파와 연결해 자신의 아들을 왕으로 만들려는 음모를 꾸미려 들었다면 조선 역사에 또 한 명의 요부로 기록되었을 것이다. 그리고 자신과 자식들도 천명을 거슬린 죄로 자연사하지 못하는 비극을 맞았을 수도 있다. 신빈은 거듭되던 행운을 겸손한 처세로 다듬어 소헌왕후의 막내아들인 영응대군을 친자식처럼 훈육하는 것으로 은혜를 갚았고, 그녀의 자식들도 실록에 좋은 평판을 남겼다.

정후겸은 왜 신빈처럼 행운의 신을 끝까지 붙잡지 못했을까? 실록에 영조가 말년에 병환이 깊어지자 "정후겸이 표독한 빛이 낮에 나타나고 조금도 슬픈 모습이 없었으니, 그 마음을 캐어보면 아! 또한 모질다."라고 적고 있다. 정후겸은 타인이 갖지 못한 천운을 얻었을 때, 영조와 화완옹주에게 감사하고 자신의 행운의 끝이 정조의 신하라는 사실을 인식했어야 했다. 그랬다면 "요망스럽고 반역스런 심보를 가진 몹쓸 종자"라는 신하들의 비판을 받으며 역사에 악인으로 낙인되어 사약을 받고 죽는 일을 피할 수 있었을 것이다.

멈출 수 없는 탐욕의 결과는
어느 시대나 동일하다

일제에서 해방되고 어수선하던 시절 대한민국 초대 대통령과 더불어 권력을 누리던 정치가 이기붕과 그의 아내 박마리아를 기억할 것이다. 몰락한 양반가에서 가난하게 성장한 이기붕은 선교사의 도움으로 미국 유학을 갔고, 졸업 후 대한국민회 회장이던 이승만을 만나 인연을 맺게 된다. 그는 유학시절 신민회 집회에서 만난 박마리아와 결혼하는데, 박마리아 역시 가난한 농부의 딸로 태어나 어려운 역경을 이기며 성공한 여인이다. 독실한 기독교 신자였던 어머니 덕분에 어려운 살림에도 목사님의 주선으로 공부할 수 있었고, 유학에서 돌아와 신지식인 여성으로 대접 받았으니 그 시대의 성공한 행운녀라 할 수 있다.

그러나 박마리아는 그 학문적 재능을 국가의 발전이 아닌 개인의 탐욕과 출세의 도구로 사용해 친일행위에 앞장섰다. 해방된 후에도 뛰어난 영어 실력을 바탕으로 이승만 대통령 부인 프란체스카 여사의 비서로 일하며 남편의 출세와 자신의 권력 창출을 위해 집요하게 움직였다. 그녀의 비상한 두뇌와 총명한 공작으로 이기붕은 남들이 부러워하는 서울 시장, 국회의장, 장관 등을 지냈고 이승만 정권의 실세로 부각되었다. 그녀도 이화여대 문리대 학장, 대한부인회 부회장에 선출되는 등 여성으로서 성공적인 발판을 다져나갔다. 그러나 부와 명예와 권력 3박자의 조화로 이뤄진 행운에 만족할 수 없었는지, 마침 자식이 없던 이승만 부부에게 아들 이강석을 양자로 보냈다. 그러나 과유불급이었다. 1960년 이기붕을 부통령 후보로 부정 선거에 앞장선 자유당은 결국 4·19혁명이라는 거센 역사의 심판 앞에 붕괴하고 말았다. 즉 자유당 이승만 정권의 몰락은 결국 이기붕과 박마리아 가족의 몰락을 의미하는 것이기도 했다. 이승만은 미국으로 망명을 떠났고 이기붕 가족들은 피신해 있었지만, 결국 행운의 열쇠로 입양을 보냈던 아들 이강석의 손에 가족들 모두가 살해되는 비참한 최후를 맞았다.

과거와 달리 현대사회에서는 행운을 얻는 일도 자기계발 차원에서 심도 있고 논리적으로 연구되고 있다. 마크 마이어스의 『행운이 항상 따르는 사람들의 7가지 비밀』이란 책에 "찾아온 행운을 극진히 대접하면 더 큰 행운을 불러들인다." 란 구절이 있다. 자신에게 찾아온 행운을 잘 관리하지 못하는 행위는 남들은 힘들게 차려야 할 밥상, 산해진미 가득 차려진 밥상에 수저만 놓는 수고만 하면 되는 특권을 갖고도 그것마저 귀찮아 밥상을 엎어버리는 것과 같다. 한번 엎어진 밥상의 음식은 버릴 수밖에 없다. 정후겸에게 마지막 남은 일도 버림 받는 절차였다. 정후겸은 상상 못할 행운을 실제로 끌어안고도 그것을 지키기만 하는 의무도 이행 못했으니 그의 결말이 추한 것은 당연한 순리였다.

하륜 vs 홍국영

명품
조연의 조건,
실력인가
분별력인가

오랜 시간 차이를 무시할 수 없지만, 탁월한 순발력과 지혜를 겸비한 매혹적인 홍국영. 두 사람 모두 스스로 주역을 선택해 명품 조연이 되길 자청했고, 군주에 대한 충성도 변함없었고, 위태로운 순간에 주인공을 구출한 민첩한 예지와 탁월한 감각도 지니고 있었다. 그러나 결과는 역사에 완전히 다른 평판을 새기며 한 사람은 화려한 자연사로, 한 사람은 초라한 퇴장으로 막을 내렸다.

영화를 흔히 종합예술이라 한다. 보편적으로 세 시간을 초과하지 않는 영화 한 편을 만들기 위해 감독, 배우, 카메라, 음향 등 다양한 분야의 완벽한 조화가 이루어져야 멋진 영화가 탄생된다. 영화가 흥행에 성공하면 영화 속 주인공이 화제에 떠오르며 각종 매스컴을 장식하게 되는데, 때로는 눈부신 조연이 더욱 시선을 사로잡아 주연의 후광을 깨뜨리는 경우도 종종 있다. 이런 조연을 가리키는 용어가 바로 신 스틸러(scene stealer, 주연 이상으로 주목받는 조연)이다.

어쩌면 우리 인생도 짧은 영화 한 편처럼 느껴질 때가 있다. 내 인생의 주인공은 오직 나 혼자뿐인 듯 보이지만, 사실 수많은 사람들과 연결된 인연의 숲에서 나무가 되기도 하고, 스쳐가는 바람이 되기도 하고, 잠시 머물다 가는 새가 되기도 하는 것이 우리 인생이다. 어느 시대나 인간은 혼자서 최고의 주인공이 될 수는 없다. 누구나 빛나는 주연이 되고 싶지만, 혼자 빛나는 별은 없다. 주인공이 되기 위해서는 나를 이끌어주는 조연과 좋은 인연으로 맺어지는 일이 무엇보다 중요하다. 인연은 내 의지와 상관없이 늘 동서남북으로 펼쳐져 어떤 상황에서 어떤 모습으로 만날지 예측할 수 없기 때문이다.

조연에도 '명품조연'이 있다. 뛰어난 조연의 등장으로 주인공인 내 인생이 더욱 명품이 되기도 하고, 때로는 내가 조연으로 밀려나기도 하고, 조연과 마지막 결과가 매끄럽지 못해 악연으로 마무리되기도 한다. 조연의 역할은 그만큼 중요하고 때론 결정적이다. 조선 역사에서 27명의 주인공인 군주에게는 그를 보좌했던 주연급 조연들이 늘 함께했었다. 바로 책사들이다. 계책에 능한 사람을 책사(策士)라 하고 이 책사들에 의해 그 시대가 영광과 혼란을 겪으며 주인공인 군주가 영명한 성군으로 또는 폭군으로 기록되는 데 지대한 영향을 발휘했다. 시류에 밀려 어쩔 수 없이 악역을 담당하기도 하고, 위태한 상황에서 목숨 바쳐 끝까지 주인공을 보필하기도 하고, 뜻하지 않게 주인공에 맞서며 도전하다 주연급 조연에서 일개 엑스트라보다 못한 밑바닥 자리로 추락하는 운명의 난동도 경험하게 된다.

조선 왕조 500년 동안 주인공 못지않은 주연급 조연들이 정계를 화려하게 장식했지만, 모두 명품 조연일 수는 없었다. 성군 세종을 보좌하며 훌륭한 재상으로 교과서를 장식했던 황희, 선조시대에 천재 유학자로 지목된 이이 등은 긍정적인 조연으로 각인되어 있다. 반면에 세조의 왕위 찬탈을 도운 모사꾼 한명회, 연산군과 함께 퇴장한 임사홍, 문정왕후를 도와 명종 시대를 흔들었던 정난정 등은 나쁜 조연으로 평가받고 있다.

그러나 굴곡 많았던 역사의 풍파 속에서 스스로 주인을 선택해 목숨을 다해 옥좌로 이끈 유능한 책사의 역할을 수행했으면서도 마지막은 주인공으로부터 다른 선택을 강요받은 이들 역시 중요한 조연들이다. 역사상 대부분의 일인자와 이인자는 최후까지 좋은 인연을 지속하기 힘들었다. 가족보다도 연인보다도 친밀하게 밀착된 그들의 관계를 늘 질투하고 이간질하는 무리들 속에서, 때로는 목숨 걸었던 이인자를 일인자가 사사해야 하는 비극이 일어나기도 하고, 반대로 이인자가 일인자의 권위에 도전해 주연을 조종하려 할 때도 포용과 포기 사이에서 갈등할 수밖에 없기 때문이다.

역사상 가장 성공적인 주연의 모델과 명품 조연은 유비와 제갈공명이라 한다. 그렇다면 조선의 무수한 책사 중에 가장 유능하면서 매력적인 책사로 꼽을 수 있는 인물은 누구인가. 여기서는 하륜(河崙, 1347~1416)과 홍국영(洪國榮, 1748~1781)을 소개해보고자 한다. 조선 역사상 가장 성공적인 조연의 모델은 주연 태종을 선택해 보좌하고 숱한 공신들이 제거되는 위기 속에도 마지막까지 태종의 보호 아래 천수를 누리고 자연사한 하륜이 아닐까? 반면에 후기 조선 노론과의 권력 투쟁에서도 풍전등화 같은 정조를 선택해 주연의 자리로 인도했으면서도 마지막에는 주연에게 버림받고 허무하게 최후를 마감한 인물, 매력적이면서도 안타까움과 아쉬움을 남기는 조연은 홍국영일 것이다.

자신의 소신대로 스스로 주인을 선택해 주연급 조연으로 승승장구하면서 유능했던 두 사람의 처신은 서로 다른 길로 나아가고 있었다. 개국 초기의 주인공과 왕조가 존속하느냐 문을 닫느냐 하는 후기의 주인공을 모셨던 두 사람의 책사. 서로 초기와 후기라는 긴 시간 차이와 시대 상황을 무시할 수는 없지만, 두 사람에게 근본적으로 부여된 책사로서 역할과 사명은 같았다. 하지만 한 사람은 조연이라는 그릇에 넘치게 행동하지 않았고, 한 사람은 권력의 맛에 조연 신분을 잠시 망각했던 것이 결과의 차이를 만들었다.

오래 인내하며 실력을 연마한 연륜의 책사, 하륜

작은 회사를 설립하는 것도 힘든데 하물며 한 나라를 창업하는 일이 얼마나 막중한 일이겠는가. 혼란과 풍파를 거쳐 번영의 고비까지 힘든 과정을 겪어내려면 양심의 소리를 무시한 채 나와 뜻이 다른 동지의 시체를 밟아야 하고, 역사를 포장하기 위해 때로는 인재를 달래고, 때로는 먼저 하늘로 보내는 두려운 시간을 견뎌야만 한다. 전(前) 왕조의 신하들과 백성들을 껴안으면서도 전 왕조의 역사를 부정하며 피 흘리며 도달한 창업 왕조에서 가장 중요한 일은 개국을 정당화하기 위해 유능한 인재를 포섭하는 일이다.

고려 후기에 탄생한 세 명의 대표적인 천재 학자들. 정몽주(1337~1392), 정도전(1342~1398), 하륜, 이 세 사람은 이색의 제자로, 불교 국가 고려에서 유학에 심취해 학자로, 관료로 서로 의지하고 존경하던 사이였다. 훗날 고려의 충절로 이방원에게 죽음을 당하는 정몽주와 이성계를 선택한 조선 개국 최고의 기획자 정도전이 함께 수학하던 시절, 그들은 이렇게 가슴 아픈 숙명이 자신들을 기다릴 줄 짐작하지 못했을 것이다. 조선 개국 직후가 정도전의 천국이었다면, 또 한번 피를 부르는 승부에서는 정도전의 제거에 일조한 하륜에게 천국의 문이 열리게 된다. 결국 이방원이 공신들을 제거한 후 여러 반란을 진압하고 드디어 주인공으로 무대에 등장할 수 있었던 건 눈부신 명품 조연 하륜이 있었기에 가능했다. 하륜은 자신이 가야 할 길이 다름을 받아들이고, 스스로 선택한 주인을 위해 학문적 선배인 두 사람을 하늘로 보냈다.

사실 하륜은 이들보다도 권근(1352~1409)과 더욱 친밀했던 것 같다. 이방원의 사돈이며 함께 공을 세운 권근도 정몽주, 정도전과는 학문적 교류를 나누었던 친밀한 사이였다. 이방원도 그들도 결코 부인할 수 없었던 당대 최고의 천재 정도전. 조선 개국을 위해 함께 화합했던 그들이 개국 후 서로 추구하는 명분과 목표가 달라 적이 될 수밖에 없었지만, 이방원도 진심으로 정도전의 재능을 아끼고 사랑했었다. 그러나 정도전이 민 후계자 이방석의 죽음과 후원자 이성계가 사라진 조정에서 비로소 이방원의 나라를 위해 헌신할 명품 조연이 빛을 내고 있었다.

하륜은 1365년에 당시 19세의 나이로 과거에 급제하고 관직에 진출했지만, 사실상 그의 젊은 시절은 파직과 귀양의 연속이었으니 성공적인 관료 생활이었다고 볼 수는 없다. 고려 후기의 혼란스런 정국이 조선 건국으로 이어지던 1392년에 하륜의 나이 46세였다. 이 시절 그는 늦은 나이에 아직도 중앙 무대가 아닌, 지방에서 벼슬을 맡고 있었다. 아마도 당시 실권을 장악한 정도전 등에 의해 보이지 않는 압력과 견제를 받으며 자신의 주인을 찾고 있었을 듯하다.

전형적인 유학자이면서 풍수지리와 관상학 등에도 관심을 가졌고 당시 유학자들에 의해 배척되던 잡설(雜說)에 능통했다는 기록이 보인다. 어쩌면 다소 괴상한 지식인으로 여겨져 소외되었을 수도 있었으나 1393년에 풍수학에 뛰어난 신하로 평가받아 권력에 근접한 중앙으로 무대를 옮길 수 있는 기회를 잡게 된다. 물론 무악이 명당이라 주장했다가 이에 반대한 정도전 등의 핵심 관료들과 미묘한 갈등을 일으키기도 했다.

이때 정도전에 의해 후계자 자리를 빼앗겨 실의에 빠진 이방원과 정도전이란 강한 태양 아래 그 뜨거운 빛을 피해 그늘 속에 숨죽인 하륜은 의기투합할 수밖에 없었던 처지였으리라. 시작은 두 사람 모두 정도전에 대한 거부감이었겠지만, 사실상 왕권 강화를 추구하고 새로운 국가의 표준을 확립하려는 공동의 큰 목표가 그들을 주연과 명품조연으로서 손잡게 한다.

조선왕조실록에 태조 때를 시작으로 태종 때 그 전성기를 누리며, 약 1500번 넘게 거론되는 인물 하륜. 물론 실록에는 기록되지 않아 정확한 연유를 알 수는 없지만, 이방원과 하륜의 만남에 관한 여러 가지 야사가 전해진다. 스무 살이 넘는 나이 차이에도 불구하고 늘 이방원을 존경하고 충성했던 하륜. 그는 이방원을 처음 본 순간 관상과 사주를 잘 보는 특기를 발휘해 이방원이 용의 관상이며 장차 천하에 주인이 될 인물임을 예언했다고 전해진다.

1차 왕자의 난의 기획과 성공 후, 이방원을 대신해 이방과를 2년 간 옥좌에 머무르게 하여 민심의 지지를 얻는 치밀한 계획과 과감한 사병혁파 등의 숨은 기획자는 하륜이었다. 실록을 보면 하륜은 태종 집권 동안『고려사』를 비롯해 권근, 이첨과 더불어『동국사략』등을 편수하고 태조실록 편찬 작업 등을 도우며, 풍수지리와 유교에 능통해 경연의 중요성을 강조하고 경연을 주도했다. 태종은 여진족 문제와 명나라 사신 접대와 사은사로 하륜을 종종 보냈고, 여러 가지 정치적 경제적 문제와 각종 정책을 하륜과 함께 집행했다. 또 실록을 통해 보면 농부를 생각하는 곡조 4장, 잠부(蠶婦)를 생각하는 곡조 4장, 가언(嘉言)을 올리는 곡조 8장 등의 가곡을 지어 올린 기록으로 보아 음악에도 조예가 깊었으니, 다방면에 두각을 보인 뛰어난 인재였음을 알 수 있다.

물론 대중매체를 통해 흥미롭게 전해진 것처럼 사람들의 관상을 정확히 보고 미래의 일을 귀신처럼 파악해 위기에 처한 태종을 늘 그 특유의 총명한 지혜로 구해주었다는 에피소드는 실록에서는 찾아볼 수 없다.

하륜과 관련해 전해지는 일화는 많다. 가장 많이 알려진 것은 정도전과 함께한 술자리에서 다른 사람들이 눈치채지 못하도록 일부러 술을 이방원의 옷자락에 쏟아 이방원을 그 자리에서 빠져나오게 한 일, 이성계가 환궁하는 날 입구에 기둥을 세우도록 권유해 화살을 피하도록 한 일, 연회 때 이방원이 술을 부어 헌주하려 할 때 하륜이 말려 사관이 잔을 직접 이성계에게 따르게 하니 이성계가 옷소매에 숨겼던 쇠사슬을 던지며 "방원이가 임금이 되는 게 하늘의 뜻이었구나." 하며 탄식 반 체념 반으로 말해 주변을 울음과 화해의 장으로 만들었다는 일화가 전해진다. 이렇게 하륜의 재치로 태종이 목숨을 보존했다는 소문이 전해질 만큼 그는 범상치 않은 인물로 알려졌음을 알 수 있다.

모든 위기를 신뢰로 모면한 최고의 책사

실록을 보면 하륜도 신하들에게 탄핵을 받은 일이 있었고, 잠시 벼슬에서 물러났던 일도 있었다. 그러나 태종은 이를 거부하고 승인하지 않았다. 태종 6년 사직하려는 상소를 올리자 태종이 이를 허락하지 않았고, 태종 7년에도 사관들이 하륜의 죄를 청했으나 거절했다. 그렇다면 하륜도 오랜 관료 생활 동안 몇 차례 위기를 맞았음을 알 수 있다. "세상에 털어서 먼지 안 나는 사람 없다."는 말처럼 역사에서 오래 칭송받는 관리들도 그 내부를 상세히 들여다보면 조금씩 실수하기도 하고 불리한 상황에 몰리기도 했다. 예를 들어 청백리의 대명사인 황희도 유부녀와 스캔들이나 친인척들 비리와 관련해 탄핵받은 기록이 있는 것처럼, 인간은 누구나 살아가면서 잘못을 저지르기 마련이다. 그러나 이러한 잘못도 그 시대를 함께 엮어가는 주인공의 관용과 판단력이 어떻게 작용하고, 어느 선까지 용서되느냐와 다시 그 능력이 이전의 잘못을 덮을 만큼 발휘되느냐가 사후 평가를 결정하게 된다.

태종 11년 하륜의 죄를 청하는 상소가 전해지자 태종은 "하륜은 고금에 통달하고 충성을 다하니, 이와 같은 명신은 사책에 구하여도 또한 많이 보지 못하는데, 공신과 대간이 반드시 쫓아버리고자 하니 또한 무슨 마음인가?" 라고 답한다.

태종 14년에 중국 사신 황엄과 관련해 비난을 받은 하륜이 사직하기를 청했을 때는 오히려 태종이 신하를 하륜 집으로 보내 위로하고 사직서를 돌려준 일도 있었다. 이때 태종은 "황엄은 천하의 사치한 자이고, 하 정승은 검소한 중에도 검소한 사람이다. 저 사람의 사치로써

하 정승의 검소한 것을 보면 박(薄)하다고 말하는 것이 괴이할 것 없다."라고 했다. 이러한 실록의 기록은 태종이 하륜을 얼마나 신뢰하고 아꼈는지 느낄 수 있게 한다.

실록에는 하륜이 공을 세울 때, 내구마(내사복시에서 길러 임금이 거둥할 때 쓰는 말)와 심지어 수정으로 만든 모자 구슬을 하사한 기록도 보인다. 하륜이 둔전의 폐해 제거 등 시무 조목을 올린 것과 민폐(民弊)를 제거하는 조목 등도 모두 윤허해주었다. 이는 앞서 상소에서 주장하듯이, 다른 신하들의 정책기획보다 하륜의 업무 능력이 훌륭하고 흡족하다는 의미이다. 그만큼 태종이 하륜의 능력을 신뢰했다는 뜻이고 하륜도 다방면에서 무척 유능한 관료였다는 사실을 인정할 수 있다.

태종이 숨죽이던 왕자 시절부터 옥좌에 머무는 동안까지 수족 같았던 하륜도 1416년 11월 6일(태종16) 70년의 생애를 마감하게 된다. "임금이 심히 슬퍼하여 눈물을 흘리고 3일 동안 철조하고 7일 동안 소선하고 쌀, 콩 각각 50석과 종이 2백 권을 치부했다."는 기록과 함께 하륜이 죽자 부인 이씨가 애통하여 음식을 먹지 않아 거의 죽게 되었는데, 태종이 약주(藥酒)를 하사하며 위로했다고 한다.

실록의 졸기에는 하륜을 다음과 같이 평하고 있다. "종족에게 어질게 하고, 붕우에게 신실하게 하였으며, 아래로 동복에 이르기까지 모두 그 은혜를 잊지 못하였다. 인재를 천거하기를 항상 불급한 듯이 하였으나, 조금만 착한 것이라도 반드시 취하고 그 작은 허물은 덮어주었다. 집에 거하여서는 사치하고 화려한 것을 좋아하지 않고, 잔치하여 노는 것을 즐기지 않았다. 성질이 글을 읽기를 좋아하여 손에서 책을 놓지 않았다." 이것이 사관이 기술한 하륜의 일생에 대한 결론이다.

임금이 장례에 사용할 재물을 하사한 일이 대단하다는 뜻이 아니다. 이는 벼슬에 오래 종사한 관리가 죽었을 때 대부분 국가에서 지급하던 절차였다. 사람이 숨을 거두면 힘들게 모은 재물도, 뛰어난 두뇌도 아무 소용없이 마지막 모습은 좁은 관 속을 차지한 초라한 형체뿐이다. 몇 천 년이 지나도 남는 것은 그를 향한 후세의 평판일 뿐이다.

70평생을 사는 동안 그를 미워하고 질투하여 소홀하게 대한 사람들도 있었을 것이다. 어떻게 인간이 장점만 있고 단점이 없겠는가? 그럼에도 불구하고 하륜은 한 시대를 대표했던 태종의 명품 조연으로서 최고의 찬사와 평판을 받으며 마지막을 화려하게 마감했다. 2년 후 태종이 옥좌에서 물러나 상왕으로 머물다 1422년 운명하니, 두 사람은 거의 한 시대를 함께했던 셈이다.

어린 군주에게 승부수를 던진 패기의 책사, 홍국영

할아버지 영조, 아버지 사도세자의 미묘하고 불편한 부자관계 속에서 노심초사했던 정조. 거기다 외숙부 홍인한, 할머니 정순왕후쪽 외척들과 고모 화완옹주와 그녀의 양아들 정후겸으로 둘러싸인 철조망 같은 울타리 안에서 숨도 제대로 못 쉬던 정조의 세손 시절, 유일한 친구요, 보디가드요, 책사였던 소중한 한 사람이 등장한다. 바로 도발적인 매력남 홍국영이다.

외롭고 힘겨운 세손의 울타리이자 버팀목으로 홍국영은 정조에게 손을 내밀었고 정조는 그 손을 애틋하게 잡아주었다. 그러나 두 사람은 정조가 그 손을 마지막까지 잡지 못하고 과감하게 놓아버림으로서 최후까지 함께할 수 없었던 운명이었다.

홍국영 집안은 조선 후기에 무시할 수 없는 명문가였다. 촌수로 살펴보면 혜경궁 홍씨의 아버지인 홍봉한이 홍국영의 10촌 할아버지였고, 정순왕후 집안과도 관련된 친척이었으니 결코 가볍게 지나칠 수 없는 왕실의 외척이며 노론계 후손이었다.

1771년인 영조 48년 과거에 급제할 당시 25세였으며, 정조보다는 네 살 많았다. 이때 홍국영은 세손을 보좌하는 세자시강원 사서로 관직 생활을 시작한다. 혈기 왕성하고 패기에 찬 젊은 인재 홍국영에게는 당시 세손인 정조를 집요하고 병적으로 괴롭히던 홍씨 가문과 인척이라는 인연의 덫에 놓여 있었다. 그러나 그는 그들의 매서운 눈빛을 외면한 채, 고립무원의 불안한 세손에게 자신의 인생을 건 화려한 정치 무대를 구상하기 시작한다.

차기 국왕 자리를 약속받은 명백한 세손임에도 불구하고 치열한 노론의 공작으로 목숨까지 위태로운 상황에 놓여 있어 정조의 후계자 자리는 늘 불안했다. 홍국영 입장에서는 인척들이 든든하게 자리 잡은 노론계열에 합류하는 것이 더 편한 출세의 경로였을 수도 있다. 차라리 노론과 합작해 정조를 암살하는 덫에 손을 보태는 쪽이 더 빠르고 편리한 엘리베이터였지만, 홍국영은 숨가쁜 계단인 세손을 택해 목숨을 건 승부를 치르고 있었다.

정조에게는 비슷한 연배의 동지 홍국영의 등장이 구세주와 같았고, 망막기증자를 얻은 소경과 같은 기분이었을 것이다. 여러 야사와 『한

중록』에 따르면 홍국영은 십대 시절 학문에 뜻을 두기보다는 술과 여자를 좋아해 방탕한 생활을 즐긴 나태한 인물이라 전해진다. 그러나 명문가에서 자란 후광과 20대 이후 관직 진출을 목표로 준비했던 과거에 당당히 합격하면서 인생이 새로운 출발을 준비하게 된다.

정조는 세손 시절 『통감강목』 중에서 영조가 드러내기 싫어하는 부분을 읽었고, 이 때문에 정조는 분개한 영조를 대해야 하는 난처한 입장에 처한 적이 있었다. 바로 이때 홍국영은 특유의 기질을 발휘해 문제가 된 넷째 권 대목을 잘라내고 영조에게 전했다. 이런 홍국영의 순발력과 발 빠른 대처가 당시 정조를 감탄하게 하면서 두 사람이 더욱 친밀해졌다는 일화가 있다.

무엇보다 세손의 생명을 두고 강력한 승부를 건 홍국영의 도전은 세손의 대리청정을 정면에서 반대한 홍인한을 탄핵하는 상소를 서명선(1728~1791)에게 올리도록 지시한 일이다. 상소를 올린 당사자는 서명선이었지만, 이 일을 조종하고 감독한 사람은 일급 참모 홍국영이었다. 세손의 옥좌를 놓고 벌인 마지막 승부의 결정권은 오직 영조에게 있었다. 이때 영조의 선택으로 세손은 대리청정을 할 수 있었고, 홍인한은 물러나게 된다.

본성과 탐욕을 제어하지 못한 야심가의 행보

드디어 1777년 정조가 즉위하면서, 홍국영은 전면적으로 정치무대에 나서 눈부신 권력을 누리게 된다. 군주와 신하가 아닌 천적 노론과 외척을 제거하고 싶은 정조와 근본 뿌리는 노론이지만 노론에 조종당하길 거부했던 홍국영이 주연과 조연인 무대였다.

처음 정조 집권 초반에는 젊고 패기 있었던 홍국영도 영명한 군주인 정조를 위해 목숨 다해 충성할 결심을 했을 것이다. 정조 1년 궁궐에 자객이 침입한 역모 사건으로 홍국영은 도승지와 동시에 금위대장과 숙위대장까지 겸하게 된다. 어쩌면 이 순간 유례 없는 젊은 인재에게 막강한 권력의 유혹이 시작되면서 판단력이 흐려지기 시작했는지도 모른다.

거듭되던 벼락출세에 귀신이 질투해 혼란을 선사한 것인가? 관료로서 오만한 권력욕을 채워가던 그는 급기야 정조와 사돈이 되어 자신의 조카가 국왕이 되는 꿈을 꾼다. 이를 실현하기 위한 집요한 그의 행보는 오히려 지옥의 나락으로 가는 길을 자청하고 있었다.

당시로서는 20대 중반의 늦은 나이까지 후사가 없었던 정조에게 다음 보위를 이을 후궁을 맞아들이는 것은 반드시 필요한 일이었다. 실록 곳곳에 나타나듯이 늘 단정하고 어진 성품으로 칭찬받던 효의왕후는 불행히도 자식을 낳지 못했다. 정조는 워낙 호색과는 거리가 멀었던 만큼 국가의 대를 이을 후계자가 필요했을 뿐, 다른 이유로 후궁 맞아들이는 일을 즐기지 않았다. 서른을 바라보던 이 시절, 홍국영은 절묘한 계책을 마련한다. 자기 동생을 정조의 후궁으로 입궁시켜 그 조카가 다음 보위에 오르는 것을 구상한 것이다. 이 순간 홍국영은 조카가 차기 국왕이 되어 정조 사후에도 오래도록 권력과 영광을 누릴 꿈에 부풀어 있었다. 그리고 열세 살 어린 동생을 후궁으로 맞는 일을 정조가 허락하면서 그 계획은 잘 진행되는 듯했다.

홍국영의 동생인 원빈 홍씨(元嬪洪氏, 1766∼1779)는 조선 정조의 첫 번째 후궁이다. 사실 빈(嬪)이라는 정1품 내명부 지위는 후궁 중에서 가장 높은 서열로, 주로 후궁이 아들을 여럿 생산했을 때 부여되는 직첩이다. 간택을 통해 후궁을 들이는 경우는 종2품 숙의의 지위로 입궁하는 것이 보편적인 관례였다. 따라서 파격적인 빈의 지위로 입궁하는 일은 원빈 홍씨가 최초였다. 예를 들어 호색가였던 성종은 28명의 자식을 두었는데, 그중 가장 많은 자식을 생산한 여인은 숙의 홍씨라는 후궁이었다. 왕자 일곱 명, 옹주 세 명을 낳았지만 그녀의 지위는 숙의에 그쳤다. 이에 비해 홍씨는 처음 입궁부터 더 이상 오를 지위가 없는 빈이었고, 왕후에 버금가는 화려한 입궁식이 거행되었다.

정조의 후사를 염려한다고 하면서 열세 살의 어린 동생을 후궁으로 입궁시킨 일은 당시 홍국영의 권력의 절정을 보여준 행위였다. 만약 원빈이 왕실에서 염원하던 왕자를 생산하고, 그 자식으로 정조 다음 후계자가 이어졌다면 홍국영의 인생이 어떻게 마감되었을까? 그러나 불행히도 1년 뒤 원빈 홍씨가 세상과 이별하면서 사실상 정조와 홍국영의 혈연으로서 인연은 끝난 것이나 다름없었고, 홍국영 자신도 서서히 몰락해갔다.

정조실록에 나타난 원빈 홍씨의 졸기를 보면, 그 장례식이 왕과 왕후를 능가하게 대단히 호화스럽게 거행되었다. 조정의 업무를 5일 간 정지하고, "당나라의 《개원례》 황조의 비빈의 예에 의거 시호를 인숙, 궁호를 효휘, 원호를 인명이라고 추증하고 삼도감을 설치하였다. 이휘지가 표문을 짓고, 황경원이 지장을 짓고, 송덕상이 지명을 짓고, 채제공이 애책을 짓고, 서명선이 시책을 지었다."는 것을 보면 후계자를 낳지도 않았고, 1년 남짓 후궁에 머물렀던 여인의 장례식이 당시 최고의 신하들로 둘러싸여 성대하게 치러졌음을 알 수 있다. 검소하기로 유명한 정조가 원빈을 만났을 때부터 마지막 죽음에 이르기까지 이러한 파격적인 절차를 이어갔으니 그 모든 것이 다 홍국영 때문이었으리라. "이때 홍국영의 방자함이 날로 극심하여 온 조정이 감히 그의 뜻을 거스르지 못하였다. 그리하여 홍씨의 빈장에 관한 절차를 예관이 모두 참람한 예를 원용하였고 송덕상은 마땅히 공제가 있어야 한다고까지 하였으나 중지하고 시행하지 않았다."는 것을 보면 왕이나 왕비가 죽었을 때나 공무를 중지하고 26일 동안 조의를 표하는 공제를 원빈 장례에 시행하려 했으니, 홍국영의 세도를 실감하게 해주는 대목이다.

브레이크가 없는 권력의 추락

사랑하던 동생을 잃은 이후라도 자신의 처세를 가다듬고 분수를 지켰다면 그 부귀영화가 지속되었을 수도 있었다. 하지만 살인처럼 끔찍한 일도 처음에는 죄책감을 느끼지만 반복하다보면 습관적인 쾌감을 느끼는 심리처럼, 그는 여기서 멈추지 않고 두고두고 기록에 남을 유례 없는 새로운 제안을 정조에게 한다. 정조의 이복동생인 은언군의 아들 이담을 죽은 원빈의 양자로 입적하도록 해달라는 요구였다. 정조의 조카이면서 원빈의 아들이니, 결국 정조의 아들이 되는 셈이다. 이것은 자식이 없던 정조에게 아들이 생겼고, 아들이 생겼으니 더 이상 후사를 이을 아들 근심은 하지 않아도 된다는 뜻인가? 그렇다면 당신의 후계자까지 내가 알아서 선정하겠다는 선포가 아니고 무엇인가?

정조는 그 제안을 받아들인다. 그저 누이를 잃은 홍국영을 동정하는 마음에 허락해준 것일까? 아니면 총명한 정조가 이 기회를 통해 홍국영의 멈출 줄 모르는 탐욕을 천하에 드러내어 그를 제거할 빌미로 이용했을까? 정조의 의중이 어떠했든, 이러한 홍국영의 처세는 바로 자신의 몰락을 준비하는 어리석은 행동이었다.

지나치게 좋은 그의 순발력은 계속 부정적인 측면에서만 발동하더니 급기야 효의왕후를 독살하려고까지 하였다. 정조 3년 9월 26일 실록에는 홍국영이 사직을 청하자 신하들과 의논 끝에 허락하였다고 한다. 이때 사관이 홍국영에 대해 "그 누이가 빈(嬪)이 되고서는 더욱 방자하고 무도하여 곤전(坤殿)의 허물을 지적하여 함부로 몰고 협박하는 것이 그지없었으나, 임금이 참고 말하지 않았다." 이를 통해 효의왕후를 모함하고 힘들게 했던 불순한 행위를 알 수 있다.

"그가 숙위소에 있을 때에 의녀, 침선비를 두고서 어지럽고 더러운 짓을 자행하였고, 거처하는 곳이 임금이 거처하는 곳과 담 하나가 막혔을 뿐인데 병위를 부르고 대답하는 것이 마치 사삿집과 같았고, 방 안에는 늘 다리가 높은 평상을 두고 맨발로 다리를 뻗고 앉았는데 경재가 다 평상 아래에 가서 절하였고, 평소에 말하는 것은 다 거리의 천한 사람이 하는 상스럽고 더러운 말투이고 장로를 꾸짖어 욕하고 공경을 능멸하였으므로, 이때부터 3백 년 동안의 진신 사대부의 풍습이 하루아침에 땅을 쓴 듯이 없어졌다 한다." 홍국영이 물러나던 날 기다렸다는 듯이 사관이 던진 평가이다.

그 후에도 계속 홍국영을 탄핵하고 처벌을 논하는 상소가 있었지만,

정조는 그를 사사하는 명을 내리지는 않았다. 자신의 생명의 은인과도 같은 사람이니 시간이 지난 후 다시 곁에 두고 싶었던 것일까? 아니면 이제는 자신에게 누가 되는 조연을 더 이상 곁에 두고 싶지 않았을까? 홍국영이 주변 사람들과 정사를 휘두른 오만함에 지쳤지만, 그럼에도 불구하고 여전히 홍국영에 대한 아쉬움과 미움이 교차했을 것이다.

홍국영은 1781년(정조 5년)에 아직 젊은 서른셋의 나이로 정조의 곁을 떠났다. "홍국영이 죽었다. 경자년 봄부터 정신들이 일제히 홍국영의 하늘까지 닿은 큰 죄에 대해 성토하였는데도, 임금이 끝내 주벌을 가하지 않았었다." 이어 김익(金熤)이 "홍국영처럼 손으로 나라의 명운을 움켜쥐고 권세가 임금을 넘어뜨릴 정도에 이른 자는 전적(典籍)이 있은 이래 없던 바입니다. 그리고 전하께서 홍국영에 대해 작위를 높여 주고 은수로 총애하여 주신 것 또한 전적이 있은 이래 없던 것이었습니다. 권병(權柄)이 한 번 옮겨지자 국세가 거의 위태할 뻔하였으니 지금에 와서 돌이켜 생각하여보면 써늘하여 가슴이 떨립니다." 이것이 실록에 홍국영의 마지막 죽음을 평한 졸기이다. 조선 역사상 홍국영처럼 강한 권력을 휘두른 신하가 최초이며, 이러한 행동을 눈감아 준 임금도 정조가 처음이라는 한탄과 원망이 섞인 푸념이다.

혜경궁 홍씨의 악평, '국영 같은 짓은 다시 없으리'

자신의 친정을 몰락시키는 데 정조를 부추기며 공을 세운 홍국영에 대한 혜경궁 홍씨의 원한은 깊었다. 자연스레 홍국영에 대해 너그러운 평판을 기대하기 힘든『한중록』에서 "얼굴도 잘생기고 눈치 빠르고 민첩하다."란 구절을 찾을 수 있다. 물론 전반적으로 홍국영에 대해 대단히 부정적으로 몰아가고 있지만, 홍국영의 외모와 분위기를 묘사한 이 부분을 통해 그가 당시 귀공자 외모에 지혜와 재치를 겸비한 임기응변에 능한 미남이었다는 사실을 확인할 수 있다. 또 "한번 국영이 들어오면 전하지 않은 날이 없으니 동궁께서 신기하고 귀하게 여기셨다." 는 것과 "남자가 첩에게 혹한 모양이다."라는 말로 세손 시절 홍국영의 매력에 도취된 정조의 모습을 암시하고 있다. 정조 집권 초기는 사실상 모든 정치적 노선이 홍국영이 구상하고 주도한 대로 움직이고 있었다.

"이 미친 것이 매양 천하만사를 제가 다 하겠노라 하니, 제 무리조차 놀라 아니 웃는 이 없더라." 혜경궁 홍씨가 던진 최악의 발언이다. "제 마음대로 사람을 무수히 죽이는 가운데 내 집이 맨 앞에서 화를 입으니, 국영이가 사 년 동안 신하답지 않게 함부로 날뛴 일이 백 가지천 가지니, 내 궁 안에서 어이 자세히 알리오마는, 전하는 소문이 낭자하더라." 또 "자고로 흉악한 역적과 권세 있는 간신이 아주 많지는 않겠지만 국영이 같은 짓은 다시 없으리라." 참으로 증오와 분노에 찬 통탄이다.

실록과『한중록』에서 묘사한 홍국영은 조선 역사상 다시 환생해서는 안 되는 유례 없는 포악한 신하이다. 그러나『한중록』을 집필한 혜경궁 홍씨와 이 책의 집필 의도를 파악해보면, 정조와 조선을 위한 객관적인 분석이 아닌 혜경궁 홍씨 개인의 보복 심리가 엿보인다. 사실 혜경궁 홍씨가 누구인가? 노론인 친정과 결탁해 남편인 사도세자를 사사하는 데 막강한 공을 세운 무서운 여인 아니던가. 게다가 이 『한중록』이란 책은 현재 역사학자들이 평가하듯이, 노년의 나이에 지난 일을 회상하며 친정을 변호하기 위해 오직 가문과 자신의 입장에서만 유리하게 저술한 고백서 아니던가.

홍국영이 사람을 죽이는 가운데 "내 집이 맨 앞에서 화를 입으니."라는 표현은 정조 집권 초기 홍인한 등 홍씨 외척 가문 제거로 친정이 몰락한 일에 대한 원망을 아들인 정조에게 직접적으로 할 수 없으니, 모두 홍국영 탓으로 돌리는 변명이다. 또 "내 궁 안에서 어이 자세히 알리오마는, 전하는 소문이 낭자하더라."는 표현으로 무척 애매하게 마무리하면서 자신은 조신하여 잘 모르나 타인들의 반응을 이유로 홍국영을 더욱 나쁜 인물로 몰아가고 있다.

물론 개인적인 저술서가 아닌 실록에서도 홍국영의 인물평은 최악이고, 여자와 술을 좋아해 행실이 불순했다는 것은 사관들도 공통적으로 비판하는 부분이다. 그렇지만 조선 역사를 상세히 상고해보면, 지나치게 뇌물을 받고 재물에 탐욕을 부려 백성들을 곤란하게 했던 조연들, 그리고 사소하게 여자와 관련해 스캔들을 만들거나 취중에 사건을 일으킨 관료들은 여럿 찾아볼 수 있다. 유독 홍국영의 이런 행실을 탓하며 조선 역사에 없는 사악한 인물로 평한 까닭은 어디에 있을까?

그것은 정조 사후 마지막까지 조선 역사의 붓대를 움직인 사관들은 모두 노론 세력들이며, 이러한 노론의 제거를 위해 정치 전면에 정면으로 나서 피바람을 일으킨 인물이 홍국영이기 때문이다. 즉 정조를 대신해 모든 악역을 맡았기 때문이다. 또 제일 먼저 피해를 입은 가문이 홍씨 가문과 정순왕후 김씨 가문이다. 정조의 의문사 이후 세도정치의 핵심이 정순왕후를 위시한 노론이니 홍국영과 정조를 최대한 폄하해야 하지만, 무시할 수 없는 현군이며 학자군주인 정조를 감히 거짓으로 날조할 수는 없었다. 하지만 이미 오래전 저승 문으로 가버려 누구도 변호할 수 없는 홍국영을 정조 사후 더욱 철저하게 붓끝으로 파멸시키는 일은 충분히 가능했다.

사실 백성들을 굶주림에 허덕이게 만들고 국가를 병들게 하여 끝내 일본을 맞이하게 한 주인공은 누구던가? "국영이가 사 년 동안 신하답지 않게 함부로 날뛴 일이 백 가지 천 가지니, 국영이 같은 짓은 다시 없으리라."는 혜경궁 홍씨의 이 발언은, 홍국영이 아닌 당신들 노론에게 더 걸맞은 표현일 듯하다. 어느 역사에 감히 신하가 임금을 사사하려 자객을 보내고, 차기 국왕을 뒤주 속에 가둬 죽이는 일을 축하하며, 자신들의 권력을 위해 임금을 선택하려는 사건이 있었는가. 이것이야말로 신하답지 않게 날뛴 일이 아닐까.

『한중록』에 정조는 홍국영을 봉조하로 임명하여 쫓아낸 후에도 계속 불러보았다고 한다. 역모죄가 아니면 모든 잘못을 다 눈감아주고 싶었던 것이 정조의 심정 아니었을까?

조연은 조연의 역할에 충실할 때 가장 빛난다

불안한 정국에서 위기에 처한 인물들을 무사히 주역으로 올려놓은 탁월했던 두 책사. 사실 하륜도 태종의 외척 세력 제거에 숨은 공로자 아니던가. 공신 제거와 인재 발탁이 제일의 과업이며, 신료들의 성향을 간파하여 정치력을 발휘하는 데 그 누구도 따라올 수 없는 연기력과 추진력을 지닌 군주가 태종이다. 무서운 군주 태종에 의해 개국 공신들과 처남을 위시한 외척들이 모두 제거되는 위기 정국에서 유일하게 마지막까지 그 자리를 지키며 신뢰를 잃지 않았던 하륜. 오랜 시간 차이를 무시할 수 없지만, 탁월한 순발력과 지혜를 겸비한 매혹적인 홍국영. 두 사람 모두 스스로 주역을 선택해 명품 조연이 되길 자청했고, 군주에 대한 충성도 변함없었고, 위태로운 순간에 주인공을 구출한 민첩한 예지와 탁월한 감각도 지니고 있었다. 그러나 결과는 역사에 완전히 다른 평판을 새기며 한 사람은 화려한 자연사로, 한 사람은 초라한 퇴장으로 막을 내렸다.

하륜이 존재감을 부각시키며 무대에 오른 나이가 50세가 넘었을 무렵이라면, 홍국영은 20대에 너무 이른 출세로 인해 깊이 있는 경륜과 감각을 익히지 못한 것이 일차적인 실패 원인이었다. 일찍 과거에 합격하고도 젊은 시절 여러 고비를 맛보며 다양한 분야의 지식을 쌓아갔던 하륜에 비해, 주색잡기로 시간을 보내다 문득 도전한 과거에 쉽게 합격해 단시간에 정치 핵심에 도달한 이가 홍국영이었다.

"인생이란 멀리서 보면 희극이지만, 가까이에서 보면 비극이다."라는 찰리 채플린의 명언처럼, 국가의 정체를 확립해가던 치열한 사건 속에 하륜도 불안과 아픔을 느꼈겠지만, 그는 주인공인 태종의 성향을 잘 간파하고 자신의 재능을 국가의 미래를 위해 응용해가며 조연의 정도를 비켜가지 않았다. 제갈량이 유비의 유언대로 마지막까지 무능한 유선을 보좌하며 일인자 자리를 탐하지 않았던 것처럼.

그러나 홍국영의 처세는 하륜과 달랐다. 홍국영에 대한 노론과 혜경궁 홍씨의 비판을 완벽하게 신뢰할 수는 없지만, 어린 누이를 후궁으로 들여보낸 일, 정조의 심장을 꿰뚫은 양자를 들이자는 발언, 효의왕후 독살 등은 분명 그가 신하로서 군주의 권위에 도전하려는 오만한 탐욕이었다. 위로 올라갈수록 성실의 벽돌을 쌓고 청렴의 탑을 지어야 하는데 왜곡된 욕망을 쫓아 권력의 쾌락만을 추구하다가 문득 정신을 차리니 이제는 떠날 때가 된 것이다. 한참 재능을 발휘해야 할 30대 초반의 아까운 나이에 부끄러운 퇴장이었다.

국가가 다르고, 시대가 다르고 주어진 환경과 상황이 달라도, 신하로서 충성의 방법은 같다. 바로 조연인 자신의 위치를 끝까지 지키는 일이다. 비록 잔인한 간신으로 평가된 조연이라도 그 주연의 역할을 탐하지 않고 분수를 지키는 마음이 바로 충성이다. 내 인생의 주연은 내 자신이지만, 내 자신이 사는 세상에서의 주연은 반드시 내가 될 수는 없다. 이러한 흐름을 하륜은 끝까지 지켰기에 최고의 명품 조연이 될 수 있었지만, 홍국영은 망각하고 말았다.

홍국영은 술로 허망함을 달래다 귀양지에서 화병으로 죽었다고 전해진다. 결국 아름다운 노을 사이에 의미 없이 사라져 가는 굴뚝 밖으로 품어 나오는 연기 같은 초라한 죽음이 그의 마지막이었다. 귀양지에서 술 대신 책으로 근신하며 마음을 다스렸다면 훗날 다시 정조가 정계로 불렀을까? 그는 충분히 젊고 유능하며 지혜로운 인물이었다. 그러나 너무나 매혹적이라 주연을 단숨에 사로잡았던 그의 삶은 자신의 자리를 잘못 인식한 탓에 명품 조연에서 비참한 악역으로 마무리되고 말았다.

명품 조연은 주어진 선을 넘지 않는다

정민의 〈세설신어〉(조선일보 2010. 8. 26 A 30면)에 '소년등과부득호사'
에 대해 설명한 부분이 있다. 여기서 옛사람은 사람의 세 가지 불행을 첫
째가 소년등과, 둘째가 부형(父兄)의 형세에 기대 좋은 벼슬에 오르는
일, 셋째가 재주가 높고 문장력까지 뛰어난 것이라 했다. 문득 보아 납득
할 수 없는 이 세 가지는 모든 인간이 소망하는 조건이 아니던가? 왜 불
행하다는 것일까? 특히 조선시대 모든 양반들이 꿈꾸던 일이 과거 급제
이며, 가능한 젊은 나이에 관리로 등용되어 출세하고 싶어 하지 않았던
가? 그런데 '소년등과일불행(少年登科一不幸)' 이라 하며 이른 출세로 더
는 오를 길이 없고 내리막길만 남아 교만해짐을 경계하였다.

그렇다면 조선 역사에서 비교적 이른 나이에 과거에 급제해 관리로 등
용된 몇 사람들의 기록을 살펴보자. 김종서가 16세에 합격, 남이가 17세
무과 장원이며 27세에 최연소 병조판서, 이준(세종대왕 손자이며 임영대
군 아들)이 조선 역사상 28세로 최연소 영의정의 기록을 달성했다. 이렇
게 언급한 인물들의 공통점이 무엇인가? 한 인물의 업적이라고 믿을 수
없을 만큼, 학자로서도 장군으로서도 유명했던 김종서는 수양대군에 의
해 자신을 비롯한 가족 모두 처참하게 생을 마감해야 했다. 남이 장군 또
한 그 호방하고 뛰어난 기질을 뒤로 한 채 유자광과 훈구세력의 모함으
로 억울하게 죽었고, 최연소 영의정이던 이준도 역모에 연루되어 유배지
에서 삶을 마감해야 했다.

하륜 vs 홍국영

물론 소년등과로 일찍 출세가도를 거친 인물이 모두 불행한 사례만 남기지는 않았다. 예를 들어 13세에 진사시에 합격, 아홉 차례 과거 모두 장원한 '구도장원공'의 천재 율곡은 당대에도 지금도 존경받는 대표적인 학자이다. 또 '오성과 한음' 일화로 유명한 한음 이덕형도 학자로서 최고의 자리인 대제학에 31세로 올라 무척 빠른 출세 가도를 거치며 추앙 받았다.

하지만 너무 일찍 높은 벼슬에 앉으면 내 의지와 상관없이 주변의 견제와 질투를 받으며 화를 당하기도 하고, 자만심에 도취되어 판단력이 흐려져 권력의 유혹에 빠지기도 한다. 결국 불명예를 안고 추한 마무리로 요절하는 경우가 대부분이다. 고려 말에 19세로 과거 급제하며 조선 초기 책사로 활약했던 하륜은 훗날 관료들에게도 훌륭한 전례를 남겼지만, 홍국영은 후기 책사였음에도 불구하고 앞 세대 관료들의 사례에서도 아무런 교훈을 얻지 못했을까? 가진 것이 없는 사람은 잃을 것도 없고, 잃을 것이 없는 사람은 두려울 것도 없겠지만, 너무 많은 것을 가진 사람은 잃어야 할 것도, 경계해야 할 것도 많은 법이다. 우리는 때로 지나친 욕심과 과도한 집착, 그릇된 오기를 의욕에 찬 목표로 착각하고 무모한 행동을 희망을 향해 돌진하는 자신감이라 오도할 때가 있다.

젊은 나이에 막강한 권력을 손에 넣은 홍국영의 실책은 무엇이었을까? 지식이 풍부하다고 반드시 지혜롭지 않고, 실력이 있어 남보다 빨리 출세의 문에 도착해도 본연의 역할에 충실하지 않으면 끝까지 자리를 지킬 수 없다는 걸 그는 간과했다. 아무리 빛나는 재기와 순발력도 오랜 시간 축적된 경륜을 이길 수는 없기 때문이다.

성왕 vs 진흥왕

때를
만드는 자,
때를
기다리는 자

세상을 살아가는 데 중요한 요소 중 하나가 주도권 장악이라는 말이 있다. 상황을 적극적으로 주도하는 쪽이 승자가 되기 쉽다는 말도 된다. 그래서 많은 사람들이 적극적으로 살아가라고 주문한다. 이 말 자체가 틀린 것은 아니다. 소극적으로 눈치나 보는 것보다 적극적으로 상황을 주도하려 하는 편이 보편적으로 얻을 것도 많고 승자가 되기도 쉽다. 그렇지만 세상이 꼭 그렇게만 흘러가는 것은 아니다.

성왕과 진흥왕을 주인공으로 한 역사 컨텐츠는 거의 없다. 두 왕이 활동했던 시대를 언급하면서 빼놓을 수 없는 인물이라는 점을 생각하면 의외일 일이다. 성왕과 진흥왕은 자신의 치세 중 나라를 크게 발전시킨 왕으로 유명하다. 성왕은 백제의 중흥을 이끌었다는 점에서, 진흥왕은 신라의 '통일'에 초석을 깔았다는 점에서 크게 평가를 받는다. 그만큼 비슷한 시기 각각 백제와 신라를 통치하면서 자기 나라의 위상을 크게 높였던 인물이라 할 수 있다.

　그런데 나라의 발전에 한 획을 그었다는 공통성과 달리 국제정치에 나타난 두 왕의 스타일은 차이가 컸다. 성왕이 국제사회에 자신의 포부를 내세워 주변국을 이끌어가려 했다면, 진흥왕은 조용히 사태를 관망하며 실리를 챙기는 스타일이었다. 이렇게 다른 스타일은 두 왕의 개인적인 성격 때문이라고만 보기는 어려울 것이다. 당시 동아시아 남부의 여러 세력을 좌우하던 백제와 그 눈치를 보며 대응하던 신라의 위상 차이를 무시할 수 없기 때문이다. 그만큼 성왕의 위상은 높았다. 그렇지만 이와 같은 활약에도 불구하고 성왕은 뜻한 바를 이루지 못했고, 백제와 신라의 경쟁에서도 결국 진흥왕의 후손인 신라가 승리했다. 진흥왕이 이루어놓은 토대가 상당히 중요한 역할을 했다는 점에 대해서는 별다른 이의가 없다. 그러면 어떻게 해서 이런 결과가 나타났을까?

세상을 살아가는 데 중요한 요소 중 하나가 주도권 장악이라는 말이 있다. 상황을 적극적으로 주도하는 쪽이 승자가 되기 쉽다는 말도 된다. 그래서 많은 사람들이 적극적으로 살아가라고 주문한다. 이 말 자체가 틀린 것은 아니다. 소극적으로 눈치나 보는 것보다 적극적으로 상황을 주도하려 하는 편이 보편적으로 얻을 것도 많고 승자가 되기도 쉽다. 그렇지만 세상이 꼭 그렇게만 흘러가는 것은 아니다. 두 왕의 경쟁에서도 주도권을 쥐었던 쪽은 성왕이었지만, 결과적으로 진흥왕이 이겼다. 신라가 백제를 멸망시키고 이른바 '통일'을 이룬 결과에 익숙한 사람들은 진흥왕의 승리에 특별한 감흥을 느끼지 못하는 것 같다. 그렇지만 내막을 들여다보면 조금 다르게 보아야 할 측면이 있다.

두 왕에 대한 평가는 당사자들이 이루어낸 것들보다 이후에 전개된 두 나라의 상황에 따라 평가되는 경향이 크다. 요즘 통일 전후의 신라를 다루는 역사물에는 '진흥대왕'이라는 표현이 자주 나온다. 그만큼 이 시기 신라를 크게 성장시킨 진흥왕의 업적을 높이 평가해준다는 뜻이다.

그렇지만 나중에 나타난 결과인 '통일'을 떼어놓고 생각해보면, 당시 신라가 백제의 침공을 견디어낸 것이 일종의 이변이었다. 신라의 역량으로 막아낸 것이라고 하기 곤란하기 때문이다. 백제에게서 받은 신라의 첫 번째 위기라고 할 수 있는 성왕의 신라 침공을 너무나 어이없는 해프닝 덕에 넘길 수 있었다. 잘 해나가던 성왕이 사소한 부주의 때문에 목숨을 잃은 것이다. 주도권을 잡고 눈부신 활약을 하던 성왕은 단 한 번의 실수로 돌아올 수 없는 길을 가고 말았다. 그로 인해 자기 챙길 것만 챙겨놓고 버티던 진흥왕에게 큼직한 기회를 안겨준 꼴이 되어버렸다.

적극적 주도형 성왕

당시 두 왕의 처지를 이해하기 위해서는 먼저 성왕의 위상부터 살펴볼 필요가 있다. 성왕은 523년~554년까지 왕위를 지켰다. 이름은 명농(明襛). 무녕왕의 아들이다.『양서(梁書)』백제전에는 이름을 명(明)이라 했고,『일본서기』에는 명왕(明王) 또는 성명왕(聖明王)으로 표기되어 있다.

남아 있는 기록에서 성왕은 매우 능력 있는 인물로 묘사된다.『삼국사기』에는 "영민하고 비범하며 결단력이 있어 나라 사람이 성왕으로 칭하였다."라 기록되어 있다.『일본서기』에도 "천도, 지리에 통달해 그 이름이 사방에 퍼졌다."는 평가가 나온다. 당시 백제에 반감을 가지고 있던 나라들의 기록에 이런 평가가 나올 정도면 성왕이 국제적으로 인정받는 지도자였음을 알 수 있다.

성왕이 등장하기 이전, 국제관계는 신라와 가야까지 백제에 협력하며 고구려에 대항하는 방향으로 흘렀다. 그러자 이들에 대한 고구려의 압력이 점차 위력을 잃어갔고, 상대적으로 백제는 세력을 회복해가고 있었다. 그러면서 상황이 묘하게 바뀌었다. 동맹 내부에서 주도권을 잡으려는 백제가 가야를 압박하며 분쟁이 생긴 것이다. 분쟁의 흐름은 강자의 입장인 백제에 유리하게 흘러갔지만, 가야도 만만하게 굽히려고 하지는 않았다. 성왕은 바로 이러한 시기에 등극하게 되었다.

즉위한 성왕은 본격적으로 국제정세의 주도권을 잡기 위해 나섰다. 이를 위해 우선 가야의 저항부터 찍어 눌렀다. 가야는 성왕의 즉위에 즈음해서 여러 가지 형태로 저항했다. 대가야는 신라 공주와의 혼인을 빌미로 신라와 동맹을 맺으려 했고, 이것이 실패하자 아라가야가 나섰다. 자신이 주도하는 회의를 열어 신라, 왜 같은 나라들을 끌어들이며 백제를 견제하려 한 것이다. 아라가야의 의도대로 백제는 이 회의에서 다른 나라의 집중적인 견제를 받았다.

그동안 백제를 지지해왔던 왜까지 반백제 외교전선에 가담하게 만든 것은 가야의 입장에서 상당한 성과였다. 왜에서는 이 무렵 근강모야신(近江毛野臣)이라는 인물을 임나에 파견해 가야를 지원하려 했다. 물론 이러한 왜의 지원은 큰 힘이 되지 않았다. 여기서 성왕은 강경한 조치를 취했다. 군대를 동원하여 아라가야로 쳐들어간 것이다. 이후로는 가야의 노골적인 저항이 잠잠해졌다.

그러나 성왕은 또 다른 형태의 저항에 부딪혔다. 일부 가야국들이 신라로 투항하는 사태가 일어나기 시작했던 것이다. 여기에는 초기 임나(금관가야를 중심으로 한 여러 나라의 동맹)의 중심이었던 임나가라,

즉 금관가야가 포함되어 있었다. 금관가야뿐 아니라 탁기탄(喙己呑), 탁순(卓淳) 같은 나라들도 이 무렵 신라에 투항했다.

백제로서는 위기를 맞은 셈이다. 그렇지만 성왕은 이러한 사태를 자신의 포부를 펼칠 계기로 삼았다. 이후 벌어지는 사태가 당시 동아시아 남부에서 성왕이 차지하고 있던 위상을 보여준다. 성왕은 일단 임나에 대한 통제를 강화하려 했다. 신라의 위협을 막겠다는 명분을 내세워 백제의 하위직 관리인 군령, 성주(郡令, 城主)를 파견한 것이다. 백제의 간섭이 강해지자, 가야에서는 왜의 외교적 지원을 얻어 파견된 군령, 성주를 소환해달라는 요구를 하며 저항했다.

물론 성왕은 이 요구를 들어주지 않았다. 오히려 한 술 더 떠서 더 강력하게 가야를 통제할 방안을 내놓았다. 이때 성왕이 내놓은 대책이 바로 '임나재건(任那再建)'책이다. 임나부흥이라는 식으로도 썼던 이 계획의 표면적인 명분은 임나를 강력하게 재편하자는 것이다.

그러나 그것은 어디까지나 명분에 불과했다. 겉으로만 보면 '임나를 재건하자'는 것이니, 임나에 소속된 가야의 여러 나라들이 반대할 이유가 없을 것처럼 보일 수 있다. 그러나 정치란 항상 그럴듯한 명분을 내세워 제 잇속을 차리는 것이 기본적인 생리다. 성왕이라고 험악한 정복국가 시대에 외교를 하면서 순진하게 남의 나라 걱정을 해주려 했을 리는 없다. 사실 가야의 작은 나라들이 뭉쳐 있는 연맹체인 임나의 결속력 강화가 필요하다는 점은 임나 소속국 스스로가 뼈저리게 깨닫고 있었고, 이미 끊임없이 시도되고 있었다. 실제로 소속국 사이의 협조도 어느 정도까지는 잘 되고 있는 편이었다. 적어도 대외정책을 두고 임나 소속국들 사이에 분쟁은 거의 없었다. 여기에 백제가 나설 일이 아닌 것이다.

임나 소속국들은 백제가 나선 임나재건에 집요하게 저항했다. 그런데도 성왕은 자기가 임나의 재건과 부흥을 이끌겠다고 나섰다. 왜 이래야 했을까? 성왕이 추진한 내용은 겉으로 내세운 명분과 달랐기 때문이다. 그리고 숨겨져 있는 내용이 바로 당시 국제정세를 주도해보겠다는 성왕의 포부가 담긴 외교정책이었다.

성왕이 '임나재건'을 부르짖은 이유

성왕은 538년에 사비(泗沘)로 천도를 단행하였다. 사실 즉위할 때 수도였던 웅진은 고구려의 침공 때문에 건국 이래의 수도였던 한성을 버리고 갑작스럽게 옮겨간 곳이라 많은 난점이 생기기 쉬웠다. 임시 수도로의 성격이 강했던 웅진의 문제점이 극복될 뿐 아니라, 성왕이 원하는 장소로 천도하는 과정에서 국정을 주도할 수도 있었다. 성왕은 사비 천도를 전후해 여러 개혁 조치를 단행했다. 천도를 빌미로 지배 체제의 정비와 통치 질서를 확립한 것이다. 이렇게 국내 정치에서 주도권을 확보한 성왕은 국제정치까지 주도하려 했다. 사비 천도가 백제 내부에서 왕권과 국력을 강화시키는 정책이었다고 한다면, '임나재건'은 백제의 국제적 위상을 확립하려는 정책이었다고 할 수 있다.

그와 함께 성왕은 왜와의 관계에도 신경을 썼다. 달솔(達率) 노리사치계(怒唎思致契) 등을 왜로 보내 석가불금동상 등 다양한 문물을 전했고, 이 밖에도 의박사, 역박사 등의 전문가와 기술자를 교대로 파견해

주었다. 이러한 문물 전수가 아무런 대가를 바라지 않는 자선사업 같은 것은 아니었다.

성왕이 왜에 사신을 파견해 문물을 전수해준 시점부터가 의미심장한 시기였다. 백제가 가야를 압박하며 자신의 세력권에 더욱 강력하게 편입시키는 일에 박차를 가하고 있던 때였던 것이다. 그러한 시점에 왜에 대한 문물 전수가 늘어난다는 사실이 무엇을 의미하는지는 명백하다. 왜에게 '백제의 정책을 지지해달라'는 무언의 압력이었던 셈이다.

성왕이 이렇게까지 왜를 자기 편으로 두려했던 이유가 있다. 그 이유가 바로 앞에서 언급했던 명분 '임나재건'이다. 여기에 명분과 다른 속셈이 숨어 있었던 것이다. 성왕의 속셈은 반강제적으로 임나 소속국의 대표들을 모아놓고 했던 말에서 시사받을 수 있다. 성왕은 여러 차례 초고왕, 귀수왕, 즉 근초고왕과 근구수왕 때 백제와 임나가 자식 내지 형제 같은 관계를 맺었음을 강조했다. 이것이 그저 과거의 좋았던 시절을 회상하자고 꺼낸 이야기가 아님은 분명하다. 그런 한가한 얘기나 하자고 십여 개 나라 대표에 바다 건너 왜의 대표까지 모아놓았을 리는 없다. 이런 말 뒤에, '지금은 그때에 비해 많이 소원해졌으니 그때의 관계를 회복하자.'는 식의 말이 따라 붙었던 점을 보면 성왕의 의도는 확실히 보인다.

성왕이 원했던 바는 근초고왕 때에 확립시켰던 관계로 돌아가자는 것이다. 잘 알려져 있다시피 백제의 최전성기는 근초고왕 때로 친다. 이 시기 백제는 가야-왜와의 관계를 주도하며 팽창했다. 다음 단계에 대한 기록이 자세하게 남아 있지는 않지만, 이후 백제-가야-왜가 고구려 세력과 맞서는 양상을 보였다. 고구려와 대결하던 세력의 중심이 백제였으니, 가야와 왜가 백제 주도의 동맹체 안에서 협조하는 형태였음을 짐작하기 어렵지 않다. 이러한 관계를 복원하자는 뜻은 당연히 백제가 주도하는 질서에 가야와 왜를 편입시키는 양상이 될 수밖에 없다. 즉 성왕이 계획했던 계획의 기본 골격은 4세기 근초고왕대에 성립했던 백제-가야-왜 동맹 체제를 재건하자는 것이다.

성왕은 임나재건을 내세우며, 실제로는 한반도 남부와 왜에 걸치는 지역을 백제가 주도하는 질서 속에 편입시키려 했던 것이다. 그러니 당사자인 임나 소속국들보다 백제가 이 계획에 적극적으로 나서는 것도 당연하다. 말이 '임나재건'이지 사실상의 내용은 근초고왕 때처럼 가야제국에 왜까지 임나에 묶어놓고 조종하겠다는 것이다. 그러니 가야에 대해서는 백제 세력권으로 더 강하게 편입되라는 압력을 넣을 수밖에 없고, 백제에 의지하다가 광개토왕에게 정벌당해 곤욕을 치른바 있던 가야는 저항할 수밖에 없었던 것이다. 이런 상황에서 성왕은 왜라도 백제에 협력해주기를 바랐고, 그런 뜻에서 왜에 많은 문물을 전수해준 것이다.

성왕은 '임나재건'에 신라까지 참여시키려 했다. 성왕 대에는 신라도 백제와 함께 고구려와 대립하는 상황이었으므로 백제의 입장에서는 굳이 신라를 소외시킬 필요가 없다. 또 신라까지 자신이 구상하는 체제에 끌어들인다면 한반도 남부에서 일본 열도에 걸친 모든 세력을 좌우할 수 있었다. 이런 계산에서 성왕은 일단 신라의 참여 의사를 타진하려 했던 것이다.

성왕이 이와 같은 구상을 하게 된 근원적 원인은 고구려와의 분쟁에 있었다. 성왕은 이렇게 묶어놓은 세력을 고구려와의 대결에 이용하려 했다. 조금 형태가 달라지기는 했지만, 이러한 구도는 이후 큰 윤곽은 변하지 않은 채 실현되었다. 그것이 바로 가야에 신라까지 엮어 장수왕 때에 고구려에 빼앗긴 한강 지역을 수복하는 사업을 실현시킨 것이다.

조용히 칼을 간 진흥왕

성왕이 이와 같이 웅장한 스케일로 국제정세를 주도하려 한 데 비해, 진흥왕은 그렇게 앞에 나설 만한 처지가 아니었다. 진흥왕의 이름은 삼맥종(三麥宗) 또는 심맥부(深麥夫)다. 지증왕의 손자로, 법흥왕의 아우 입종갈문왕(立宗葛文王)의 아들이라고 알려져 있다. 어머니는 법흥왕의 딸 김씨이며, 왕비는 박씨로 사도부인(思道夫人)이다.

왕위에 있었던 기간은 540년~576년까지로 짧지 않은 시기였지만, 성왕이 사비 천도를 실행에 옮긴 직후 왕위에 올랐던 당시에는 일곱 살의 어린 나이였다. 왕으로서 역할을 할 수 있는 나이가 아니었기 때문에, 즉위 직후에는 직접 통치를 하지 못하고 왕태후(王太后)가 섭정을 해야 했다. 따라서 성왕이 한참 활약할 당시 진흥왕은 당장 두각을 나타낼 수 있는 사정은 아니었다.

진흥왕이 왕위에 오른 시기가 바로 성왕이 '임나재건'을 적극적으로 추진하던 때였다. 이때의 신라 역시 백제에 비해 국제사회에서 자신의 목소리를 높일 만한 처지는 아니었다. 이 점은 '임나재건'책에 대응하는 태도에서도 그대로 드러났다.

성왕은 신라와의 접촉에 직접 나서지 않고 임나를 내세웠다. 임나의 대표자들에게 신라의 의사를 타진하도록 지시한 것이다. 신라가 백제의 제의에 대응하는 방법은 '묵묵부답'이었다. 성왕이 임나한기와 왜의 요원을 소환해서 자신의 지시를 확인했을 때, 진흥왕이 그들을 통해 돌려보낸 대답은 이런 것이었다. '신라와 몇 번 접촉해봤지만 아무 대답도 없었고 앞으로도 없을 것이다.'

어찌 보면 이것이 성왕에 대한 진흥왕의 처신이라고 할 수도 있겠다. 성왕의 백제가 적극적으로 자기 위주의 질서를 짜나가려 한 데 비해, 진흥왕이 이끄는 신라는 조용히 사태를 관망하며 속으로 주판알을 튕기는 식이었다.

이와 같은 처신의 차이는 우선 백제와 신라라는 나라의 위상 차이에서 나온 것이라 할 수 있다. 사실 이 시기까지만 해도 신라는 백제보다 '한 수 아래'의 세력이었다고 봐야 한다. 그러니 한반도 남부에서 일본 열도에 걸친 세력 중 가장 강력한 힘을 가지고 있던 백제의 성왕이 적극적으로 나섰던 것이 당연했다. 이에 비해 상대적으로 힘이 달리는 신라가 자신의 의도를 드러내지 않고 조용히 사태를 관망하는 것 역시 이상할 것이 없다.

그렇지만 두 왕의 개인적인 성향도 무시할 수는 없을 것 같다. 같이 존속했던 대부분의 시기에는 백제가 신라보다 우위에 있었다. 그렇다고 해서 모든 백제의 왕이 적극적으로 백제 위주의 국제질서를 확립하려 하지는 않았다. 그만큼 성왕은 백제의 왕 중에서도 당찬 포부와 추진력을 가진 왕이라고 할 수 있다. 그리고 이 포부를 적극적으로 실행에 옮기려 했다. 이에 비해 당시만 해도 어렸던 진흥왕의 신라는 조용히 칼을 갈고 있었다. 이후 백제와 가야–왜가 온갖 파란을 일으킬 때에도 마찬가지였다. 신라는 뚜렷한 대응을 하지 않고 사태를 관망했다. 사태를 추이를 보아가며 움직이겠다는 의도가 뚜렷하게 드러나는 대목이다.

제압하려는 자와 저항하는 자의 수 싸움

성왕이 정세를 주도하려 하기는 했지만, 그렇다고 다른 세력들이 순순히 협력을 해주지는 않았다. 다른 나라들이라고 백제의 의도를 읽어내지 못할 리는 없었다. 특히 당사자인 임나 소속국들은 민감할 수밖에 없었다. 말이 임나재건이지, 실제로는 임나 소속국들이 백제가 원할 때마다 고구려 같은 나라에 대해 화살받이나 되어주는 임나로 되돌아가라는 얘기였기 때문이다.

왜 역시 백제에게 받을 것은 다 받으면서도 녹록하게 백제의 손에서 놀아주지는 않았다. 임나의 결속력이 강화되는 것까지는 왜에게도 나쁠 것이 없었다. 그렇지만 백제가 통제하는 임나가 된다는 전제에서는 사정이 다르다. 기본적으로 백제–왜 관계가 우호적이라고는 하지만 상황에 따라 어떻게 바뀔지 모른다. 이 시기 『일본서기』에는 왜가 백제를 '못 믿을 나라'라고 노골적으로 성토하는 기록도 나타난다. 백제가 신라까지 포함된 동맹을 조종하게 된다면 왜의 위상도 어떻게 변할지 알 수 없게 되는 것이다.

신라의 입장은 말할 것도 없었다. 이미 백제와는 동등한 입장에서 서로 지원하며 동맹을 맺어 놓았는데 굳이 백제가 주도하는 동맹체에 들어갈 이유가 없었다. 아예 그런 동맹체가 생기는 것부터가 달갑지 않다. 그래서 각 세력마다 자신의 처지에 맞게 저항하기 시작했다.

당사자인 가야 세력의 저항이 가장 적극적이었다. 가야 각국의 대표자격인 임나한기들은 자신의 계획을 계속 밀어붙이는 성왕을 향해 '탁순같이 신라에 병합되는 나라가 다시 생기지 않는다는 보장을 할 수가 없다.'며 은근히 협박을 해왔다.

이러한 저항에 부딪힌 성왕은 일단 자신이 부덕한 결과라며 임나한기들을 달랬지만, 그렇다고 뜻을 굽히지는 않았다. '이제 백제가 직접 신라의 의사를 타진해볼 것이다. 혹시 일이 잘못되어 신라가 침략해 오더라도 백제가 막아줄테니 안심하라'고 임나가 원하지도 않는 안전보장까지 해주었다. 그리고는 은근히 뼈 있는 말을 던졌다. 탁순이나 탁기탄, 남가라(금관가야) 등이 망한 것은 신라가 강해서 그런 것이 아니라 다 이유가 있어서 망했다는 것이다. 성왕이 임나한기들에게 전하려는 뜻은 분명했다. 백제의 뜻에 어긋나는 짓을 용납하지 않겠다는 것이다. 성왕은 앞날의 협력을 다짐하고 선물을 안겨주며 회의를 마무리지었다. 그랬음에도 임나한기들의 뇌리 속에는 어떻게 하면 이 계획을 무산시킬 것이냐는 생각밖에 없었다. 왜도 이런 생각을 가지고 있기는 마찬가지였다. 이러한 생각은 곧 행동으로 나타났다.

성왕의 경고에도 불구하고 임나 측에서는 더욱 적극적으로 신라와 접촉하며 협력을 모색했다. 사태가 심상치 않게 돌아간다는 것이 백제에게도 감지되었다. 성왕으로서는 백제를 소외시키고 접근하는 신라–임나–왜의 활동을 더 이상 방관할 수 없었다. 당장 아라가야에 사신을 파견해서 신라와 접촉하고 있는 임나집사들을 소환했다.

여기서 성왕은 임나의 대표자들과 왜의 대표자들을 차별해서 다루었다. 소환된 임나집사들에게는 불만을 누그러뜨리고 달래는 방식을 택했다. 아무래도 언제든지 신라에 투항해버릴 수 있는 위험이 항상 존재하고 있기 때문에 심한 압력을 넣을 수는 없었다. 그래서 임나에 대해서는 그동안 잘못한 점을 반성하고 있으니 앞으로는 임나를 보호하기 위해 같이 잘해보자는 정도로 그치고 만다. 그렇지만 왜에 대해서는 달랐다. 성왕은 왜의 요원에게 강력하게 압력을 넣었다. 일본부의 하내직(河內直)에게는 신라와 모의한 데 대하여 별도로 경고가 주어졌다.

성왕의 경고에도 불구하고 임나와 왜의 저항은 그치지 않았다. 오히려 백제에게 역으로 까다로운 조건을 제시하며 협상의 난항을 유도했다. 그 조건은 임나에 배치된 백제의 군령, 성주를 철수시키라는 것이다. 이 조건을 들어주고 '임나재건'을 추진하면 백제가 눈의 가시처럼 여기고 있었던 왜의 요원 하내직 등을 본국으로 소환하겠다는 제의를 했다.

임나에 배치된 백제요원이 철수하게 되면 임나에 대해 백제가 간섭할 수 있는 수단이 현저하게 줄어든다. 임나와 왜는 이 점을 노린 것이다. 성왕은 이 제안을 참모들과 논의하지만 결론은 당연히 '군령, 성주는 철수시킬 수 없다.'는 것이었다. 백제 측에서는 한술 더 떠서 하내직, 이나사(移那斯), 마도 등 왜의 요원은 무조건 아라가야에서 추방하고 임나집사들을 소환하려 했다.

이후 성왕은 임나와 일본부의 요원을 소환하려 하고, 소환당한 이들은 '제사가 있다.'는 식의 온갖 핑계를 대며 거절하는 일이 반복되었다. 그러면서 '임나재건'을 위한 협의는 또다시 무산되어버렸다. 그럼에도 불구하고 성왕은 임나와 왜에게 회유와 협박을 반복하며 결국 협력 약속을 받아냈다. 부분적인 문제는 이렇게 조금씩 백제의 의도대로 풀리고 있었지만 근본적으로 해결된 것은 아니었다. 모두가 백제에게 협조하겠다고 하면서도 말뿐이었고, 실제로 제안된 사안에 대한 구체적인 실천 문제에는 대화조차 회피하고 있었다.

그런데 얼마 가지 않아서 임나와 왜의 속마음을 드러내는 사건이 발생했다. 고구려와 백제, 신라의 공방전이 계속되던 548년 고구려는 예(濊)의 병사들을 동원하여 백제의 독산성(獨山城)을 공격했다. 고구려의 공격을 받자, 백제는 동맹국 신라에게 구원을 요청했고 신라는 장군 주진(朱珍)에게 3천 명의 병력을 주어 백제를 구원하게 했다. 백제-신라의 기민한 연합작전 덕분에 고구려군은 패퇴했다.

여기까지는 고구려와 백제, 신라 연합군 사이에서 벌어진 여느 전투의 양상과 별다른 차이가 없다. 그러나 이 전투에서 생포한 포로를 심문하는 과정에서 충격적인 사실이 밝혀졌다. 생포된 병사들이 이번 침공은 백제를 공격해달라는 아라가야와 일본부의 부탁을 받고 감행했다는 사실을 털어놓은 것이다.

이 사실을 알게 된 성왕이 가만히 있을 리 없었다. 당장 아라가야와 왜에 압력을 넣었다. 왜에서는 물론 오리발을 내밀었다. 왜왕은 '모르는 일이고, 지시한 바도 없으며, 믿을 수도 없다.'고 버틴 것이다. 그렇지만 오래가지는 못했다. 왜는 결국 앞으로 임나가 협조해주도록 지원하겠다는 약속을 했다. 말로만 하는 약속으로 신뢰를 얻을 수 없다는 점을 깨달았는지 행동으로도 성의를 보였다. 370명을 백제에 파견하여 득이신(得爾辛)에 성을 쌓는 일을 돕게 한 것이다. 다음 해에는 연나사(延那斯), 마도 등이 본국에 보고하지 않고 저지른 일 같으니 자체적으로 조사하겠으며 병력 파견도 백제의 요구대로 보류하겠다는 내용을 통보했다. 그 다음 해에는 사신 아비다(阿比多)를 파견하여 화살 30구(具, 1500발에 해당한다)를 보내며 백제의 비위를 맞추려 했다.

왜가 성의를 보이자 백제도 더 이상 문제를 확대시키려 하지 않았다. 성왕은 연나사, 마도의 일은 자체적으로 알아서 처리하라는 답과 함께, 백제의 힘도 과시할 겸 고구려의 포로를 선물로 보내주었다.

이에 반해 백제가 아라가야를 비롯한 임나에 어떠한 조치를 취했는지 기록에 나타나지는 않는다. 그렇지만 아라가야는 백제에게 호되게 당한 것 같다. 이후로는 더 이상 백제에 저항한 기록이 나오지 않는다. 아라가야의 저항이 끝났다는 것은 이제 임나가 백제의 압력에 저항할 힘을 잃었음을 의미한다. 이제 백제는 다시금 임나를 마음대로 조종할 수 있게 되었던 것이다.

숨죽이던 진흥왕의 당찬 변신

이른바 '임나재건' 계획이라는 것이 원래의 구상대로 이루어지지는 않았지만, 성왕은 상당한 외교적 성과를 거두었다. 가야의 몇 나라가 신라에 투항해버리기는 했지만 임나에 대한 통제를 회복했고, 신라도 아직은 협조적인 동맹으로 남아 있었다. 내심 임나의 입장을 지지하던 왜에게도 외교적 압력을 가하여 더 이상 백제의 정책에 방해가 되지 않도록 해놓았다. 이것은 사전 포석이었다. 곧이어 벌어질 한강 유역 탈환작전 같은 거사를 앞에 두고 배후의 위험을 제거하면서 백제 측의 전력을 강화하기 위해서라도 임나에 대한 통제력을 확실하게 확보해두려는 것이다. 이것만으로도 한반도 남부에서의 패권을 잡은 셈이니 대단한 성과라고 할 수 있겠지만, 이것이 백제의 최종적인 목적은 아니었다. 당시 백제에게 최대의 위협은 고구려였다. 신라-임나-왜에 대한 영향력을 확보하려 했던 이유도 궁극적으로는 이들의 세력을 규합하여 고구려를 물리쳐보려 했던 것이다.

성왕은 동맹국들 사이에서 장악한 주도권을 바로 이용했다. 아라가야와 왜의 저항을 꺾어버린 지 3년 후인 551년, 성왕은 임나의 병력을 차출하여 한강 유역에서 고구려를 몰아내는 작전을 개시한 것이다. 주도권을 가진 백제는 임나의 병력을 이끌고 먼저 공격을 개시했다. 작전은 대성공을 거두어 한강 하류 지역의 6개 군(郡)을 점령하는 전과를 올렸다.

그런데 여기서부터 진흥왕의 행동이 부각되기 시작했다. 이전까지만 해도 어린 나이에 즉위한 진흥왕은, 국제정세는 물론 국내에서도 섭정을 받으며 나라를 이끌어나가는 처지였다. 그렇지만 551년 고구려에게서 한강지역을 빼앗는 사업에서부터는 진흥왕이 직접 정치에 나서는 상황이었다. 이때에 개국(開國)이라고 연호를 바꾸고, 직접 정치를 돌보기 시작하면서부터 적극적인 대외정복사업을 전개하였다. 그러니 여기서부터 드러나는 상황은 진흥왕의 선택이었다고 보아도 무리가 없을 것이다. 이때 진흥왕은 백제의 움직임을 주시하고 있다가, 작전이 성공을 거두는 기미가 보이자 그때서야 거칠부(居柒夫) 지휘 하에 병력을 움직여 죽령(竹嶺)에서 북쪽 고현(高峴)에 이르는 10개 군을 점령했다. 이때 신라가 점령한 지역은 한강의 상류지역이었다.

그런데 이후 진흥왕의 움직임은 범상치 않다. 백제와의 동맹을 배신하고 백제가 차지하고 있던 한강 하류지역을 기습해서 빼앗아버렸던 것이다. 사실 '배신'이라는 낱말 자체가 좋은 느낌을 주지 못한다. '배신자'라고 지목된 사람은 사회에서 매장당할 정도로 혹독한 대가를 치러야 하는 것이 보통이다. 그러니 이런 배신을 실행에 옮기는 것도 보통 배짱으로는 어렵다. 그럼에도 진흥왕은 과감하게 이런 선택을 했다. 그만큼 신라가 절박한 처지였다는 뜻이 되겠다.

별로 힘도 들이지 않고 10개 군을 차지한 신라의 불만을 이해하기 위해서는 당시 한강유역의 전략적 가치부터 알아야 한다. 고구려, 백제, 신라 삼국이 모두 한강유역을 차지하기 위하여 수단과 방법을 가리지 않고 싸운 이유는 이 지역이 단순히 살기 좋은 지역이었기 때문만은 아니다. 한강유역은 예전부터 중국과 연결되는 중요한 교통로였다. 바다로 통하는 하류지역의 항구가 중국으로 가는 배에 결정적인 중요성을 가지고 있다는 것은, 상류지역은 하류지역에 비해 상대적으로 그다지 큰 전략적 가치가 없다는 뜻이기도 하다. 하류지역을 차지한 백제가 기회주의적으로 움직인 신라의 행위를 눈감아준 이유도 여기에 있다. 신라는 그러한 백제의 의도를 거슬러 그동안의 협력을 배신하고 한강 하류지역을 빼앗은 것이다. 이러한 사태가 일어나기 바로 1년 전 신라의 태도가 심상치 않음을 보여주는 사건이 있었다. 550년 정월, 고구려와 백제가 치열한 공방전을 벌이던 도살성(道薩城)과 금현성(金峴城)을 신라가 끼어들어 빼앗았던 것이다. 그래도 백제는 이를 묵인했다. 고구려와의 결전을 앞두고 있는 상황에서 성 하나 때문에 신라와 분쟁을 벌이고 싶지는 않았을 것이다.

신라가 백제를 불신하다가 결국 배신까지 하게 된 원인은 성왕이 '임나재건'을 추진하는 과정에도 있었다. 금관가야를 비롯한 임나 소속국 일부가 신라에 투항해 왔을 때, 성왕은 임나에 신라와의 접근을 경고한 바 있었다. 백제가 임나에 대한 통제력을 회복하면서부터는 신라도 점점 강해져가는 백제에 대해 불안감을 갖지 않을 수 없었을 것이다. 고구려는 신라가 배신으로 한강하류를 차지한 데에 대해 아무런 조치도 취하지 않았다. 고구려와 신라가 모종의 협약을 맺고 있었는지 고구려의 독자적인 판단이었는지는 알 길이 없지만, 덕분에 신라는 중국과 독자적으로 교류할 수 있는 유력한 교통로를 확보했다.

이런 행태를 보면 진흥왕은 철저히 주변 세력의 입장을 이용해 자신의 지분을 챙기는 데 주력했음을 알 수 있다. 신라는 백제에게서 빼앗은 지역을 신주(新州)로 개편하고, 금관가야 마지막 왕인 구형왕의 아들이자 김유신의 할아버지인 아찬 무력(武力)을 신주 군주로 임명했다.

실책인가, 운명인가

국제사회에서 동맹국을 휘두를 수 있을 정도의 인물에게 신중함은 절대적으로 갖추어야 할 요소다. 비위를 건드리는 일 하나하나에 흥분해서 앞뒤 가리지 않고 움직인다면, 좋은 꼴을 보기 어렵다. 그러한 측면에서 성왕은 주변 국가들을 손바닥 위에 올려놓고 조종할 만한 역량을 가진 인물의 면모를 보여준다.

성왕은 자신의 구상에 대한 첫 번째 도전에 신중하게 대처했다. 진흥왕에게 배신을 당하고도 일단 외교적 해결을 모색했던 것이다. 왕녀를 신라에 시집보내면서까지 타협을 시도했다. 이에 대해 진흥왕은 극단적으로 이기적인 태도를 보였다. 백제와의 혼사를 받아들였으면서도 '혼사는 혼사고 안보는 안보'라는 식으로 특별한 의미를 두지 않았던 것이다. 남에게서 챙길 것은 다 챙겨놓고도, 자기가 받은 것에 대한 답례나 배려 같은 것은 안중에도 두지 않는 태도였다.

성왕은 진흥왕의 고집 때문에 신라와 충돌할 수밖에 없는 상황에 몰렸으면서도, 발끈해서 신라부터 쳐들어가고보는 식으로 일을 진행시키지는 않았다. 신중을 기해 먼저 고구려를 정리하는 등의 조치부터 취했던 것이다. 신라 침공은 고구려를 먼저 공격해서 기를 꺾어 놓은 이후에 감행했다. 신라 침공에 있어서도 성왕은 사전 정지작업을 진행시키는 신중함을 보였다. 백제는 자체의 병력과 임나의 병력은 물론, 파병을 보류해두라고 했었던 왜의 병력까지 동원했다. 신라를 공격하기 직전에 백제가 원한 왜의 병력과 왜가 원한 백제 박사들이 교환되었다. 백제는 이렇게 정지작업을 다 해놓은 다음에야 신라 침공에 나섰다.

백제가 신라를 침공하면서 벌어진 전투가 바로 관산성 전투이다. 바로 여기서 '천려일실(千慮一失)'이라는 말이 실감나는 장면이 연출되었다. 그렇게 신중했던 성왕이 그답지 않게 저지른 단 한 번의 부주의로 목숨을 잃은 것이다.

이 사태를 이해하려면 우선 관산성전투의 진행 상황부터 제대로 알아야 한다. 지금까지도 이 전투가 신라군의 일방적인 승리였던 것처럼 알고 있는 경우가 많다. 그러나 이는 『삼국사기』「신라본기」 기록만 일방적으로 옮기다보니 생겨난 인식일 뿐 실제로는 대역전극이 벌어졌다. 초반에는 백제군이 관산성을 불 질러 함락시키고 신라 영역 깊숙이 진격하고 있었다. '천려일실(千慮一失)'이라는 말을 써야 할 성왕의 부주의는 바로 이 장면에서 연출되었다. 사실 성왕은 관산성 전투의 초반에는 직접 참여하지 않았다. 신라를 침공한 백제군을 이끌었던 당사자는 태자 여창(餘昌)이었던 것이다. 성왕은 사비에서 전황보고를 기다리던 입장이었다. 그런데 고대하던 백제군의 승전보를 받은 성왕이 무엇에 홀렸는지 갑자기 친히 전장으로 가려 했다.

무엇 때문에 성왕이 이렇게 무모한 짓을 했는지에 대한 진상을 정확하게 알 도리는 없다. 『일본서기』에 의하면 성왕이 관산성 지역으로 오게 된 표면적인 이유는 야전에서 고생하고 있을 태자 여창이 걱정되어서였다고 한다. 하지만 성왕 정도 되는 통치자가 그런 개인적인 감정 때문에 전선으로 가는 모험을 감행한 것 같지는 않다. 그보다는 지휘관인 태자 여창을 비롯한 백제군을 격려하면서, 동시에 이후 신라에 대한 처리도 구상해보려 했을 것으로 짐작된다.

의도야 어쨌든 성왕은 전장으로 가려 했고, 지금의 옥천 지역을 지나가던 도중 신라군 매복부대에 생포당하고만다. 이 사태는 백제에 치명적인 결과를 몰고 왔다. 생포된 다음에도 성왕은 미천한 자의 손에 죽을 수 없다고 버티며 시간을 끌어보려 했다. 그렇지만 성왕을 사로잡은 고간도도는 "우리나라 법에는 왕이라도 맹세를 어기면 미천한 자의 손에 죽는다."는 한마디로 성왕의 요구를 거부하고 즉결처분해 버렸다. 이것으로 성왕의 꿈은 물거품처럼 사라져버렸다.

성왕 전사의 후유증은 성왕과 함께 야심찬 계획을 추진했던 태자 여창에게까지 악영향을 주었다. 승기를 잡고 파죽지세로 진격하던 전황이 후방에서 생긴 변고 때문에 급히 철수해야 할 상황으로 바뀌었다. 우여곡절 끝에 빠져나온 다음이라고 문제가 해결된 것이 아니다. 관산성 전투에서는 단순히 성왕만 죽은 것이 아니라 왕과 함께 있던 좌평들, 즉 측근들까지 몰살해버렸다. 왕권을 지탱해주던 대들보들이 한꺼번에 무너진 것이다.

전쟁에 반대였던 백제의 유력한 귀족들은 원정이 실패로 돌아간 후, 이 틈을 타서 여창에게 압력을 넣어왔다. 여창이 위덕왕으로 즉위한 뒤의 기록에는 '생각 없이 먼저 행동부터 해서 후환을 불렀다.' '원로들의 말을 들었으면 이렇게까지는 되지 않았을 것.' '잘못은 뉘우치느냐'는 등의 언사가 나타난다. 이런 수위의 발언이 마구 쏟아져나왔다는 건 위덕왕이 대단한 정치적 위기에 몰렸다는 걸 보여준다.

물론 이 위기 자체는 속세를 떠나 출가하겠다는 위덕왕의 승부수와 정치적 타협으로 극복되었다. 그렇지만 백제의 손실은 적지 않았다. 국가적 숙원으로 삼던 요충지를 차지하기 위한 투자가 송두리째 날아가버렸다. 또 신라 원정 실패의 후유증으로 차후 국제 정세에서의 주도권까지 잃었다. 관산성전투 이전만 하더라도 한반도 남부에서 국제 정세를 주도했던 세력은 백제였다. 독자노선을 걸을 만한 세력이 있던 신라는 백제의 동맹국이었고, 이 동맹은 백제가 주도하고 있었다.

그런데 관산성 전투에서의 패전 이후 그 흐름이 달라지기 시작했다. 사실상 하위의 동맹자였던 신라가 경쟁자로 바뀌었다. 아니 그저 경쟁자 정도가 아니었다. 관산성 전투 이전에 신라를 직접 공격하는 일이 거의 없었던 백제가, 이후에는 고구려보다 신라와 공방전을 벌이는 비중이 월등히 높아졌다.

철저한 실리추구형에게 돌아간 승리

이렇게 백제가 신라를 적으로 여기며 침공해오기 시작했다는 점이 신라로서는 위기가 되기도 했지만, 진흥왕에게는 또 다른 기회가 되어주기도 했다. 왜와 가야에 대한 백제의 영향력이 이전 같은 수준을 유지하기 어려워졌기 때문이다. 진흥왕은 이 틈을 타서 이전까지 백제가 주로 영향력을 행사해오던 가야에 대해 신라의 영향력을 확대시켜나간 것이다. 그 과정을 자세히 보여주는 기록은 별로 없다. 단지 나중에 나타난 결과를 볼 때 가야세력 대부분이 신라로 흡수되었다는 점을 알 수 있을 뿐이다.

555년에는 비사벌(比斯伐, 지금의 경상남도 창녕)에 완산주(完山州)가 설치되었다. 이 사실로 미루어보아, 이전의 어느 시기에 아라가야(阿羅加耶, 지금의 경상남도 함안)와 비화가야(非火加耶, 지금의 경상남도 창녕)지방이 신라에 흡수되어 있었음을 알 수 있다. 565년에는 대야주(大耶州, 지금의 경상남도 합천)를 설치하여 가야지역 통치의 본거지로 삼는 동시에 백제에 대한 방어의 전초기지로 삼았다. 이러한 기록을 통해 신라가 가야를 흡수해나갔다는 점을 알 수 있다.

기록이 많지 않은 와중에도 그 양상의 한 측면을 보여주는 사건이 나타나기는 한다. 바로 대가야 정복과정이다. 이 사실도 그저 피상적으로만 보면 신라가 백제의 영향 아래에 있던 대가야를 정복하는 사건으로만 보일 수 있다. 그러나 그 양상을 보여주는 사료를 조금 면밀하게 살펴보면 의미심장한 측면이 나타난다.

그 첫 번째 단서는 이 과정이 『삼국사기』에서는 '가야가 반란을 일으켰기 때문에 진압한 것'으로 기록되어 있다는 점이다. 이해하기 쉬운 기록은 아니다. 대가야가 이전에 신라에 정복되었다는 기록은 없다. 그러니 독립국가 대가야가 신라에 반란을 일으킨 꼴이 되기 때문이다.

대가야 측의 대응도 이상하다. 『삼국사기』에는 이사부와 사다함(斯多含)이 병력을 이끌고 대가야를 정복하러 왔을 때, 성 안에 있던 사람들이 '놀라고 당황해서' 별 저항을 못했다고 기록되어 있다. 그것도 당시 나이가 15, 6세 정도에 불과했던 사다함이 먼저 선발대를 이끌고 성을 점령한 상태에서 이사부의 본진을 기다렸을 정도로 쉽게 성을 함락시켰던 것이다. 이왕 '반란을 일으킨' 집단이라면 진압군이 올 줄 몰랐다던가, '놀라고 당황해서' 저항조차 제대로 하지 못했을 리는 없다. 대가야 측에서 이런 반응을 보였던 이유는 기습을 당했기 때문이다. 그러면 왜 대가야는 신라의 침공에 이렇게까지 당황했을까? 변변한 저항도 못 해보고 무너졌다는 것은 그만큼 경계를 하지 않고 있었다는 얘기다.

혹자는 가야가 정서적으로 백제와 가까웠다고도 보고, 그런 백제가 관산성전투에서 패배하며 약화되자 신라에 정복되었다고 보기도 한다. 그러나 '임나재건' 등의 사태에서 나타난 가야 세력의 성향을 보면 이런 해석에는 무리가 있다. 오히려 가야는 백제의 손아귀에서 벗어나려 하고 있었기 때문이다. 그렇다면 백제의 패배는 가야세력에게 기회로 여겨졌을 상황이다. 백제의 손아귀에서 벗어나려는 가야세력의 입장에서는, 신라의 힘을 빌리거나 최소한 묵시적인 지원이라도 받아야 했다. 그러니 신라의 지원을 얻으려 했을 것이고, 신라군을 적으로 인식하지도 않았다. 그래서 그렇게 쉽게 성이 함락되었던 것이다. 이는 신라가 대가야를 배신하고 정복했다는 얘기가 된다.

이사부가 이렇게 신속하게 대가야 정복을 해치운 덕분에 신라는 여러 가지 이점을 얻었다. 우선 백제가 개입할 틈을 주지 않았다. 기습이 성공하지 못하고 대가야 공략에 시간을 끌었다면 다른 가야국들은 물론 백제와 왜까지 얽히면서 사태가 복잡해질 것은 명백했다. 임나에 소속된 다른 나라들도 우왕좌왕했을 뿐 별다른 대책을 찾지 못했다. 덕분에 신라는 가야 대부분을 흡수하며 세력권을 넓혀 이후 고구려와 백제까지 흡수할 기반을 마련했다.

진흥왕은 가야를 흡수해가는 와중에도 동북방면으로 북상해 556년에 비열홀주(比烈忽州)를 설치했다. 그리고 사찬(沙飡) 성종(成宗)을 이곳을 관리하는 군주로 임명하였다. 이를 기반으로 지금의 함경도 지역에까지 영향력을 행사한 듯하다. 그래서 진흥왕대 신라는 이전에 비해 영토를 크게 넓혔다. 창녕, 북한산, 황초령(黃草嶺), 마운령(磨雲嶺)에 있는 네 개의 순수관경비(巡狩管境碑)와 최근 발견된 단양의 적성비(赤城碑)가 이 영토의 표시로 인식되고 있다.

이렇게 주변 국가의 영역을 빼앗아 영토를 넓히면서, 외교적 보완도 잊지 않았다. 564년 이래 거의 매년 중국 남조의 진(陳)과 북조의 북제(北齊) 두 나라에 사신을 보냈다. 이러한 외교로 고구려 등의 나라를 견제하는 역할을 할 수 있었다. 한강 하류 지역을 차지한 효과였다.

진흥왕은 국내정치에서도 많은 치적을 남겼다. 545년 거칠부로 하여금 『국사(國史)』를 편찬하게 하였다. 그리고 불교 사원도 많이 지었다. 544년에 흥륜사(興輪寺) 완공, 566년에 황룡사(皇龍寺) 완공, 황룡사가 완공되던 해에는 지원사(祇園寺)와 실제사(實際寺)도 짓기 시작했다. 또 화랑도(花郎徒)를 창설하기도 했다. 진흥왕은 576년에 종래부터 있어왔던 여성 중심의 원화(源花)를 폐지하고 남성 중심의 화랑도로 바꾸었다. 기록상으로는 576년에 화랑도가 창설된 듯하지만, 실제로는 그 이전부터 존재하고 있었다. 562년 대가야 정벌에 큰 전공을 세운 사다함이 화랑으로 유명했다는 데서 알 수 있다.

이러한 자신감을 바탕으로 진흥왕은 독자적 연호를 무려 세개나 사용했다. 551년의 개국, 568년의 대창(大昌), 572년의 홍제(鴻濟)다. 이러한 업적을 남긴 진흥왕은 37년이나 왕위를 지키다가 576년 43세로 죽었다.

성왕과 진흥왕은 백제와 신라의 역사 속에서 중요한 역할을 했고, 그만큼 공통점도 있었다. 특히 두 왕 모두가 정법(正法)으로 세상을 구원한다는 인도 설화 속의 전륜성왕(轉輪聖王)을 자처했다. 두 왕은 당시 통치 이념이었던 불교를 이용해서 국내에서의 지위를 확보했다.

그러나 국제정치 측면에서 보면 대조적인 면이 있다. 성왕은 동아시아 남부에서 전통적으로 강국의 위상을 가지고 있던 백제의 지위를 십분 활용해서 가야-왜는 물론 신라까지 엮는 동맹체를 만들기 위해 애썼다. 이렇게 한반도 남부에서 일본 열도에 걸친 나라들을 백제가 주도하는 동맹체에 묶어놓으려는 구상 자체는 아무나 쉽게 떠올릴 수 있는 발상이 아니다. 성왕은 그런 발상을 실천으로 옮기려 했으며, 이를 바탕으로 중원제국도 무시할 수 없었던 강국 고구려와 맞섰다. 물론 예기치 못한 죽음을 당하는 바람에 모든 구상이 물거품처럼 사라졌지만, 그렇다고 성왕의 원대한 포부까지 평가절하할 필요는 없을 것이다.

잘 되고 있을 때 기억해야 할 것들

성왕은 끝내 실패했다. 성왕은 적극적으로 정세를 주도하며 자신의 꿈을 이루려 했다. 적극적으로 활동하고 많은 성과를 내는 사람일수록 많은 견제를 받는다. 사람들에게는 누군가가 혼자 뛰어나게 '잘 나가는' 꼴을 보기 싫어하는 심리가 있다. 하물며 그 누군가의 힘이 커져 그 영향을 받을 수밖에 없을 상황이 벌어지면 견제 심리는 더욱 강해진다.

이러한 견제를 받게 되면 상황을 주도하려는 측에서도 자신의 의지에 따르지 않는 사람이나 집단을 제거하려는 욕망을 갖게 되고 그에는 자신도 위험을 감수해야 하는 부담이 따른다. 성왕은 바로 그러한 부담 때문에 배신까지 감행하며 저항하던 신라를 응징하려다가 뜻밖의 죽음을 맞았다. 그와 더불어 성왕의 포부도 물거품처럼 사라졌다.

이에 비해 진흥왕은 포부를 펼치기 위해 원대한 계획을 세우고 움직이기보다, 눈앞의 시급한 이권을 챙기는 방법을 택했다. 이 과정에서 필요하다면 배신도 서슴지 않았다. 백제를 배신하고 한강유역을 탈취한 것, 동맹국 대가야를 배신하고 정복해버린 것 등이 대표적인 사례다.

진흥왕은 그러한 선택을 해서라도 원하는 것을 얻는 길을 택했고, 결과적으로 성공했다. 물론 '배신을 해서라도 성공해야 한다'는 식의 처세를 두둔할 생각은 없다. 그러나 험악한 정복국가 시대에 생존을 위한 선택을 두고 평범한 도의적 잣대로만 판단할 수는 없는 노릇이다. 고구려와 백제에 비해 힘이 약했던 신라의 왕으로서는 원대한 계획을 세워 실

성왕 vs 진흥왕

천에 옮긴다는 발상을 하기가 사실 무리였다. 그래서라도 철저하게 실리를 챙기는 정책을 택할 수밖에 없을 것이다. 결국 진흥왕의 선택으로 신라는 세 나라의 경쟁에서 최후의 승자가 된 셈이다.

그런데 진흥왕이 힘의 열세를 극복하고 성공을 거둘 수 있도록 해준 결정적 계기는 성왕이 저지른 단 한 번의 부주의였다. 관산성전투에서 성왕이 그전처럼 신중하게 움직였다면 허망하게 목숨을 잃어버리는 사태가 일어나지 않았을 것이고, 그랬으면 역사가 달라졌을지도 모른다.

계획대로 잘 되던 일이 한순간에 무너지는 계기는 단 한 번의 실수나 판단착오에서 비롯될 수 있다. 하고자 하는 일이 순풍에 돛 단 듯이 잘 풀릴 때에도 운명의 신은 내 편이라고, 언제나 나에게 승리를 안겨줄 것이라고 착각해서는 안된다. 그 어느 누구에게도 고개를 숙이지 않고, 그 누구의 품에도 오래 머물지 않는 운명의 신은 그 누구의 편도 들지 않기 때문이다. 그래서 "잘 되고 있다고 생각될 때에 오히려 조심하라"는 말이 생겨난 것인지도 모른다.